Artemis & Winkler

ANDREAS LÖTSCHER

VON AJAX
BIS XEROX

EIN LEXIKON DER

PRODUKTENAMEN

MIT EINEM BEITRAG

VON ADOLF WIRZ

ARTEMIS & WINKLER

2., überarbeitete und stark erweiterte Ausgabe

Artemis & Winkler Verlag
© 1992 Artemis Verlags-AG, Zürich

ISBN 3-7608-1066-7

Inhaltsverzeichnis

5

Dieses Lexikon möchte einen Einblick in die seltsame, aber rund um uns allgegenwärtige Welt der Warennamen geben. Es ist eine fast unermeßliche Welt, die sich dem Betrachter auftut, wenn er nur einen Tag lang offenen Auges durch die Straßen und Geschäfte unserer Städte geht. Und noch uferloser wird der Bereich, wenn wir Zahlen hören: 1980 wurde in der Presse gemeldet, daß beim deutschen Bundespatentamt der millionste Eintrag eines Warennamens vorgenommen worden sei (wobei allerdings alle Einträge seit dem Beginn der Registrierung im Jahre 1814 mitgezählt worden sind). Dabei sind hier nur die registrierten Warennamen gezählt; daneben gibt es noch Tausende, wenn nicht Hunderttausende von nicht registrierten (d. h. juristisch nicht geschützten) Warenbezeichnungen. Imponierend sind auch die Zahlen, die man für einzelne Warengruppen erhält: allein für Kunststoffe kommt G. Voigt auf eine Liste von über 900 Namen – und dabei handelt es sich nur um die im deutschen Sprachraum gebräuchlichen Kunststoffe –; und nur für Kunstfasern sammelte V. Sialm-Bossart sogar etwa 2500 Namen. Ein weiteres Beispiel: Das Schweizerische Arzneimittel-Kompendium, ein Verzeichnis der in der Schweiz vertriebenen apothekenpflichtigen Arzneimittel, nennt rund zweieinhalbtausend Medikamente.

Es ist klar, daß es weder sinnvoll noch möglich ist, auch nur eine Liste aller irgendwie und irgendwo vorkommenden Markennamen zusammenzustellen, geschweige denn, diese Namen auch noch zu erklären. Die in diesem Lexikon gegebene Zusammenstellung ist denn auch eine ganz beschränkte Auswahl von mehreren hundert Namen. Die Wahl geschah nach unterschiedlichen Gesichtspunkten: Gewählt wurden vor allem Produktenamen, die einigermaßen bekannt sind, deren Namen ein gewisses Interesse bieten, für die eine Erklärung möglich und sinnvoll ist oder die in gewisser Weise typisch für viele andere Namen sind. Viele Warennamen sind zwar bekannt und originell, aber da sie unmittelbar für jeden durchschaubar sind, bedürfen sie keiner individuellen Behandlung (denken wir etwa an Matratzennamen wie «Superba» oder «Schlaraffia» oder an die Sauerkrautmarke «Mildessa»). Auf die individuelle Behandlung solcher aus sich selbst verständlicher Namen wurde im Lexikonteil im allgemeinen verzichtet, da nur das hätte gesagt werden können, was man von selbst sieht. Vielleicht achtet der eine oder andere Leser nach dem

Durchblättern dieses Buches vermehrt auf solche Namen und kann sich, angeregt von der Lektüre, selbst seinen Reim auf solche Wörter machen.

Eine weitere Einschränkung wurde in der Richtung vorgenommen, daß vor allem Markennamen für Waren aus der Schweiz und Deutschland berücksichtigt wurden. Es wurden im allgemeinen also weder Firmennamen noch ausländische Produkte einbezogen. Diese Einschränkung wurde allerdings nicht stur gehandhabt; viele ausländische Waren – denken wir nur etwa an «Coca-Cola» – gehören zu den wichtigsten deutschen Konsumartikeln, und manche Firmennamen – z. B. «Esso» – stehen ebenso für ein Produkt. In solchen Fällen wurde also vom allgemeinen Prinzip ohne weiteres abgewichen, um die Sprachrealität, die heute nun einmal international ist, einigermaßen einzufangen.

Natürlich ist nicht nur der einzelne Name interessant; das Feld der Warennamen ist auch als Ganzes ein Sprachbereich mit eigenen Gesetzen und sprachschöpferischen Impulsen. Man kann Bildungstendenzen und prinzipien beobachten, die nicht nur das einzelne Wort, sondern ganze Wörtergruppen betreffen. In der Gruppe können auch so banale Wörter wie «Schlaraffia», «Superba» oder «Mildessa» ein eigenes Interesse gewinnen. Solche allgemeinere Gesichtspunkte sollen im Nachwort, das dem alphabetisch geordneten Lexikonteil folgt, behandelt werden.

Auch wenn gewisse Grundsätze, wie erwähnt, die Auswahl im einzelnen bestimmt haben, so bleibt diese selbst doch vielfach subjektiv; manchen mag sie zufällig erscheinen. Zu hoffen ist, daß der Leser, der manches vermissen wird, dafür wieder anderes, eher Unerwartetes antrifft und damit entschädigt wird. Er sei aber auf jeden Fall um Nachsicht gebeten; es ist wohl unmöglich, aus Hunderttausenden von Namen einige hundert so auszuwählen, daß alle Erwartungen erfüllt werden.

Um Nachsicht sei der Leser auch dafür gebeten, daß der Titel des Buches «Von Ajax bis Xerox» nicht ganz zutreffend ist: Weder ist «Ajax» das erste noch «Xerox» das letzte erwähnte Stichwort. Dieser Titel tönt aber – und darin dürften wohl alle zustimmen – sicher besser als «Von Aapri bis Zucritam»; und wenn «Odol» oder «Sunil» so klangvolle Namen tragen dürfen, dann auch dieses Buch, in dem sie erwähnt werden.

Zwei allgemeine Hinweise seien zum Schluß gemacht:
1. Bei Verweisen auf spezielle Literatur (z. B. mit Angabe des Verfassernamens) ist das entsprechende Werk in der Literaturliste am Schluß angegeben.
2. Die meisten angeführten Warennamen sind registrierte Markenzeichen (meist mit ® oder TM gekennzeichnet) und somit gesetzlich geschützt. Das Fehlen der Zeichen ® oder TM bietet keine Gewähr dafür, daß es sich um Freiwörter handelt, die von jedermann benützt werden dürfen.

Zur 2. Auflage

Das rege Interesse der 1. Auflage machte innert relativ kurzer Zeit eine Neuauflage möglich. Dies gab die Gelegenheit zu mancherlei Überarbeitungen. Erstens wurden neben einigen Verbesserungen an alten Einträgen wurden fast 350 Wörter neu erfaßt. Damit ist diese zweite Auflage eher eine Neubearbeitung geworden. Natürlich ist das Buch auch in dieser Form immer noch eine ziemlich selektive Auswahl. Ein solches Buch wird im Grunde auch nie fertig, nur schon deshalb, weil jedes Jahr neue und oft originelle Marken- und Produktenamen kreiert werden. Meine Hoffnung bleibt, daß der Leser oder die Leserin sich über das Fehlen manchen Hinweises zu einem interessanten Wort bei dem, was doch noch zu finden ist, trösten kann.

SIGNALE IM SUPERMARKT –
GEBURTSSCHEIN UND LOB DES
MARKENARTIKELS.
VON ADOLF WIRZ

Ich träumte einen bösen Traum. Ich irrte verloren durch eine fremde, leere Stadt, schritt durch anonyme Häuserreihen und über gesichtslose Plätze. Die Stadt war ohne Straßentafeln, ohne Hausnummern, ohne Schaufenster und Werbeschilder. Alles grau in grau.

Genau so wäre es mir zumute, wenn ich morgen einen Supermarkt beträte und die Regale zeigten mir wohl Produkte, aber bar ihres gewohnten Kleides. Lauter sachlich beschriftete, normierte, eintönige Packungen!

Ich wäre desorientiert, verwirrt wie in einem fremden Land, ratlos, unfähig, das Gewünschte zu finden und zu wählen und mich zu bedienen. Mir fehlten die vertrauten Schriften, die Produkte mit ihren leitenden Signalen. Ich würde die gewohnten Entscheidungshilfen beim Einkauf vermissen. Ein Laden ohne die vertrauenbildenden Markenartikel wäre unüberschaubar, Einkaufen wäre mühsam, das angebotene Sortiment bliebe stumm und tot.

Wir brauchen unsere Marken, verschiedene Marken, viele Marken, eine Markenvielfalt. Denn jeder von uns hat Ansprüche und Vorlieben, ist ein unteilbares Individuum mit seinen Wünschen, seinem eigenen Geschmack und eigenen Wertvorstellungen.

Als Konsument lebe ich «mit meinen Marken», identifiziere mich mit ihnen, sie sind mein innerer Kompaß und Ausdrucksmittel meines eigenen Lebensstils. Ich kaufe *meine* Zahnpasta, *meinen* Tee oder Kaffee, ich trage Hemden *meiner* Marke, in *meine* Jacke eingenäht findet sich das Etikett von Boss, Bogner oder Cerruti 1881. Der eine kauft seine Schuhe bei Bata, der andere will Bally. Marken sind Signale für eine pflichttreue Welt. Sie sind Kennzeichen unserer freien Marktwirtschaft, die imstande ist, die unterschiedlichsten Wünsche und Bedürfnisse zu decken.

Der Morgen des Markenartikels

In den achtziger Jahren des letzten Jahrhunderts entstanden die ersten großen Marken wie Odol, 4711, Nestlé, Maggi, Pelikan und – nicht zu vergessen – das weltweit millionenfach getrunkene Coca-Cola.

Via Marke kommuniziert seither der Hersteller mit dem Verbraucher. Das war nicht immer so. Vor der Industrialisierung, bevor

Produkte in großen Mengen hergestellt und zu entsprechend günstigen Preisen vertrieben wurden, kannten sich Anbieter und Verbraucher persönlich – wie das heute noch der Fall ist auf dem Gemüsemarkt. Mit der Massenproduktion ging dieser unmittelbare Kontakt verloren. Die Brücke zwischen Produzent und Konsument bildete fortan die Marke. Sie bezeichnet Waren eines bestimmten Herstellers, die in einheitlicher Aufmachung, in gleicher Menge sowie gleichbleibender oder ständig verbesserter Qualität erhältlich sind. Die Marke bürgt für Beschaffenheit und Leistung des Artikels.

Wenn heute Konsumenten gefragt werden, weshalb sie Markenartikel kaufen (entsprechende Umfragen wurden durchgeführt und ausgewertet), nennen sie folgende Gründe: die erprobte Qualität, die bekannte und anerkannte Herstellerfirma, der verläßliche Kundendienst, die Echtheit, die vom Hersteller garantiert ist, wo immer man den betreffenden Artikel kauft.

Damit sind das Phänomen Markenartikel und die drei Grundfunktionen der Marke erklärt: Identifikation, Schutz, Kommunikation. Aus der heutigen Informationsüberflutung, der wir ausgesetzt sind, läßt sich der Markenartikel nicht mehr wegdenken. Wir brauchen die Marke mehr denn je, um uns in der Warenwelt zurechtzufinden. Der Mensch in seiner Komplexität und Verschiedenartigkeit orientiert sich an Marken, die eine eindeutige Signalstruktur aufweisen. Markenartikel sind Garanten für Echtheit und genießen öffentlichen Goodwill.

Die Marke – ein Mythos?

Man hat der Marke auch schon einen mythischen Charakter zugesprochen und damit gewiß übertrieben. Immerhin: was ist damit gemeint? Was sind Mythen. Sigmund Freud und C. G. Jung nennen Mythen Symbole des Unbewußten, die tief verwurzelte Wünsche und Sehnsüchte spiegeln, kollektive Neigungen und Grundstimmungen offenbaren und damit Ausdruck unserer Kultur sind. Aber ohne Pflege zerfallen Mythen. Sie müssen, wenn sie ihre Kraft bewahren, lebendig bleiben, ihren Rang erhalten wollen, wieder und wieder verkündet werden. Das ist beim Markenartikel die Aufgabe der Werbung, und soweit stimmt der Vergleich. Der Markenartikel muß von Werbung begleitet sein, wenn er seine Aktualität und Strahlkraft erhalten soll.

Markentechnik

Wer die Markenwerbung über längere Zeit beobachtet, stellt fest, daß sie einem Wandel unterworfen ist. Dieser ist keineswegs zufällig, auch nicht blosse Modesache. Er ergibt sich vielmehr aus den wechselnden Entwicklungen der Umwelt, des Marktes und des Wettbewerbs, wobei der Anbruch jedes neuen «Werbezeitalters» in der Fachwelt begleitet wird von engagierten Diskussionen zwischen progressiven und konservativen Gestaltern.

Als die kommerzielle Werbung ihren Anfang nahm, also am Ende des letzten und am Anfang unseres Jahrhunderts, war man sich allerdings über Stil und Einsatz einer Botschaft sogleich einig: die Wirkung der kommerziellen Werbung beruht auf der *Wiederholung*, dem hundertfachen, dem tausendfachen Widerhall eines möglichst prägnanten Slogans. Die von niemandem bezweifelte These lautete: «einmal ist keinmal» oder in der französischen Version: «la répétition fait la réputation». Das Werbewort des Erfinders von Odol, des «Wirklichen geheimen Rates» August Lingner, das auf Plakatwänden und in Inseraten zu lesen war, lautete kurz und selbstsicher: «Odol, das Mundwasser». Basta.

Wie Werbung wirklich wirkt

Das Zeitalter der «Reason-why-Werbung» wurde eingeläutet durch zwei Bücher von prominenten Fachleuten, die blitzschnell zu Bestsellern in der Branche wurden. Der Autor des ersten Buches, erstmals veröffentlicht 1923, war der Amerikaner *Claude C. Hopkins.* Er hatte in den USA führende Marken wie etwa Palmolive betreut und bezog das für damalige Verhältnisse fabelhafte Jahresgehalt von 100'000 Dollars. Seine Autobiographie gipfelte in dem belehrenden Satz: «Wenn Du Deinem Publikum überzeugend darlegen kannst, daß und inwiefern Dein Artikel der Konkurrenz überlegen ist, so bist Du Deines Erfolges sicher.»

Das zweite Buch, das in die gleiche Kerbe hieb, stammte vom Amerikaner *Rosser Reeves.* Es erschien 1961, also fast 40 Jahre später, und trug den Titel: «Reality in Advertising». Gleich auf der ersten Seite seines Buches liefert der Autor dem Leser die Quintessenz seiner fachlichen Überzeugung durch einen Hinweis auf die beiden berühmten Redner der Antike, auf welche die Zuhörer jeweils so unterschiedlich reagierten.

Wenn *Cicero* gesprochen hatte, nickten die Menschen, lobten den Redner und waren sich einig, daß er wieder einmal großartig gesprochen hatte. Wenn aber *Demosthenes* jeweils beim letzten Satz angelangt war, schrie die Menge: «Auf, laßt uns gegen Philipp von Makedonien ziehen!»

Reeves Buch ist aber heute noch aktuell und lesenswert für jeden Werber, der nicht für sich selbst Lob ernten will – ein verbreitetes Erb- und Erzübel unter den Kreativen –, sondern für das von ihm beworbene Produkt. Reeves Empfehlung lautet: es kommt darauf an, die entscheidenden Qualitäten eines Markenproduktes mittels eines bestimmten Geldbetrages so vielen potentiellen Käufern als nur möglich einzuprägen.

1 3

Meister Domizlaff und sein Irrtum

In den dreißiger Jahren begann in Deutschland ein Multitalent von sich reden zu machen: der Werber *Hans Domizlaff.* Seine zahlreichen Freunde und Verehrer preisen ihn heute noch – nicht allein als Lehrmeister der Werbung, sondern zusätzlich noch als Hobby-Philosoph, Mathematiker und Maler.

Sein erstes Buch trug den Titel «Die Gewinnung des öffentlichen Vertrauens» und den Untertitel «Lehrbuch der Markentechnik». Domizlaff eröffnete darin seinen Kollegen und der Markenartikelindustrie freimütig seinen großen Erfahrungsschatz.

Domizlaff wird heute noch gelesen und vielfach zitiert. Seine Ideen werden gelegentlich kritisiert, weil seine Werbelehre zum Teil auf massenpsychologischen Grundsätzen aufgebaut ist. Sie fußt auf der «psychologie de la foule» des französischen Soziologen Gustave le Bon, der die Phänomene der Emotionalisierung und Primitivreaktionen des Einzelnen in der Masse beschrieb und dabei die Masse als große, Ellbogen an Ellbogen gedrängte Menschenmenge verstand.

Domizlaffs Anhänger sehen in den vielen Konsumenten des Markenartikels nicht mehr einzelne Individuen, sondern ein Kollektiv, das nach eigenen, eben massenpsychologischen Gesetzen reagiert. Diese Betrachtungsweise ist falsch. Konsumenten sind nicht gleichzusetzen mit einer Masse demonstrierender Menschen. Die Markenartikelwerbung, die Werbung überhaupt, muß das Individuum anvisieren. Wenn ich einen Text schreibe, muß ich bei der Wahl eines jeden Wortes und Gedankens einen bestimmten Menschen vor mir haben. Versteht er mich? Nickt er, oder bleibt er unberührt, oder schüttelt er gar den Kopf?

Hat die Markenwerbung ausgedient?

Ich stelle mir diese skeptische Frage jeweils, wenn ich im Café oder im Zug zuschaue, wie jemand eine Zeitung liest – und ganzseitige Farbinserate, die Tausende von Franken kosten, keines Blickes würdigt, achtlos weiterblättert.

Ich stellte sie mir auch, als mir die im Lauf des letzten Jahres am Schweizer Fernsehen ausgestrahlten Werbespots vorgeführt wurden und ich feststellte, daß ich die allerwenigsten je gesehen hatte.

Und ich stelle mir schließlich die Frage, wenn ich an *Werner Kroeber-Riel* und seine «Strategie und Technik der Werbung» denke und daran erinnert werde, daß Leser einer Anzeige in der Regel knapp zwei Sekunden widmen. Wer dazu auf Seite 14 des genannten Buches die Tabelle betrachtet, welche die heutige Informationsüberlastung aufzeigt, die in Deutschland 98% beträgt, wird meine Zweifel erst recht begreifen.

14

Professor Dr. Werner Kroeber-Riels Hauptwerk umfaßt beinahe 800 Seiten. Es trägt den Titel «Konsumentenverhalten», ist in dritter Auflage erschienen und will Werbern helfen, die beschriebenen Hürden zu überwinden. Unsere Kreativen haben sich lang und vehement mit dem Professor gestritten, zum Beispiel in den achtziger Jahren anläßlich einer Veranstaltung im Zürcher Hotel «Savoy», wo ihn seine Gegner in ihrem Unmut kaum mehr zu Wort kommen liessen.

Die meisten haben sich inzwischen neu besonnen.

Uns allen ist klar geworden, daß die heutige Markenwerbung mehr Gewicht legen muß auf Bildkommunikation, daß sie plakativ wirken und zudem der Tatsache Rechnung tragen soll, daß der Konsument seine Kaufentscheidungen nicht nur verstandesmäßig, sondern vielfach gefühlsmäßig trifft. «Gefallen geht über Verstehen», sagt Kroeber-Riel.

Lunapark für Kreative

In der eben beschriebenen schwierigen Situation kann die *Verfremdung* helfen: wir sagen und zeigen das, was schon hundertmal gesagt und gezeigt wurde, nochmals ganz anders, auf «verrückte» Art, aus der langweiligen Mitte herausgerückt. Wir verkleiden die Botschaft, tun einen kühnen Schritt in eine neue Richtung.

Doch Vorsicht: Dieses Tarnen, Verstecken, Verdunkeln der Botschaft, die Hoffnung, den Leser zur Teilnahme an einem Ratespiel zu verführen, ist gefährlich, weil dann oft Weg und Ziel auseinanderklaffen, der dramatische Beginn nichts zu tun hat mit dem Ende und dem Kern der Geschichte, dem eigentlichen Thema. Die Weichenstellung kann falsch sein.

Wenn ein Werbespot als blutiger Krimi beginnt – wie das passiert ist – und mit einem Spaghettigericht Marke so und so endet, kommt sich der Zuschauer als dumm verkauft und düpiert vor. Ein Plakat kann als Entwurf auf dem Reißbrett umwerfend und einmalig aussehen. Die Skizze wird gelobt, akzeptiert, ausgeführt, gedruckt, und das fertige Werk erscheint an der Plakatwand, wo es die Passanten mobilisiert ... mobilisieren sollte. Doch es fällt durch. Verflixt nochmals, stellt man zu spät fest, die Botschaft läßt sich auf Distanz nicht entziffern, von den eiligen Passanten nicht entschlüsseln. Die Rechnung geht nicht auf, das Geld ist verloren, das Plakat ist einmal mehr Opfer einer zu weit gediehenen, illusionären Verfremdung.

Warum dieses Buch?

Ich war schon immer neugierig und hätte wissen wollen, warum Leser zu diesem Buch greifen. Ich kann mir vorstellen, daß einige es tun, wenn sie einen tauglichen Markennamen suchen, und glauben, in diesem Lexikon der Produktenamen Anregungen zu finden. Die Aufgabe wird schon deshalb immer schwieriger, weil mehr und mehr Worte und Namen geschützt sind und weil noch andere wichtige Anforderungen an einen Markennamen zu erfüllen sind. Was für welche denn? Im Buch «Markenpolitik in der schweizerischen Markenartikelindustrie» von *Dominique von Matt* finden wir die folgenden Hinweise: Gute Markennamen sind produktbezogen, sie sind mehrsprachig verwendbar, sie zeichnen sich aus durch Prägnanz, Kürze, Klarheit und Einfachheit, sie sind einprägsam und unverwechselbar, sie sind schützbar, sie sind im günstigen Fall visualisierbar, geben also dem Grafiker eine Chance, das gewählte Wort sinnbildlich darzustellen, es auch optisch merkfähig zu machen.

Vielleicht machen Sie Ihr kühnes Vorhaben zu Hause zu einem unterhaltenden Familienspiel. Oder Sie organisieren in Ihrer Firma einen Brainstorm. Oder Sie schalten Ihre Werbeagentur ein, um dem magischen Wort auf die Spur zu kommen. Wer immer sich auf die Suche macht, der zählt auf zweierlei: die Phantasie und den Zufall. Ob man mehr auf das eine oder das andere hofft – ich empfehle in jedem Fall, aufzustehen, um nach beidem Ausschau zu halten. Denn beides, schöpferische Arbeit und Zufall, beides ist schließlich das Resultat anstrengenden Begehrens.

Literatur

Domizlaff, Hans: Die Gewinnung des öffentlichen Vertrauens. Hamburg 1982.
Hopkins, Claude C.: My life in advertising. Chicago 1986.
Kroeber-Riel, Werner: Konsumentenverhalten. München 1984.
Kroeber-Riel, Werner: Strategie und Technik der Werbung. Stuttgart 1988.
von Matt, Dominique: Markenpolitik in der schweizerischen Markenartikelindustrie. Bern 1988.
Reeves, Rosser: Reality in Advertising. New York 1961.

VON AAPRI BIS AUDI

AAPRI

Hautpflegemittel mit Aprikosenkernöl. Auf diese Substanz weist in einer verkürzten und in der Schreibung verfremdeten Form der Name «Aapri» hin.

ABC

Wundpflaster mit den Wirkstoffen *A*rnika, *B*elladonna (Tollkirsche) und *C*apiscum (Pfefferschote). Zufällig oder nicht, auf jeden Fall aber erwünscht ist die alphabetische Ordnung der drei Initialen.

ACCORD

Automobilmodell. Engl. «accord», deutsch «Akkord» bezeichnet in der Musik einen (in der Regel) wohltönenden Mehrklang. Das Wort soll als Modellname zunächst allgemeine positive Assoziationen wecken und andeuten, daß in diesem Modell alles zusammenstimmt. Der Name steht aber auch in Zusammenhang mit weiteren Modellnamen der gleichen Marke wie → «Quintet» oder → «Jazz», die ebenfalls musikalische Begriffe übernehmen.

ACELLA

Kunststoff. Der Name ist zusammengesetzt aus den Bestandteilen *Ace*tat und *Cell*ulose: Celluloseacetat ist das Ausgangsmaterial des Produkts.

ACQUA DI SELVA

Eau de toilette usw. Der italienische Ausdruck lautet wörtlich übersetzt «Waldwasser». Wie in anderen Namen für Parfums und Körperpflegemittel wird damit die natürliche Frische unterstrichen, die in diesem Produkt steckt.

ACRIL

Bodenpflege für Kunststoffböden. Das Wort ist eine fast unveränderte Übernahme der Kunststoffbezeichnung (Poly-)Acryl. Allerdings wird Polyacryl viel eher für Kunstfasern als für Kunststoffböden verwendet. Insofern stellt der Name mehr eine Anspielung als eine direkte Benennung des Verwendungsbereichs des Produkts dar.

ACTIVAROL

Kräftigungsmittel, das «*akti*vieren» soll. Die Endsilbe *-rol* ist die Anfangssilbe des Namens der Herstellerfirma «*Rol*land»; *-ol* ist gleichzeitig eine beliebte Endsilbe für chemische Stoffe (z. B. Alkoh*ol*), Medikamente und andere chemische Produkte.

ACTRON

Schmerzmittel, das u. a. *A*cetylsalicylsäure und Na*tron* enthält.

ACT

Mundwasser. Das Wort ist einerseits abgeleitet aus «*act*iv» im Sinne von «wirksam». In seiner Einsilbigkeit schließt es sich andererseits an eine Reihe von Kürzestwörtern an, die als Namen für Körperpflegemittel gebraucht werden, wie z. B. «Fa», «Phas», «Lux», «Pan».

ADAPTA

Säuglingsnahrung, die der Muttermilch angeglichen, d. h. «adaptiert» ist.

ADELPHAN

Blutdrucksenkendes Mittel, das aus zwei sich ergänzenden Wirkstoffen besteht. Der Name leitet sich von griech. «adelphós» «Bruder» her; die beiden Komponenten wirken also «wie Brüder» zusammen.

ADERPLUS

Naturheilpräparat gegen Durchblutungsstörungen. Die Verwendung des guten alten deutschen Wortes «Ader» als Hinweis auf die kreislauffördernde Wirkung demonstriert untrüglich, daß es sich hier nicht um ein Produkt der zünftigen chemischen Industrie handelt (diese würde ein Wort aus dem Lateinischen oder Griechischen wählen), sondern der Naturheilkunde. Dagegen kommt auch das lateinische Anhängsel «plus», «mehr» («besser») nicht an, das selbst wieder ein typischer Bestandteil von Naturheilpräparaten ist (vgl. z. B. → «Femaplus»).

ADIDAS

Sportbekleidung. Der Name ist hergeleitet aus dem abgekürzten Namen des Herstellers *Adi Das*sler.

ADIPEX

Appetitzügler. Der Name ist von lat. «*adi*positas» «Fettleibigkeit» herzuleiten; die Endsilbe -*ex* kann entweder einfach zur Schmükkung des Wortes mit einem wissenschaftlich tönenden Ende angefügt worden sein oder mit lat. «ex» «aus», «weg» in Zusammenhang gebracht werden. Im letzteren Fall zeigt der Name also an, daß das Mittel «die Fettleibigkeit weg» schafft.

ADLUS

Gartengeräte. Der Gründer der Firma, Julius Langenstein, bildete den Namen aus der ersten Silbe des Vornamens seiner Großmutter, *Ad*elgunde, und aus dem Anfangs-l seines Familiennamens *L*angenstein und vervollständigte das Ganze mit der Endsilbe -*us* seines Vornamens Juli*us*. Das Ganze ergibt ein leicht aussprechbares, eher lateinisch klingendes und deshalb verhältnismäßig auffälliges, einprägsames Wort.

ADREMA

*Adre*ssier*ma*schine.

AEROFIT

Clogs (d. h. «Holzschuhe») mit perforierter, luftdurchlässiger Oberfläche. Von dieser Eigenschaft leitet sich der erste Teil des Namens, Aero-, ab, der zu lat. «aer» «Luft» gebildet ist. Der Bestandteil -*fit* gehört zu engl. «fit» «passen»; der Schuh paßt also an jeden Fuß. «Fit» kann daneben auch zum Adjektiv «fit» «gut in Form» in Beziehung gebracht werden; der Name würde dann etwa bedeuten «wegen seiner Luftigkeit bleibt in diesem Schuh jeder fit».

AEROPAX

Medikament zur Behandlung von Darmblähungen. Der Name ist abzuleiten von lat. «aer» «Luft» und lat. «pax» «Friede» und deutet also an, daß das Mittel Frieden vor unangenehmen Lüften verschafft.

AEROSTAR

Automodell, Großraumlimousine. Wie bei den vergleichbaren Automodellen → «Espace» und → «Space Wagon» nimmt auch dieser Modellname versteckt Bezug auf die prestigeträchtige Raum-/Luftfahrt mit dem Element «Aero», das als Wortbildungsmittel mit der Bedeutung «die Luft-/Raumfahrt betreffend» geläufig ist (vgl. engl. «aeronautics», «Aeromedizin», «Aerobus»).

AGAROL

Medikament zur Regulierung der Darmtätigkeit. Sein Hauptbestandteil ist *Agar*-Agar, eine aus Meeresalgen gewonnene Quellmasse.

A-GEN

Empfängnisverhütungsmittel. Das Wort ist gebildet aus griech. «a-» «un-», «nicht» und griech./lat. «gen-» (z. B. griech. «gi(g)nein», lat. «generare») «(er)zeugen», «entstehen». Das Wort kennzeichnet also verschlüsselt den Anwendungszweck des Medikaments.

AGFA

Photographische Ausrüstungen und Filme. Der Name ist eigentlich Name einer chemischen Firma, der aus den Initialen von «*A*ctien-*G*esellschaft *f*ür *A*nilinfabrikation» gebildet ist.

AGIOLAX

Medikament zur Regulierung der Darmtätigkeit. Der Bestandteil «Agio-» orientiert sich an ital. «agio», «Wohlbefinden»; die Endsilbe «-lax» ist aus dem lat. Wort «laxans» «lockerndes, erleichterndes Mittel» hergeleitet.

AGIP

Benzinmarke. Das Wort ist aus den Anfangsbuchstaben des Firmennamens «*A*zienda *G*enerale *I*taliane dei *P*etroli» («Allgemeine italienische Vertriebsgesellschaft für Erdöl») gebildet.

L'AIR DU TEMPS

Parfum. Wörtlich bedeutet der frz. Ausdruck etwa «Der Hauch der Zeit». Was das genau meinen soll, kann natürlich niemand sagen. Trotzdem oder gerade deswegen paßt der vage Name sehr gut zu einem Parfum; er vermittelt einen Eindruck des zarten, unbestimmten Duftes, den ein Parfum ausströmt, und wirkt damit romantisch und verträumt. Mit dem Stichwort «temps» «Zeit» kommt noch eine leicht philosophische Note hinein – Gedanken an den Fluß der Zeit, Erinnerungen an Vergangenes, Ahnungen über die Zukunft werden geweckt. Vage versinnbildlicht wird diese Assoziation im Flacon zu diesem Parfum, dessen Verschluß mit einem dahinschwebenden Vogel (einem Bild der dahinschwebenden Zeit?) gekrönt ist.

AIRPED

Sandalen. Das Wort ist zusammengesetzt aus engl. *«air»* «Luft» und lat. «pes, *pedis»* «Fuß» und deutet an, daß in diesen Sandalen die Füße an der frischen Luft sind.

AIWA

Japanische Unterhaltungselektronikgeräte. Für die Bildung des Wortes gibt es mehrere Erklärungen; eine der wahrscheinlichsten leitet sie aus japan. «ai» «Liebe» und japan. «wa» «Harmonie» ab.

AJAX

Reinigungsmittel. Eigentlich ist das Wort der Name eines Helden aus der griechischen Sagenwelt: Ajax war einer der Belagerer von Troja. Niemand denkt beim Reinigungsmittel allerdings an diesen gelehrten Hintergrund; vielmehr ist das Wort ein Musterbeispiel dafür, wie für Reinigungsmittel Wörter aus ganz anderen, oft «unpassenden» Bereichen übernommen werden, wobei diese Wörter ihres ursprünglichen Inhalts völlig beraubt werden. Ähnliche Wörter sind z. B. auch die Waschmittelnamen «Coral/Korall» – was kann ein Waschmittel mit Korallen zu tun haben? – oder «Fakt» dessen ursprüngliche Bedeutung mit «Tatsache» anzugeben wäre. Man könnte höchstens vermuten, daß in solchen Fällen die gewählten Wörter außer ihrem einprägsamen Klangbild auch an irgend etwas Positives anklingen, sei es Schmuck oder die wissenschaftliche hohe Einschätzung von «Tatsachen» (statt Vermutungen oder Behauptungen), und daß die Werbefachleute davon ausgehen, daß die Käufer sich nicht überlegen, inwiefern diese Assoziationen irgend etwas mit dem Produkt zu tun haben könnten; sie übertragen die positiven Assoziationen einfach unbesehen auf das Produkt. Im Falle von «Ajax» soll wohl die Endsilbe «-ax», die eher an die chemische Fachterminologie erinnert (vgl. z. B. Borax), den Eindruck erwecken, das Waschmittel sei ein Ergebnis wissenschaftlicher Forschung.

AKTIFERRIN

Medikament gegen Eisenmangelzustände. Aktiferrin *«akti*viert» den Menschen durch Zufuhr von Eisen, lat. *«fer*rum».

ALBA

Schokolade mit Mandelfüllung. Auf diese weiße Füllung nimmt der Name Bezug, der aus lat. «albus» «weiß» abgeleitet ist.

ALBONA

Maisstärkepulver. Der Name ist herzuleiten von lat. «albus» «weiß»; es wird damit auf die weiße Farbe angespielt. Auch lat. «bonus» «gut» klingt mit an.

ALCACYL

Medikament gegen Fieber und Schmerzen. Der Name ist herzuleiten aus Fragmenten der Bezeichnung seiner Wirkstoffe, nämlich *Al*uminiumhydroxyd und *Ca*lciumacetylsali*cyl*at.

ALCANTARA

Kunstfaserstoff mit wildlederähnlichen Eigenschaften. «Alcántara» ist der Name einer spanischen Stadt, nach der der spanische Ritterorden von Alcántara benannt ist. Heute lebt dieser Orden noch als Verdienstorden weiter. Sachlich hat dieser Hintergrund mit dem Produkt nichts zu tun; der Name dürfte vielmehr als zugleich wohlklingendes und adlig tönendes Prestigewort gewählt worden sein.

AL CAPONE POCKETS

Zigaretten in einer speziellen kleinen Packung, die in der Westentasche, engl. «*pocket*», Platz hat. *Al Capone* war bekanntlich ein berüchtigter amerikanischer Gangsterboß der dreißiger Jahre. Mit diesem Namen wird an die Welt der dreißiger Jahre wieder angeknüpft, die in Gangsterfilmen auch heute noch in mythisierter Form weiterlebt. Als Zigarettenname wird denn auch eher auf diese Filmwelt als auf die realen Zustände vor fünfzig Jahren angespielt. Wer Zigaretten dieser Form in seiner Westentasche hat, kann in Gestik und Mimik beim Rauchen die Helden dieser Filme imitieren.

ALCINA

Körperpflegemittel. Ursprünglich ist *Alcina* der Name einer zaubermächtigen Inselgöttin, die im 15. Jh. in den Epen «Orlando innamorato» und «Orlando furioso» der italienischen Dichter Boiardo bzw. Ariosto auftritt. Der Stoff wurde später von Händel zu einer Oper verarbeitet. Die Verwendung dieses mythologischen Namens als Markenzeichen für Körperpflegemittel ist durch die Schönheit motiviert, die diese Göttin auszeichnete.

ALETE

Säuglings- und Kleinkindernahrung. Hergeleitet aus lat. «alere» «ernähren, aufziehen».

ALGEMARIN

Badesalz, das Meeres*alge*n – lat. *marin*us «Meeres-» – enthält.

ALGESAL

Salbe bzw. Gel gegen Muskelschmerzen. Algesal enthält Diaethyl-amin-*sal*icylat; der erste Teil des Wortes leitet sich von griech. «algos» «Schmerz» ab.

ALGOFLASH

Dünger der Firma «*Algo*-Chimie», französisch für «Algenchemie». Der Bestandteil «flash» ist englisch und bedeutet «Lichtblitz»; so schnell schießen die Pflanzen bei der Düngung mit diesem Produkt auf.

ALI FLOC

Hundeflocken. Der erste Teil, «Ali», soll nach einem typischen Hundenamen klingen; «floc» ist eine verfremdende Verkürzung aus *Floc*ken.

ALKA SELTZER

Medikament in Form von Brausetabletten gegen Schmerzen und Unwohlsein. Der Bestandteil «Alka» erklärt sich aus dem Umstand, daß Alka-Seltzer Natriumbicarbonat enthält, was früher als «mildes Alkali» bezeichnet worden ist; Natriumbicarbonat reagiert «alkalisch» (und vermag so überschüssige Magensäure abzustumpfen, weswegen Alka-Seltzer gerne bei Magenübersäuerung nach Unmäßigkeit im Essen genommen wird). «Seltzer» ist die englische Variante des deutschen Ortsnamens Selters, von woher das Selterswasser, engl. Seltzer water stammt, ein Mineralwasser, dessen Name später im Englischen zur allgemeinen Bezeichnung von «Mineralwasser» wurde; «Seltzer» deutet also auf die sprudelnde Kohlensäureentwicklung beim Auflösen in Wasser hin.

ALKOR

Kunststofffolie. «Alkor» ist der arabische Name für den Reiterleinstern im Sternbild des großen Bären; dieses Sternbild wird hier als eine Art Firmen- bzw. Markenzeichen verwendet → «Bärenreiter».

ALLEGRO

Fahrrad. «Allegro», auch bekannt aus der Musik, ist italienisch und heißt «lebhaft, fröhlich»; in der Musik wird damit ein frisches, schnelles Tempo bezeichnet. Lebhaft und schnell fährt sich offenbar auch diese Fahrradmarke.

ALLNORM

Kücheneinbaumöbel. Ihr Einbau bereitet keine Schwierigkeiten, da sie sich *all*en Bau*norm*en anpassen lassen.

ALLURELLE

Haarfestiger. Frz. «allure» bedeutet «Haltung, Benehmen, Erscheinungsweise». Der Haarfestiger soll dem Haar eine gute Haltung geben, die Dame in ihrer eleganten Erscheinung unterstützen. Die Endung «-elle» des Namens kann als reine, bedeutungslose Ableitungssilbe interpretiert werden, enthält aber auch das französische weibliche Pronomen «elle» «sie», womit auf die Frauen als Konsumentengruppe des Produkts hingewiesen wird.

ALL

Waschmittel. Einer jener eher absonderlichen Waschmittelnamen, die an geläufige Wörter anspielen, (hier an «das All» oder «alles»), ohne daß gesagt werden könnte, was damit genau gemeint sein könnte. Gerade diese Unklarheit der Bedeutungsbeziehungen macht einen Reiz eines solchen Namens aus, der im übrigen aber vor allem durch seine prägnante Kürze wirken soll.

ALPECIN

Haarpflegemittel. Der Name ist eine Verkürzung und Umwandlung des medizinischen Fachterminus «Alopecie» «Haarausfall» in eine Lautung, die einem Arzneimittelnamen eher entspricht und leichter zu behalten ist.

ALUCOL

Mittel gegen Magenbeschwerden, das *kol*loidales *Alu*miniumhydroxid enthält.

ALUSTAR

Das Wort ist gebildet aus dem Wortanfang von *Alu*minium und dem «Prestigewort» «Star»: Das Produkt wird damit als «Star» unter seinesgleichen charakterisiert.

AMBASSADOR

Zigarette, Fernsehgerät. Wörtlich bedeutet engl. «ambassador» «Gesandter, Botschafter». Es handelt sich also um ein typisches Prestigewort, das einen Beruf mit außergewöhnlicher Wertschätzung bezeichnet. Als Markenname deutet es an, daß das entsprechende Produkt sogar für so vornehme und anspruchsvolle Leute wie Gesandte geeignet ist.

AMBRA

Waschmittel / Hautcreme. An sich ist Ambra die Bezeichnung für eine wohlriechende Ausscheidung des Pottwals, die vor allem in der Parfumindustrie Verwendung findet. Bei den Produkten, die dieses Wort als Namen tragen, steht wohl vor allem der Wohlgeruch im Vordergrund. Das gleiche Wort liegt der Marke «Ambre Solaire» für Hautpflegemittel zugrunde, was frz. ist und wörtlich übersetzt «Sonnenambra» bedeuten würde. Gleichzeitig mag hier allerdings auch das gleichlautende frz. Wort «ambre» für «Bernstein» anklingen, was Gedanken an die warme leuchtende Farbe des Bernsteins weckt und das Pflegemittel als leuchtende «Sonnentropfen» so kostbar wie Bernstein erscheinen läßt.

AMIGA

Personal Computer. Der Markenname ist dem Spanischen entnommen, wo er «Freundin» bedeutet. Entgegen den üblichen Vorstellungen vom benutzerfeindlichen Datenverarbeitungsgerät behandelt diese Maschine den Menschen hilfreich wie eine Freundin.

AMPHORA

Rauchtabak. Eine Amphore ist eine griechische zweihenklige Vase, Inbegriff antiker Töpferkunst. Eine Beziehung zu Tabak ist schwer auszumachen. Das Wort wird vielmehr als Hochwertwort, als Wort, das eine wohltönende Anspielung auf einen hochgeschätzten Gegenstand enthält, eingesetzt. Es soll außer dieser hohen Wertschätzung, die auch auf das Produkt übertragen werden soll, nichts mitteilen.

AMUN

Parfum. Amun oder Ammon/Amon ist der Name eines altägyptischen Gottes. Geläufiger ist dem durchschnittlich Gebildeten heute wohl der ägyptische König Tut-ench-Amun und seine goldene Maske, dessen Name «vollkommen an Leben ist Amun» bedeutet. Die Übernahme dieses Namens gibt dem Parfum den Hauch einer geheimnisvollen, alten, fernen östlichen Welt der Schönheit. Die Fremdheit wird noch durch den Akzent auf dem u unterstrichen, der von einer Form ist, wie sie in keinem europäischen Schreibsystem verwendet wird. Diese Anklänge an das Altägyptische werden auch durch die Verpackung und die Gefäße unterstützt.

ANAïS ANAïS

Parfum/Eau de toilette. «Anaïs» ist an sich ein leicht außergewöhnlich klingender weiblicher Vorname in Frankreich. Seine Bekanntheit verdankte er anfänglich der französischen Schauspielerin Anaïs-Pauline Aubert (1802–1871), genannt Anaïs, die an der Comedie française wirkte und außerordentlich beliebt war. In neuerer Zeit wurde der Name vor allem durch die Schriftstellerin Anaïs Nin geläufig. All dies verbindet mit dem Namen die Welt der Bühne und der Schriftsteller (im Fall von Anaïs Nin spielt wohl auch die Erotik eine Rolle): für einen Parfumnamen eine sehr beliebte Assoziation (vgl. auch etwa Parfums wie → «Pavlova» oder → «Tosca»). Darüber hinaus hat der Name mit seiner Lautabfolge «Anais» einen exotischen Klang, der dem Parfum einen Hauch des Besonderen verleiht. Eine speziell eindringliche Wirkung erzielt der Name durch die Verdoppelung des Wortes «Anaïs».

ANNABELLE

Frauenzeitschrift. Ein typischer Frauenzeitschriftenname wie → «Brigitte» oder → «Tina», der über einen besonders charakteristischen, modischen oder schicken Frauennamen jene Frauen als Leserinnen ansprechen will, die sich mit diesem Namen identifizieren. «Annabelle» wirkt in dieser Hinsicht als Name für eine elegante, selbständige, pariserisch anmutende Dame.

ANTABUS

Medikament zur Behandlung des chronischen Alkoholismus. Zusammengesetzt aus griech.-lat. «*ant*(i)» «gegen» und «*abus*us» «Alkoholmißbrauch»; als wörtliche Bedeutung ergibt sich also «gegen den Mißbrauch (von Alkohol)».

ANTAEUS

Eau de toilette für Herren. Antaeus ist in der griechischen Mythologie ein Riese von ungeheurer Stärke, der in einem Kampf jederzeit seine Kraft durch Berührung mit der Erde wieder zurückgewinnen konnte. Herkules überwand ihn, indem er ihn in die Höhe stemmte, bis er starb. Das seltsame Bild, das die Werbung zur Einprägung der Marke verwendet, scheint auf diese Herkulestat anzuspielen, wobei man nicht sicher ist, ob eine Verwechslung zwischen Antaeus und Herkules stattgefunden hat. Den Mythos um Antaeus kennt aber ohnehin kaum jemand, und so wirken Name und Bild nur als eine ziemlich diffuse Anspielung auf die griechische Klassik, welche dem Duftwasser einen gewissen Snob appeal gibt, hierin vergleichbar mit der Marke → «Kouros».

ANTI-BRUMM

Mittel zum Schutz vor Insektenstichen; wörtlich: gegen lästig *brumm*endes Ungeziefer.

ANTISTAX

Präparat gegen Krampfadern. Der Name ist gebildet aus lat. «anti» und «stax» zu griech. «stasis» (davon deutsch «Stase») «Stillstand, Stauung» (ein Begleitsymptom von Krampfadern).

ANTISTIN

Antihistaminikum (Medikament gegen allergische Reaktionen, Juckreiz etc.). Der Name ist eine Zusammenziehung aus dem Wort «Antihistaminikum» zu einer leichter schreib- und sprechbaren Form.

ANTRON

Kunstfaser → «Dacron».

ANTUSSIL

Hustensirup. Die Bezeichnung ist zusammengesetzt aus gr. *«anti»* «gegen» und lat. *«tussis»* «Husten» und einer bedeutungsleeren Endsilbe «-il», wobei das Ende von «ant-» und der Anfang von «tuss(is)» sich lautlich überlappen.

ANU-FRESH

Salbe gegen Juckreiz im Analbereich; aus lat. *«anus»* «After» und engl. *«fresh»* «frisch».

APE

Dreirädriges Kleinsttransportfahrzeug aus Italien; die fleißige Schwester der → «Vespa», die wie eine Biene (= ital. «ape») ihre Lasten sammelt und heimtransportiert.

APETINIL

Appetitzügler. Der erste Teil ist in Beziehung zu setzen zum Wort «Appetit»; der Rest des Wortes, «-nil», der auf den ersten Blick eine der üblichen bedeutungsleeren Schlußsilben in Medikamentennamen zu sein scheint, erweist sich bei näherem Betrachten als identisch mit lat. «nil» = «nichts»; diese Deutung ist ja auch nötig, um den ganzen Namen sinnvoll mit der erstrebten Wirkung des Medikaments, der Appetithemmung, in Beziehung bringen zu können.

APISANA

Gesundheitspräparate aus von Bienen produzierten Stoffen. Der Markenname ist gebildet aus lat. *apis* «Biene» und lat. *san*us» «gesund».

APLO

Apfelsaft; zu engl. *apple* «Apfel» abgeleitet. Das -o am Wortende soll den Namen klangvoller gestalten.

APOLLO

Süßgetränk. An sich ist «Apollo» der Name eines griechischen Gottes. Dieser ist aber in dem Namen eines banalen Konsumartikels wie eines Süßgetränks kaum angesprochen, vielmehr ist der Name in Anspielung auf die amerikanische Apollo-Raumfahrtrakete geprägt worden. In dieser Namengebung spiegeln sich die Bedeutung und das Prestige, die die Raumfahrt heute im öffentlichen Bewußtsein hat, wie das auch im Falle des Kaugummis namens → «Orbit» zutage tritt.

APPIA

Automodell → «Trevi»

APPLAUSE

Automodell. In der Serie der musikalisch bezeichneten Modelle – vgl. → «Accord», → «Prelude», → «Jazz» – sozusagen der Schlußpunkt, gleichzeitig das Versprechen an den Käufer, von allen Seiten Beifall für sein Auto zu finden.

APPLE

Personal Computer. So originell wie die Konzeption dieses ersten
Personal Computers ist auch seinerzeit dessen Name gewesen, der
damals ganz aus dem üblichen Rahmen der Namensgebung von
Datenverarbeitungsgeräten fiel; diese allgemein wurden nicht mit
so alltäglich banalen Wörtern wie engl. «apple» «Apfel», sondern
mit technisch-wissenschaftlichen Abkürzungen und Zahlen-Buch-
staben-Kombinationen benannt. Das Apfelsymbol dieser Marke
schafft allerdings, genauer betrachtet, einen wortspielerischen
Bezug zur Computerwelt: Oben links fehlt ein Stück – engl. «bit»,
das wohl jemand angebissen hat – vgl. engl. «bite» «beisse, Biss».
«Bit» (aus «binary digit») und «byte» sind aber bekanntlich auch
Bezeichnungen für minimale Informationseinheiten in einem
elektronischen Speicher.

APTAMIL

Säuglingsnahrung, die aus ad*apt*ierter *Mil*ch (d. h. Kuhmilch, die
in ihrer Zusammensetzung der Muttermilch angepaßt ist) besteht.
Das gleiche Benennungsmotiv findet sich auch im Namen der
Säuglingsnahrung «Adapta».

AQUAGLISS

Bügeleisen mit Filter gegen Verkalkung der Gleitflächen. Das Wort
ist zusammengesetzt aus lat. «aqua» «Wasser» und frz. «*gliss*er»
«gleiten».

AQUAMAT

Luftbefeuchter. Der Name ist zusammengesetzt aus lat «aqua»,
«Wasser» und dem Allerweltselement «-mat» aus «Automat».

AQUASCUTUM

Regenmäntel. Das Wort ist (grammatisch nicht den Regeln des
Lateinischen folgend) aus lat. «aqua» «Wasser» und lat. «scutum»
«Schutzschild, Schirm» zusammengesetzt.

AQUASUIT

Badeanzüge. Der Name ist eine Kombination aus lat. «aqua» «Wasser» und engl. «suit», «Anzug».

AQUA VELVA

Eau de toilette usw. Lat. «aqua» bedeutet «Wasser». «Velva» ist, vor allem als lateinisch tönendes Wort gelesen, eine reine Phantasiebildung; dahinter klingt jedoch engl. «velvet» «Samt», an, was auf die angenehme Wirkung dieser Körperpflegemittel hindeutet.

ARAL

Benzin und andere Treibstoffe. Der Name ist in Zusammenhang mit einer wichtigen Neuentwicklung der damaligen Firma entstanden, nämlich der Herstellung eines besonders klopffesten Gemischs (später als «Super-Benzin» bezeichnet) aus Benzin und Benzol. Benzol ist chemisch ein Vertreter der sog. *ar*omatischen Verbindungen, Benzin ein Gemisch u. a. mit *al*iphatischen Kohlenwasserstoffen. «Aral» drückt somit die Kombination der beiden Komponenten auch sprachlich aus.

ARALDIT

Klebstoff. Phantasiewort. Daß es sich um einen Klebstoff handelt, deutet immerhin die Endsilbe «-it» an, die, wie Namen wie → «Cementit» oder → «Konstruvit» zeigen, für Klebstoffe beliebt ist.

ARBID

Schnupfenmittel. Das Wort scheint eine Phantasiebildung zu sein, obwohl man hinter den Buchstaben «-bid» auch einen versteckten Hinweis auf die Wirksubstanzen *Bu*phenin und *Di*phenylpyralin vermuten könnte.

ARCOFLAM

Feuerfestes Kochgeschirr der Firma «Verrerie Cristallerie d'Arques». Arques ist eine Ortschaft in Frankreich, deren Name sich zur Umdeutung zu «arc» «Bogen (zum Schießen)» anbietet. Der Bestandteil «flam» ist aus frz. «*flam*me» «Flamme» gebildet.

ARCON TISANE

Haar-Vitaminkapseln. «Arcon» ist gebildet aus «Ha*ar con*dition», «Tisane» heißt im Französischen «(Kräuter-)Tee»; das Produkt wurde ursprünglich in Teeform angeboten.

ARCOPAL

Tafelgeschirr der Firma «Verrerie Cristallerie d'Arques» (in der französischen Stadt Arques) aus *opal*weißem Glas.

ARGENTA

Automobilmodell. Der Name ist eine Ableitung zu ital. «argento» «Silber», ohne daß ein bedeutungsmäßiger Zusammenhang für die Wahl des Wortes erkennbar wäre, außer daß Silber ein wertvolles Metall ist und «Argenta» deshalb als Hochwertwort erscheint.

ARIELLA

Badeanzüge. Das Wort Ariella ist eine Verkleinerungsform aus ital. «aria» «Luft» und weckt so Assoziationen an warme südliche Lüfte am Meeresstrand.

ARIEL

Waschmittel. Ursprünglich ist Ariel der Name des Luftgeistes in Shakespeares Stück «Der Sturm»; der Name hängt mit ital. «aria» «Luft», «Wind» zusammen; die Schlußsilbe «-el» erinnert an alttestamentliche Engelnamen wie «Gabriel», «Michael». Von diesem reich befrachteten geschichtlich-literarischen Hintergrund bleibt bei der Verwendung als Waschmittelname wenig übrig; die wenigsten Waschmittelkonsumenten kennen Shakespeare so gut, daß sie Ariel mit einer Figur aus einem seiner Stücke in Beziehung bringen würden. Poetisch-literarisch tönt das Wort aber trotzdem, und das war wohl der Grund, es als in seiner Art exotischen Namen für einen so banalen Verbrauchsartikel wie ein Waschmittel zu wählen. Wie z. B. die Waschmittelnamen «Korall/Coral», «Genie», «Radion» oder «Dixan» zeigen, ist Ariel keineswegs das einzige Waschmittel, das in seinem Namen gehobene Ansprüche verrät.

ARLETTE

Zigarette. Das Wort ist an sich ein französischer weiblicher Vorname, der vor allem durch die französische Schauspielerin Arletty (z. B. im Film «Les enfants du paradis») bekannt geworden ist. Der französische Klang dieses Namens gibt der Zigarette den Charakter von Weiblichkeit, pariserischer Lebenskunst und Eleganz, Assoziationen, die z. B. auch in Namen wie → «Parisienne» und → «Stella» enthalten sind.

AROMARE

→ «Aromat» mit Meersalz – vgl. lat./ital. «mare» «Meer».

AROMAT

Würzmischung, die den Speisen mehr «Aroma» verleihen soll und Gluta*mat* enthält. «Aromat» ist einer jener Produktenamen wie z. B. auch → «Kaffee Hag», → «Tempo» oder → «Knirps», bei denen wegen des Erfolgs des Produkts ganz in Vergessenheit geraten ist, daß es sich bei dieser Bezeichnung um eine geschützte Marke und nicht um ein gewöhnliches Substantiv handelt. In der Alltagssprache bezeichnet man jede derartige Würzmischung, gleich welcher Herkunft, als «Aromat», obwohl prinzipiell nur das Produkt der Erfinderfirma den Namen «Aromat» tragen darf.

ARONAL

Zahnpasta. Ursprünglich war das Wort ein Warenzeichen der «Goldenen Apotheke» zu Basel für ein Haarpflegeprodukt, wobei ein Sinn des Wortes nicht mehr eruierbar ist. Erst nach vielen Jahren, nachdem die Goldene Apotheke zu Basel zu einem Industriebetrieb angewachsen war, wurde das Wort wieder neu aufgenommen und nun für eine Zahnpasta verwendet. Eine solche Namensübertragung von einem Produkt zu einem anderen (natürlich innerhalb der gleichen Firma), hier dazu noch von einem Haarwasser auf eine Zahnpasta, mag zwar eigenartig erscheinen, ist jedoch nicht selten und in diesem Fall auch ganz unproblematisch, da ja «Aronal» als Wort keinen speziellen Bedeutungsgehalt hat und als Name so für irgendwelche medizinisch-pharmazeutischen Produkte dienen kann.

AROSANA

Sonnenschutzcreme. Diese Sonnencreme ist ursprünglich von einem Aroser Apotheker entwickelt und vertrieben worden. In der Endsilbe «-sana» klingt zusätzlich noch lat. «sanus» «gesund» an.

AROVIT

Ein *Vit*amin-*A*-Präparat der Firma *R*oche.

ARPÈGE

Parfum. «Arpège» ist ein Begriff aus der Musik und bezeichnet einen harfenartig in einzelne aufsteigendeTöne zerlegt gespielten Akkord (zu frz. «harpe» «Harfe», vgl. ital. «arpeggio»). Der Name verbindet mit dem Parfum die Assoziation «romantisch-leicht verhallende Musikklänge»; der Duft des Parfums ist so leicht und unbestimmt verklingend wie ein Harfenakkord.

ARTEMIS

Buchverlag. Der Name ist abgeleitet von der griechischen Göttin Artemis, der Göttin der Jagd. (Dieser Zusammenhang ist im alten Verlagssignet durch einen Pfeil angedeutet.) Mit Büchern oder Wissen hat diese Göttin allerdings nicht allzuviel zu tun; ihr Name ist wohl eher ganz allgemein als Hinweis auf das ursprünglich auf die klassische Antike ausgerichtete Verlagsprogramm gewählt worden: von den griechischen Götternamen eignet sich Artemis vor allem aus klanglich-rhythmischen Gründen besonders.

ASCARA

Nagellack. Der Name ist eine freie Erfindung; eine Attraktivität besteht in der klangvollen Lautgestalt, welche auch noch irgendwie an eine südliche italienische Stadt denken läßt.

ASCONA

Modellname eines Mittelklassewagens des deutschen Autoherstellers Opel. An sich ist «Ascona» natürlich der Name eines beliebten und bekannten Städtchens und Ferienortes am Lago Maggiore im schweizerischen Kanton Tessin. Man mag sich die Frage stellen, was ein Mittelklassewagen, der vornehmlich dazu verwendet wird, im deutschen Smog zur Arbeit oder zum Einkaufen zu fahren, mit einem südlichen Ferienort zu tun hat. Zunächst eignet sich das Wort wohl vor allem wegen seines volltönenden, einprägsamen Klanges zur Bezeichnung eines Autos; die Vokalkombination a – o – a und die Buchstabenkombination -sc- in der Mitte des Wortes verleihen dem Wort zugleich einen leicht exotischen Charakter. Für Markennamen kann im Prinzip eine derartige inhaltsleere, aber attraktive Klanglichkeit genügen. Die Exotik weist aber in diesem Fall zugleich auf den italienischsprachigen Süden, seit Goethes «Wilhelm Meister» bekanntlich eine Gegend, woran jeder Deutsche mit Sehnsucht denkt, erst recht dann, wenn es sich um das vor allem von Reichen und Künstlern besuchte paradiesische (aber teure) Ascona handelt. Der Name Ascona ist eine Möglichkeit, die deutsche Sehnsucht nach dem Tessin werbewirksam auszubeuten. Auch in anderen Automodellbezeichnungen wird mit dieser Sehnsucht nach dem Süden operiert, so z. B. in → «Capri».

ASPIRIN

Schmerz- und Fiebermittel mit dem Wirkstoff Acetylsalicylsäure (→ Alcacyl), d. h. einem Derivat der aus der Weidenrinde (lat. «salic-» «Weide») gewonnenen Salicylsäure. Für den Namen Aspirin sind mehrere Erklärungen gegeben worden:

1. gr. «a-» «un-», «ohne» + lat. «spira» «Schweiß», womit wohl angedeutet sein soll, daß dieses Mittel von Fieberschweiß befreit (wogegen allerdings gerade die eher schweißtreibende Wirkung von Aspirin spricht).

2. gr. «a-» «un-», «ohne» + Spirin-Säure; danach sollte im Namen angedeutet werden, daß Aspirin eine ähnliche fiebersenkende Wirkung hat wie die in früheren Zeiten aus dem Spierstrauch, lat. «spirea», gewonnene Spirinsäure, aber ohne diese auskommt. (Vgl. zu dieser Bildung z. B. auch Wörter wie → «Sinecod»). Gegen diesen Namen spricht, daß die Spirinsäure chemisch mit der Salicylsäure identisch ist.

3. Aspirin kann auch als überlappende Bildung aus Asparaginsäure und Spirinsäure gedeutet werden; neben der oben erwähnten Spirinsäure wird damit auch auf die ähnlich fiebersenkende Asparaginsäure angespielt, die früher aus Spargeln (lat. «asparagus») gewonnen wurde.

Aus den noch erhaltenen Firmenprotokollen ergibt sich eindeutig, daß die Spirinsäure für die Namengebung den Ausgangspunkt abgab. Offenbar wollte man durch Vorsetzen eines Vokals dem Namen mehr Klang verleihen. Einem Vorschlag auf «Euspirin» (zu griech. «eu-» «gut») wurde schließlich das A- («Aspirin») vorgezogen. Daraus ist auch zu schließen, daß dieses «A-» an sich keine Bedeutung hatte, sondern klanglich motiviert war; immerhin könnte dies auch als Anspielung an den Wirkstoff «Acetylsalicylsäure» interpretiert werden.

ASPRO

Schmerzmittel mit den gleichen Wirkstoffen wie → «Aspirin».

ASSUGRIN

Künstlicher Süßstoff. Aus span. «azúcar» «Zucker» gebildet.

ASTOR

Zigarette. Benannt nach dem Gründer Astor der ehemaligen Zigarettenfabrik Waldorf Astoria in Walldorf bei Heidelberg. Nach dieser Firma ist auch die Marke «Waldorf» bekannt.

ASTRO

Skimodell. Das Wort spielt auf «Astronaut(ik)» an und verwertet damit das Prestige der Raumfahrt und ihrer Technik in der heutigen Gesellschaft, obwohl diese an sich nichts mit dem Skifahren zu tun hat. Bei derartigen Prestigewörtern kommt es aber weniger auf einen logischen Zusammenhang als auf das Prestige einer Sache an sich an, wie etwa auch die Namen → «Jet 777» für Kleider oder → «Orbit» für Kaugummi zeigen.

ASTRO VAN

Automodell; Großraumlimousine. Engl. «van» bezeichnet einen (gedeckten) Lastwagen. Der Bestandteil «Astro» im Namen spielt – wie bei den vergleichbaren Modellnamen → «Espace», → «Space Wagon» oder → «Aerostar», auf die Raumfahrt an (vgl. «Astronautik», griech. «astron» «Gestirn»).

ATA (SANFT UND SAUBER)

Reinigungsmittel. ATA ist eines jener Phantasiewörter, deren Bildung vor allem auf der Zentralsymmetrie beruht: Im Ende spiegelt sich genau der Anfang wider. – Der Zusatz «sanft und sauber» ist ein Beispiel dafür, wie man in einem Produktenamen auch einen ganzen Werbespruch unterbringen kann.

ATARAX

Tranquilizer. Der Name ist aus dem griechischen Substantiv «ataraxia» «Gemütsruhe» abgeleitet und soll somit die beruhigende Wirkung dieses Medikaments unterstreichen .

ATEM-GOLD

Erfrischungspastillen zur Verbesserung des Atems. Die rein deutsche Zusammensetzung, die auf eine eher poetische Art die Wirkung des Produkts beschreibt, klingt ausgesprochen bieder-altdeutsch und verrät damit ein vergleichsweise hohes Alter des Namens. Heute werden auch in solchen Bereichen eher englische oder französische Wörter oder dann Gagnamen wie → «Tic Tac» bevorzugt.

ATIKA

Zigarette. Das Wort «Atika» weckt (wohl absichtlich) vieldeutige Assoziationen, einmal für den Gebildeten an die Landschaft Attika in Griechenland mit der Hauptstadt Athen, also eine der kulturell reichsten Gegenden der Antike; daneben denkt man heutzutage bei diesem Wort an eine Attika-Wohnung, eine Dachwohnung mit Terrasse, die sich nur Begüterte leisten können. Eine gewisse Vornehmheit gewinnt der Name zusätzlich durch das einfache t in der Mitte des Wortes – das doppelte t in der normalen Schreibweise entspricht viel mehr den Regeln der deutschen Orthographie und würde so eher Gewöhnlichkeit ausstrahlen. Elegante Exklusivität wird auch durch den klassisch-antiken Schriftzug ausgestrahlt. Alles in allem deutet der Name «Atika» also an, daß dies eine Zigarette für Leute mit exklusiven Ansprüchen ist, was im übrigen auch durch die Werbung unterstrichen wird.

ATOMIC

Ski. Das Wort «Atomic» ist ein typisches Prestigewort des 20. Jahrhunderts (es mag wohl in den letzten Jahren an Prestige etwas verloren haben), da es für eine der wichtigsten wissenschaftlich-technischen Leistungen unserer Zeit steht. Man kann es nur als Benutzung dieser Prestige-Assoziationen verstehen, wenn für eine Skimarke das Wort «Atom» gebraucht wird, mit dem sonst Skifahren nicht viel zu tun hat. Die Endung «-ic» gibt zugleich dem Wort einen amerikanisch-technischen Anstrich, «-ic» ist ja ein englisch-amerikanisches Wortbildungsmittel, das wir auch in anderen prestigeträchtigen Wörtern wie «(auto)matic», «elec)tronic», «supersonic» usw. antreffen; in diese Wortgruppe reiht sich auch «Atomic» ein.

ATRIX

Handcreme. Das Wort ist schon ein recht alter Markennamen (seit 1906 eingetragen), wurde nach anderen Produkten jedoch erst 1955 für die heute bekannte Handcreme verwendet. Der Ursprung verliert sich im dunkeln. Der auffällige Anklang verleitet zur Frage, ob der Name etwas mit lat. «atrix» «Wunde» zu tun hat (als Bezeichnung eines Produkts zur Wundheilung, vgl. → «Plax» als Mittel gegen die Zahnplaque).

AUDAX

Ohrentropfen. Der Name ist zu lat. «audire» «hören» zu stellen, «-ax» ist eine bedeutungsleere Füllsilbe. Der Gleichklang mit lat. «audax» «verwegen, kühn» ist zufällig.

AUDI

Automobilmarke. Der Gründer dieser Firma hieß Horch. Er schuf den Firmennamen auf Anregung seines lateinlernenden Enkels aus seinem Namen, indem er ihn wörtlich ins Lateinische übersetzte: «audi» ist die Befehlsform von lat. «audire» «horchen» «hören».

AURELIA

Automobilmodell → «Trevi».

AUREOMYCIN

Antibiotikum. Der Wirkstoff wird gewonnen aus Kulturen des Schimmelpilzes Streptomyces aureofaciens; der Wortbestandteil bezieht sich dabei auf die goldene Farbe dieses Pilzes (lat. «aureus» «golden»). «-mycin», ein Bestandteil des Namens von vielen aus Schimmelpilzen gewonnenen Substanzen (z. B. → «Chloromycetin») ist eine latinisierte Ableitung aus dem gr. Wort «mykes» «Pilz».

AURORA

Backmehl. An sich ist Aurora die römische Göttin der Morgenröte. Auf der Packung findet sich denn auch eine sternförmige Sonne auf rotem Untergrund. («Aurora» wird auf der Packung auch das «Sonnenstern-Mehl» genannt.) Der Name «Aurora» hebt die etwas banale Abbildung einer Sonne auf der Packung ins Erhaben-Literarische, ähnlich wie im Falle → «Heliomalt».

AUSLESE 101

Zigarette → «Ernte 23».

AUTAN

Mittel gegen Fliegen. Phantasiebildung.

AVANT

Automodell. Der Name ist eine Verkürzung aus ital. «avanti» «vorwärts». Das kann sich auf das nach vorne geneigte Fließheck des Modells oder auf ein allgemeines beschwingtes Fahrgefühl in diesem Wagen beziehen.

ABUS = August Bremicker + Söhne

VON BAC BIS BUGATTI

BAC

Deodorant. Das Wort gehört von der Form her mit «Go» oder «Mum» in die Gruppe jener Kürzestnamen für Deodorants, die gerade durch ihre auffallende Kürze im Gedächtnis bleiben sollen. Inhaltlich ist das Wort aus «anti*bac*teriell» gebildet.

BACKIN

Backpulver. Die deutsche Wortwurzel «back» wird durch Anfügen der Endung «-in» etwas verfremdet und zu einem chemisch-technischen Produktenamen gemacht.

BACTRIM

«*Bac*terizides Chemotherapeuticum» (d. h. bakterienvernichtendes Medikament) mit dem Wirkstoff *Trim*ethoprim. Der gleiche Wirkstoff gibt auch dem Chemotherapeuticum «Cotrim» einen Teil seines Namens; die Vorsilbe «Co-» deutet in diesem Fall auf den Umstand hin, daß in «Cotrim» zwei Komponenten in ihrer Wirkung *co*-operieren; im Gegensatz dazu enthält «Monotrim» nur Trimethoprim (gr. «monos» «allein, einzig»). *Trim*ethoprim schließlich ist auch im Chemotherapeuticum «Lagatrim» der Firma *La*gap enthalten.

BADEDAS

Badezusatz. Ein völlig ungewöhnlicher Name, in dem ein ganz gewöhnliches deutsches Wort «*bade*» mit einem zweiten, nicht genau bestimmbaren, aber an einen banalen Artikel erinnernden Bestandteil kombiniert wird. Der Produzent scheint aber gute Erfahrungen mit diesem Namen gemacht zu haben, vielleicht gerade wegen der leicht absurd klingenden Bildung, die das Produkt gegenüber allen anderen unverwechselbar machte. Jedenfalls hat er das Bildungsprinzip für Duschshampoos in «Duschdas» und für Hautpflegemittel in «Cremedas» weiterverwendet.

BADILON

Kunstfaser der BASF = «*Badi*sche *A*nilin-*S*odafabriken». Die Endsilbe «-lon» erinnert an «Nylon».

BAKELIT

Kunststoff, der vom belgischen Chemiker Henry Baekeland (gesprochen «Bakeland») erfunden worden ist. Ursprünglich lautete die Bezeichnung «Bakelith» mit Übernahme von gr. «lithos» «Stein» im zweiten Teil des Wortes zur Bezeichnung der Härte des Stoffes. Später wurde der Auslaut an die zahlreichen andern Wörter für Kunststoffe, die auf «-it» enden (z. B. «Geberit», «Dekorit», «Resarit»), bzw. der chemischen Ableitungssilbe «-it» für Mineralien und Sprengstoffe («Dynamit») angeglichen.

BALAHÉ

Parfum. Eine Phantasiebildung, die aber, wie etwa «Sarabé», einen sehr französischen Klang hat und damit das Produkt in den Rahmen der französischen Parfumkultur, der Mode und der Eleganz stellt.

BALCO

Klebstoff, produziert von der Firma *Bal*ly & *Co*; die Endsilbe «-co» läßt sich auch in Zusammenhang bringen mit frz. «col» «Leim».

BALISTO

Schokoriegel. Der Name ist an sich ein Phantasiewort. Dabei klingt immerhin das Adjektiv «ballistisch» an, das ein die Satelliten- und Raketentechnik bezeichnendes Adjektiv ist und so mit der Raumfahrt auf einen Bereich heutiger technischer Höchstleistungen anspielt. Die Endung «-isto» gibt dem Wort zusätzlich einen spanischen Anklang, der für Genußmittel gegenwärtig beliebt ist (vgl. Namen wie → «Junita», → «Plantos»). Vielleicht wird auch an die *Bal*laststoffe angespielt, die in dem Produkt enthalten sind.

BALNEUM ROMANUM

Serie von Badezusätzen und Hautpflegemitteln. «Balneum Romanum» ist lateinisch und heißt übersetzt einfach «römisches Bad»; das Bad der Römer mag dabei als Inbegriff von Luxus und entspanntem Wohlbehagen vorgeschwebt haben.

BANAGO

Milchzusatzpulver. Wort und Sache haben eine recht lange
Geschichte. 1927 wurde das Produkt von einer Firma namens Nago
= *N*ährmittel *AG O*lten (Schweiz) lanciert. Ursprünglich enthielt
das Milchzusatzpulver auch Bananenmehl, worauf die Vorsilbe
«Ba-» hindeutete. Die Banane war damals noch eine seltene Süd-
frucht mit hoher Wertschätzung. Auf den Zusatz von Bananenmehl wurde später verzichtet; trotzdem und auch nach dem Ver-
schwinden der Firma als eigenständiger Organisation behielt das
Produkt seinen angestammten Namen bei, da dieser offenbar
unterdessen einen so guten Klang bekommen hatte, daß seine
Identität wichtiger geworden war als die Identität des Produkts
selbst.

BÄRENREITER

Musikalienverlag. Wie bei → «Alkor» bezieht sich der Name auf
den Reiterleinstern im Sternbild des Großen Bären (das wird auch
im Verlagssignet verdeutlicht).

BARYNIA

Parfum. Der Name ist eigentlich ein russisches Wort für «Herrin»
und soll dem Parfum (nach Angaben der Werbung) zu Ehren der
Firmenchefin Helena Rubinstein, der «grande dame de la parfumerie», verliehen worden sein.

BASIS PH

Hautpflegmittel, ursprünglich eine *«Basis*creme», welche auf den
ph-Wert (Säure-Koeffizient) der Haut abgestimmt ist.

BASTOS

Zigarette. Der Name spielt auf «Baste», eine hohe Karte in verschiedenen Kartenspielen, an. Das deutsche Wort geht letztlich auf
span. «basto» «Treff» zurück. Die Endung «-os» ist sprachlich allerdings nicht eindeutig identifizierbar; sie soll dem Wort, das an sich
Erfolg im Spiel (und symbolisch im Leben) andeutet, wohl lediglich einen vagen fremdländisch-südlichen Klang geben.

BAUFIX

Konstruktionsspiel → «Fix».

BAYPEN

Ein von der Firma *Bay*er entwickeltes *Pen*icillin-Präparat. Ähnlich aufgebaut mit einem ersten Bestandteil «Bay» ist «Baycryl», eine ebenfalls von Bayer produzierte Kunstfaser aus Polya*cryl*.

BAZOOKA

Kaugummi. Wörtlich ist «Bazooka» im Amerikanischen eine umgangssprachliche Bezeichnung für eine Panzerabwehrkanone. Der Name ist eine stark übertreibende Anspielung auf das Platzen-lassen von Kaugummiblasen, das mit dieser Kaugummimarke besonders gut möglich ist.

BEBA

Säuglingsnahrung. Der Name spielt wohl in etwas latinisierter und deshalb wissenschaftlicher tönender Form auf das Wort «Baby» an. Gleichzeitig ist «Beba» auch (wie «Baby») ein typisches Lallwort, d. h. ein Wort, in dem die Lallsprache des Säuglings und Klein-kinds nachgeahmt wird. Die Marke drückt in der Wortgestalt aus, für wen das Produkt bestimmt ist. Dasselbe Namengebungsprinzip liegt in der Marke → «Nan», ebenfalls einer Säuglingsnahrung, vor.

BÉBÉJOU

Spielzeug für Kleinkinder. Der Name ist zusammengezogen aus frz. *«bébé»* «Kleinkind» und frz. *«jou*et» «Spielzeug» oder frz. *«jouer»* «spielen».

BECEL

Speisemargarine. Der Name ist abgeleitet aus einer Buchstabier-abkürzung für engl. «*b*lood *c*holesterol *l*owering», was übersetzt heißt: «blutdrucksenkend». Die ungesättigten Fettsäuren in vielen pflanzlichen Margarinen – so auch in «Becel» – senken bekannt-lich im Vergleich zur Butter den Cholesteringehalt im Blut, was die Gefahr einer Arteriosklerose und von Infarkten senken soll; der Name wirbt also indirekt für den Ersatz von Butter und Fett durch dieses Produkt.

BELDENT

Zahnpasta, die schöne (frz. beau/*bel*/belle) Zähne (frz. *dent*) machen soll.

BELUGA

Umweltschonend hergestellte Hygiene-Papiere. «Beluga» ist an
sich einerseits der Name des Weißwals, der im Nordmeer lebt,
andererseits des Störfisches im Kaspischen Meer, von dem eine
Sorte Kaviar gewonnen wird. Die Wortwahl könnte – neben dem
wohltönenden Klang – auch durch den Gedanken motiviert sein,
daß Nordmeer und Kaspisches Meer noch zwei relativ unberührte
Naturgegenden sind, wo bedrohte Fischarten noch überleben.
Umweltschonendes Papier hilft, solche Gebiete zu schützen.

BENEFIT

Zahnbürstenmarke, die dank ihrer besonderen Form besonders
gut (lat. «bene» «gut») sich den Kieferformen anpassen soll (engl.
«to fit» «passen»). Für Markennamen bezeichnend ist die hem-
mungslose Mischung von Wörtern ganz verschiedener Sprachen,
hier des Lateinischen und des Englischen; das Resultat der
Zusammensetzung ergibt allerdings wieder ein gutes englisches
Wort: «to benefit» «nützen»; die gute Zahnbürste nützt also dem
Benützer. Daß die Zusammensetzung aus zwei Wörtern ganz
anderen, aber sinnvollen Inhalts einen dritten, aber ebenfalls sinnvollen Inhalt ergibt, kann man durchaus als gelungenen sprachlichen Gag bezeichnen.

BENOCTEN

Schlafmittel. Der Name ist eine lautlich sich überlappende Kombination von lat. *ben*(e)» «gut» (Adverb) und lat. « noct- « « Nacht» .

BEO

Unterhaltungselektronik. Das Wort ist gebildet aus der Zitierform
der Anfangsbuchstaben der dänischen Firmengründer *B*ang und
*O*lufsen. Mit dem Namen sind die Typenbezeichnungen «Beosy-
stem», «Beolab Penta» (Lautsprecher), «Beovision» (Fernsehgerät –
«Tele*vision*»), «Beocord» (Videore*cord*er), «Beolink» (Fernbedie-
nungsgerät – engl «link» «Verbindung») gebildet.

BEPANTHEN

Wundcreme, die als Wirkstoff Dex*panthen*ol, d. h. einen Wirkstoff
aus der Gruppe der Vitamine *B* enthält.

BERETTA

Automodell. Das Wort ist an sich die Bezeichnung eines Pistolentyps, der nach seinem italienischen Erfinder Beretta so genannt wird. Die Wahl dieses Wortes für ein Automodell erinnert an die Marke → «Colt»; darüber hinaus mag hier der italienische Klang eine Rolle gespielt haben.

BEROCCA

Vitaminpräparat. Der Name ist aufgebaut aus Hinweisen auf die Bestandteile, nämlich die Vitamine *B* und *C* sowie *C*alcium; dazwischen eingefügt ist ein Anklang an den Namen der Herstellerfirma Hoffmann-La *Roc*he.

BESS

WC-Papier. Das Wort ist wohl zu erklären wie etwa → «Rei» (von «*Rei*nigungsmittel»), nämlich als Abkürzung von «*bess*er». Der dazugehörige Werbespruch «Auch bess gehört zum bess'ren Leben» versucht, diesen Zusammenhang auch dem Konsumenten einzuprägen.

BETRIMAX

Präparat, das Vitamin *B* in drei Variationen (B1, B6 und B12) (griech. «*tri-*» «dreifach») in *max*imal zweckmäßiger Dosierung enthält.

BI-FI

Snackwürstchen. Das Wort ist eine verfremdende – und gleichzeitig lautgetreue – Umsetzung des englischen Wortes «beefy» «(rind-) fleischig» ins Deutsche.

BIANCOMAT

Waschmittel. Ein Gagname: Er erinnert einerseits an das Wort «Bancomat» («Geldbezugsautomat»), ohne etwas damit zu tun zu haben; andererseits kann er aber auch als ganz durchschnittliche Zusammensetzung aus ital. «bianco» «weiß» und «Waschauto*mat*» verstanden werden. Der Witz des Namens liegt darin, daß eine so gewöhnliche Zusammensetzung eine solche seltsame Anspielung ergibt.

BIBER

Papier. Der Name hat an sich keinen Bezug zum Tier Biber –
obwohl er passen würde, denn für Papier muß man fleißig Bäume
fällen wie die Biber –, sondern ist vom Firmenstandort Biberist
(Kanton Solothurn, Schweiz) abgeleitet.

BICOFLEX

1. Matratze der Firma *Birchler & Co*, die besonders *flex*ibel ist.
2. Gartenschlauch mit zweifacher Verstärkung durch Kunstfasern;
Bico deutet diese Eigenschaft an durch eine Kombination von lat.
«*bi-*» «zweifach» und engl. «*cord*» «Schnur». Dreifach verstärkte
Schläuche haben entsprechend den Namen «Tricoflex» zu lat. «tri-»
«dreifach» bekommen.

BIELLA

Büroartikel einer Firma mit Sitz in «Biel».

BIKINI

Zweiteiliger Badeanzug. Erfunden wurde diese Form 1946 von
einem Franzosen, benannt wurde das Kleidungsstück nach dem
Südseeatoll Bikini. Der alte Traum vom Paradies der Südseeinseln
stand hier, wie etwa auch bei Namen wie → «Fidji» oder → «Tahiti»,
Pate für dieses Wort. Bekannt geworden war dieses Atoll kurz
zuvor durch den ersten Atombombentest der Nachkriegszeit.
Anders als heute scheinen solche Zusammenhänge damals nicht
abschreckend gewirkt zu haben. Das Wort «Bikini» gilt heute allgemein, z. B. auch in den Wörterbüchern, als gewöhnliche Sachbe-
zeichnung für ein bestimmtes Kleidungsstück. Nach Agenturbe-
richten (von Anfang Juli 1986) ist es jedoch gesetzlich geschützt
und als Markenzeichen Eigentum des Erfinders bzw. seiner
Rechtsnachfolger. Nur diese dürfen zweiteilige Badeanzüge offi-
ziell als Bikini bezeichnen. Es ist dies somit ein weiterer jener
Fälle, wo ein geschütztes Markenwort infolge der Einmaligkeit der
entsprechenden Erfindung in den Alltagswortschatz übergegangen ist, ohne daß der Durchschnittskonsument sich dessen bewußt
ist, daß es sich hier um ein gesetzlich geschütztes Wort handelt.

BILYTIS

Badeanzüge. «Bilytis» ist ein weiblicher Phantasiename aus einem
seinerzeit erfolgreichen romantisch-erotischen Film. Die Erinnerung an die sanfte Erotik dieser Frauengestalt wird in dieser Verwendung als Warenname weiter ausgenützt.

BILZ

Süßgetränk, Panaché aus alkoholfreiem Bier und Limonade. Das Wort ist eine reine Phantasiebildung, die sich aber durch eine besonders ausgefallene Buchstabenkombination auszeichnet: Die ganze Struktur des Wortes mit «B» am Anfang und «-z» am Schluß ist an sich typisch deutsch, was im Gegensatz zu den meisten anderen Phantasiebildungen steht, die eher lateinisch, griechisch oder englisch aussehen wollen. Das Wort ist eine Art Parodie zur Bierbezeichnung «Pils».

BINGO

Hundefutter. Der Name reiht sich ein in eine Gruppe von Tierfutternamen wie → «Bonzo», → «Ali floc» oder → «Cesar», bei denen typisch klingende Hundenamen zur Benennung von Hundefutter verwendet werden.

BINOVUM

Empfängnisverhütungsmittel. Das Mittel ist ein «Zweistufenpräparat», worauf in der Vorsilbe «Bi-» (lat. «bini» «zu zweit») hingewiesen wird; es wirkt dadurch, daß es die *Ov*ulation (den Eisprung) verhindert.

BIO

Ein häufiges Element für Markennamen, abgeleitetet aus griech. «bios» – «Leben» bzw. dem Adjektiv «biologisch», das in der heutigen umweltbewußten, technik-skeptischen Zeit ein besonderes Prestige genießt; vgl. z. B. «Bionatura», «Biorganic» (biologisch-natürliche Gesundheitsprätarate, → «Bionaire», → «Byo», → «Biovital»; letzteres enthält eine Verdoppelung der Information, indem lat. «vita» ebenfalls «Leben» bedeutet.)

BIO-KILL

Insektenspray. Der Name ist (unfreiwillig) leicht mißverständlich: Er scheint zu bedeuten «killt Leben» (griech. «bios» = «Leben»); dabei ist gemeint «killt Insekten biologisch». (Im Endeffekt läuft es auf dasselbe hinaus.)

BIOKOSMA

*Bio*logisch-natürliche Mittel für Körperpflege und *Kosm*etik.

BIONAIRE

Luftbefeuchter, der Luft und Wasser säubert und filtert. Aus griech. «bios» «Leben» und frz. «air» «Luft».

BIO-NORM

Diätnahrung zur Gewichtsabnahme. Der Name weist offenbar darauf hin, daß, wenn man mit diesem Präparat abzunehmen versucht, man eine Mahlzeit einnimmt, die der «*bio*logischen *Norm*» d. h. den Erfordernissen des Organismus entspricht. Darüber hinaus ist «bio» heutzutage ohnehin eine positiv klingende, werbeträchtige Silbe; alles was «bio» ist, ist natürlich und empfehlenswert.

BIORVITA

Vollkorngebäck. Der Name ist gebildet aus griech. «bios» und lat. «vita» «Leben», zwei Wörter, die für gesundheitsfördernde Nahrung ganz allgemein sehr beliebt sind.

BIOTTA

Gemüse- und Fruchtsäfte aus *bio*logischem Anbau.

BIRELL

Alkoholfreies Bier. Das Wort ist eine Art Verkleinerungsform zu *Bi(e)r* oder ital. «*bir*ra» «Bier».

BIRKIN

Haarpflegemittel, das ursprünglich Birkensaft enthielt. Auch bei den Produkten dieser Marke, die auf anderen Wirkstoffen basieren, findet sich auf der Packung noch ein Birkenzweig abgebildet.

BISMORECTAL

Zäpfchen gegen Angina, das Wismut, lat. *Bism*utum, enthält. «rectal» deutet auf die Darreichungsform als Zäpfchen hin, das «rectal» (d. h. im Rectum = im Darm) angewendet wird.

BISOLVON

Schleimlösendes Medikament, also ein «Solvens» zu lat. «solvere» «lösen». Die Vorsilbe «Bi-» (an sich lateinisch mit der Bedeutung «zweifach») scheint hier keine Funktion zu haben .

BIVION

Ballaststoff-Trank zur Verdauungsregelung. Der Name verbindet in eher versteckter Weise Anklänge an griech. «bios» «Leben» und lat. «vita» «Leben».

BLANKIN

Staubtuch, das alles *blank* macht. Die sonst vor allem für chemische Produkte verwendete Endsilbe «-in» wirkt hier etwas hochgestochen.

BLENDAX

Zahnpasta. Der Phantasiename kann allenfalls noch Assoziationen an «blendend weiße Zähne» wecken. Die Endsilbe «-ax» gibt dem Wort einen wissenschaftlichen Anstrich .
Ebenfalls wissenschaftlich tönt eine weitere Bildung aus diesem Namen, nämlich «Blend-a-med», die auf die *medi*zinische Wirksamkeit der Zahnpasta anspielt. Die Kinderzahnpasta «Blendi» dagegen erhält durch die umgangssprachliche Verkleinerungssilbe «-i »einen eher familiären, kindergerechten Anstrich.

BLIZZARD

Ski. «Blizzard» ist ein neueres amerikanisches Wort für «Schneesturm», was natürlich eine sehr passende Assoziation für eine Skimarke ist: Wer mit diesem Ski fährt, braust dahin wie ein Schneesturm (oder hinterläßt einen solchen) .

BLOCADREN

Herzmedikament → «Moducren».

BLOU BAYOU

Blaukäse aus Bayern. Die Verfremdung durch sich reimende -*ous* gibt dem Namen einerseits ein französisches Aussehen (als Anspielung an die gastronomische Qualität), andererseits ist das ein reines Phantasiefranzösisch, dem in der Realität kein tatsächlicher Sprachgebrauch entspricht. Endungen auf -ou wecken im übrigen beim Französischkundigen Assoziationen an südfranzösische Dialekte mit ursprünglicher Ländlichkeit. Darüber hinaus bedeutet engl. «blue» «blau» und «bayou» «sumpfiger Flußarm»; «Blue Bayou» war ein bekannter Titel der amerikanischen Country-Sängerin Linda Ronstadt.

BLUEBIRD

Automobilmodell. «Bluebird» ist im Amerikanischen die Bezeichnung für eine bestimmte Drosselart. Damit wird das Automobil mit einem Vogel verglichen.

BLUE RIBBON

Zigarette. Der englische Name bedeutet übersetzt «Blaues Band», was einerseits auf die Packung anspielt, die mit einem charakteristischen blauen Farbstreifen versehen ist. Andererseits ist das Blaue Band eine berühmte und begehrte Auszeichnung, die für die schnellste Überquerung des Atlantiks verliehen wird. Der Name ist auch eine Anspielung darauf, allerdings ohne genauere inhaltliche Verknüpfung; höchstens wird versucht, durch den Namen ein wenig vom Prestige dieser Auszeichnung auf die Marke abfärben zu lassen.

BLUSANA

Pflanzenpflege für Hydrokulturen. Der Name ist gebildet aus «*Blu*me» und lat. «*san*us» «gesund».

BODOSAN

Haushaltsreinigunsmittel. Ursprünglich war es als Markenwort für *Bod*enpflegemittel geschaffen worden; «-*san*» gehört zu lat. «sanus» «gesund».

BOLERO

Name einer Frauenzeitschrift und Markenname für Lautsprecher. Bolero ist an sich die Bezeichnung eines charakteristischen spanischen Tanzes. Dem Mitteleuropäer dürfte dieser Tanz vor allem über Maurice Ravels gleichnamiges Erfolgsstück bekannt sein. Den letzten Anstoß für einen eigentlichen Boom dieses Stücks und des Namens «Bolero» dürfte allerdings die Verwendung dieses Stücks für die Kür bei Eislaufweltmeisterschaften Ende der achtziger Jahre gegeben haben. Für Lautsprecher soll das Wort wohl so etwas wie «faszinierende musikalische Qualität» assoziieren, bei einer Frauenzeitschrift steht eher das Bild einer «eigenwilligen südlich-temperamentvollen Frau» im Vordergrund.

BONZO

Hundefutter. Der Name ist, wie → «Ali» oder → «Felix», einer jener Tierfutternamen, die an typische Haustiernamen anklingen.

BØRN

Papierwindeln. Der Name spielt auf den skandinavischen Vornamen «Björn», norw. «Bjorn» (eigentlich «Bär») an. Der Grund einer
solchen Benennung liegt wohl in der ursprünglichen Benennung
von Papierwindeln als «Schwedenwindeln». Auch der fremdartige
Buchstabe ø (der aber heute im Schwedischen nicht mehr
gebräuchlich ist und nur noch im Dänischen oder Norwegischen
vorkommt) signalisiert «skandinavisch».

BOUNCE

Wäscheweichtuch für Tumbler. Engl. «bounce» bedeutet «herum-
geworfen werden, dumpf anprallen». Das Wort bezeichnet also
eigentlich nur die Bewegung, die Wäschestücke in einem Tumbler
ausführen. In dem Sinn, daß eine typische Bewegung bei der Verwendung des Produkts benannt wird, ist «Bounce» also ein
Warenname wie «Tic tac» oder «Schwip Schwap», nur daß
«Bounce» ein gewöhnliches Wort der Alltagssprache ist, nicht eine
Klangmalerei wie etwa «Tic Tac».

BOUNTY

Schokolade. Das englische Wort «bounty» heißt wörtlich «Großzü-
gigkeit», «Freigebigkeit», «Belohnung». Wer ein «Bounty» kauft,
kann sich (oder andere) damit großzügig behandeln, ihnen eine
Belohnung geben. Das Wort spricht sozusagen das Gute im Menschen an; wer ein «Bounty» kauft, begeht damit eine gute Tat.
«Bounty», wie man aus dem Film «Die Meuterei auf der Bounty»
weiß, war aber auch der Name eines Schiffes, auf dem der englische Admiral Bligh im 18. Jh. Entdeckungsfahrten in die Südsee
unternahm. Das Wort weckt also zusätzlich Erinnerungen an eine
ferne Südseeromantik.

BOXAZIN

Schmerzmittel. Phantasiebildung.

BRAN-BUDS

Weizenkleie-Frühstücksflocken. Der Name ist zusammengesetzt
aus engl. «bran» «Kleie» und «bud» «Keim», was also ziemlich der
deutschen Inhaltsbezeichnung entspricht. Durch einfaches
Benennen in einer fremden Sprache kann eine Markenbezeichnung eine spezielle Qualität der Ware suggerieren.

BRASILLO

Zigarre. Im Namen klingt in einer ins Spanische verfremdeten Form «Brasilien» an, eines der Hauptanbaugebiete von Tabak. Der spanische Anstrich erscheint an sich nicht ganz korrekt, da in Brasilien ja portugiesisch gesprochen wird; er läßt sich immerhin damit rechtfertigen, daß sonst für Zigarren aus Süd- und Mittelamerika Spanisch die angestammte und deshalb für Werbezwecke gewohnte Sprache ist.

BRAZIL

Kaffeemaschine. Das Wort ist die englische Form des Ländernamens Brasilien; auf Brasilien wird in diesem Zusammenhang als einen der Hauptproduzenten von Kaffee angespielt.

BREKKIES

Hundebiscuits. Das Wort ist in Zusammenhang zu nieder deutsch «breken»/«brecken» «brechcn» zu bringen und bezieht sich darauf, daß diese Hundebiscuits «zerbrochene Stücke», «Brocken» (was ja ebenfalls mit «brechen» zusammenhängt) sind. Die Endung «-ies» ist eine aus dem Englischen übernommene familiäre Verkleinerungsform, die auch etwa in → «Panty» oder → «Markies» Anwendung findet.

BRESSO

Weichkäse, ursprünglich vor allem des Typs «Bleu de Bresse», d. h. Blaukäse aus der Landschaft Bresse.

BRIDGESTONE

Japanische Reifenmarke. Das Wort ergibt sich aus einer wörtlichen Übersetzung des Namens des Firmengründers Ishibashi ins Englische: Japan. «ishi» = «Stein», «(b)ashi» = «Brücke». Die Reihenfolge «Bridgestone» ist möglicherweise durch den durchaus erwünschten Anklang an die Reifenmarke «Firestone» motiviert.

BRIGITTE

Illustrierte Frauenzeitschrift. Der Name verspricht eine Zeitschrift, die sich an all jene Frauen richtet, die dem Frauentyp angehören, wie er mit dem Namen «Brigitte» in Verbindung gebracht wird – nämlich dem modisch-schicken.

BRILON

Kunstfaser, in England produziert, gebildet aus den Anfangssilben von *Bri*tish Ny*lon*.

BRIO

1.) Holzspielzeug. 2.) Geschirrspülmittel.
Das italienische Wort «brio» bedeutet «Eifer», «Lebhaftigkeit». Falls nicht nur der Klang des Wortes als Effekt ausgenützt wird, sondern auch ein inhaltlicher Bezug gemeint ist, soll der Name wohl suggerieren, daß die Kinder mit Eifer und lebhaft mit diesem Spielzeug spielen bzw. daß das Geschirrspülmittel eifrig wirkt und sauber macht.

BRÖLIO

Speiseöl. Das Wort – eine etwas kuriose Mischung aus deutschem und italienischem Sprachklang – ist zusammengesetzt aus dem Firmennamen «*Brö*ckelmann» und ital. «olio» «Öl».

BRONCHOTUSSIN

Hustensirup, der *bronchi*enerweiternd und hustenstillend (lat. «*tuss*is» «Husten») wirkt.

BRONCO

Geländegängige Limousine. Span. «bronco» bedeutet «roh, ungehobelt, unbearbeitet». Eher als den Charakter des Fahrzeugs soll damit wohl an die Fähigkeit des Fahrzeugs gedacht werden, auch unter rauhen Fahrbedingungen ein Durchkommen zu finden.

BROSOL

Hustenmittel, das die *Bron*chien erweitert und von Husten befreit (lat. «*sol*vere» «lösen, befreien»).

BRUFEN

Schmerzmittel. Der Name ist eine vereinfachende Zusammenziehung des Namens der Wirksubstanz «I*bupro*fen».

BRYLCREEM

Haarpomade. Der Name leitet sich aus einer Zusammensetzung von «*Brill*antine» «Haarpomade, die das Haar glänzend macht» oder «brillant» (ursprünglich), «glänzend» und engl. «cream » «Creme, Pomade», ab; die beiden Bestandteile sind orthographisch zusätzlich verfremdet, indem in «Bryl» statt des -i- ein wissenschaftlicher aussehendes -y- eingesetzt ist und die Schreibung -ea- für langes i durch die Schreibung -ee- (die im Englischen den gleichen Lautwert hat) ersetzt wird. Dadurch wird aus dem elegant klingenden Wort nicht direkt ersichtlich, aus welchen alltäglichen Bestandteilen es gebildet ist.

BUBBLICIOUS

Kaugummi. Der Name ist eine Kombination von engl. «bubble» «Blase (aus Kaugummi)» und «delicious» «köstlich (im Geschmack)».

BUCCANEER

Tabakmarke. Das englische Wort «buccaneer» heißt wörtlich «Seeräuber»; dazu gehört auf der Packung die Abbildung eines grimmig dreinschauenden Mannes mit Augenklappe und Haartracht des 17. Jahrhunderts. Wer diesen Tabak raucht – so suggerieren Name und Bild –, hat teil an der Freiheit der Meere und des Seeräuberlebens in jener noch ziemlich wilden Zeit.

BUGATTI

Männermode. Der Name spielt auf eine im Zuge der Nostalgiewelle wieder populär gewordene legendäre Sportwagenmarke der dreißiger Jahre an.

BUNA

Synthetischer Kautschuk, der aus *Bu*tadien und *Na*trium gewonnen wird.

BUTAPHEN

Entzündungshemmende, schmerzdämpfende Salbe. Der Name ist aus Teilen der Bezeichnung des hauptsächlichen Wirkstoffes *Phe*nyl*buta*zon gebildet, wobei die Reihenfolge umgestellt worden ist.

BUTAZOLIDIN

Schmerzmittel mit dem Wirkstoff 1,2-Diphenyl-3,5-dioxo4-n-*butyl*-pyra*zolidin*.

BUTTERFLY

Kleingebäck. Engl. «butterfly» heißt «Schmetterling», und leicht und zart wie ein Schmetterling ist auch dieses Gebäck; oder: Von diesem leichten Gebäck kann man knabbern, wie ein Schmetterling Nektartröpfchen an Blüten nippt.

BVK ROCHE

«*B-V*itamin-*K*omplex», d. h. Kombination von Vitamin-B-Formen.

BYBLOS

Parfum. Das Wort – letztlich die Wurzel für das heutige Wort «Bibel» – war im Altgriechischen ein ägyptisches Lehnwort mit der Bedeutung «Papyrus(staude)» (eine Schilfpflanze). Die Kombination von altgriechischer-altägyptischer Assoziation erinnert an ähnliche Parfumnamen wie → «Ysatis».

BYO

Joghurt. Der Name ist eine Verfremdung des Allerweltsprestigeworts → «Bio» bzw. «biologisch»; das y besitzt dabei in der Großschreibung eine ästhetische Symmetrie und erinnert gleichzeitig an einen Baum; nicht zuletzt verleiht es dem (ohnehin schon griechischen) Wortstamm ein zusätzliches, prestigebeladenes griechisches Aussehen (ähnlich wie «Ph» bei → «Phas»).

VON CADONETT BIS CYNAR

CADONETT

Haarpflegemittel. Der Name verbindet den Anklang von frz. «cadeau» «Geschenk» mit frz. «net, nette» «sauber», «ordentlich» oder direkt mit deutsch «nett».

CAFERGOT

Medikament zur Migränebehandlung. Der Name ist aus der Bezeichnung der hauptsächlichen Wirkkomponenten Coffein, bekanntlich ein Wirkstoff im Kaffee, frz. «*café*», und *Ergo*tamin gebildet.

CALANDRE

Parfum. Frz. «calandre» bezeichnet eigentlich eine besondere, am Mittelmeer lebende Lerchenart (die «Kalanderlerche»); damit verbindet sich wohl der Gedanke an den Süden, an zierliche Eleganz, das Schweben in der Luft, kurz: eine ferienhafte Traumvorstellung von einem paradiesischen Leben.

CALGON

Wasserenthärter, d. h. Mittel, das den Kalk im Wasser bindet und so bewirkt, daß das Wasser *ohne Kalk* ist.

CALGONIT

Wasserenthärter für Geschirrspülmaschinen. Der Name ist eine erweiternde Ableitung aus →«Calgon».

CALIBRA

Automodell. Das Wort ist wohl an den französischen Fachausdruck «calibre» «Kaliber» (innere Weite einer Röhre, Kanone usw.) anzuschließen. Die Verwendung eines technischen Ausdrucks für ein Automodell ohne großen inhaltlichen Zusammenhang mit den Qualitäten eines Autos reiht den Namen in eine Gruppe mit →«Vectra» oder →«Tempra» ein; technische Spezialausdrücke haben heutzutage offenbar genügend Prestige in sich selbst, um eine werbekräftige Ausstrahlung zu besitzen.

CALIDA

Unterwäsche. Ursprünglich lautete der Name span. «Calidad» «Qualität»; durch das Weglassen des Endbuchstabens «-d» ergibt sich eine passende Assoziation zu lat. «calidus» «warm».

CALMAS

Bettgestell, das zu besonderer Ruhe – frz. «calme» – im Schlaf verhelfen soll.

CALMITOL

Medikament, das den Juckreiz beseitigt oder beruhigt, womit der Bestandteil «calm» zu frz. «calme» «ruhig» zu begründen ist. Die Endsilbe «-tol» enthält einen Anklang an den u. a. darin enthaltenen Wirkstoff Men*thol*. Das -*i*- ist ein Füllvokal, dergleichzeitig das Klangbild abwechslungs reicher macht.

CALO-STOP

Schlankheitsdiät, welche die *Calo*rienzufuhr *stop*pt.

CALTEX

Benzinmarke. Zusammengesetzt aus *Cal*ifornia und *Tex*as (Oil Company).

CAMEL

Zigarette. Der Name hängt zusammen mit dem Bild eines Kamels vor einer Pyramide auf der Packung. Die Wahl eines solchen Sujets für eine Zigarette ist heute nicht recht verständlich, besonders auf dem Hintergrund der Werbung, die den Genuß von Camel-Zigaretten mit Abenteuern in einem dichten Urwald assoziiert. Die Verbindung von Zigaretten mit dem arabischen Osten oder mit Afrika geht jedoch zurück auf die Zeit der dreißiger Jahre, wo die sog. «Orientzigaretten» aus Tabaken der Türkei, des Orients und Afrikas weitaus am beliebtesten waren. Legendär ist z. B. der Werbeerfolg eines Slogans «Ova – die Zigarette im Araberformat», welcher den Umsatz dieser Zigarette sprunghaft steigerte, ohne daß an ihr irgendetwas geändert worden wäre. Eine solche Bezugnahme auf die Araber, die damals eine solche Wirkung erzielte, wäre heute völlig undenkbar; heute muß man Assoziationen an den Tabakanbau in Virginia, an den Wilden Westen usw. wecken – auch dies eine späte Folge des Zweiten Weltkriegs und der mit ihm über uns hereingebrochenen Coca-Cola-Kultur.

CAMELIA

Damenbinde. Die Bezeichnung eines Hygieneartikels mit einem poetischen Wort wie «Camelia» ist vergleichbar mit dem Namen → «Lotus» oder → «Paloma» für WC-Papier. «Camelia» ist die französische Form des Namens für die Kamelie, ein ursprünglich japanischer Zierstrauch voller rosa oder roter Blüten. Ihren poetischen Ruhm gewann die Pflanze durch den Roman «Die Kameliendame» von A. Dumas.

CAMRY

Automobilmodell. Reines Phantasiewort; orthographisch schließt es sich an das Englische an (vielleicht mit einer Assoziation an engl. «comrade» «Kamerad»).

CANDEREL

Künstlicher Süßstoff. Der Name ist hergeleitet aus «Kandis(zucker)» bzw. dessen französische Entsprechung «(sucre) candi».

CANDIDA

Zahnpasta. Der Name leitet sich aus lat. «candidus» «weiß» ab und soll wohl andeuten, daß mit dieser Zahnpasta die Zähne besonders weiß werden.

CANON

Japanische Kamera. Das Wort ist eine Anpassung des ursprünglichen Markennamens *Kwanon* an international gebräuchlichere Wortbilder. *Kwanon* seinerseits ist vom seinerzeitigen Firmengründer gewählt worden, weil er ein überzeugter Anhänger des buddhistischen Bodhisattwa «Kwannon» (Avolokiteśvara) war.

CAPRISANA

Naturheilmittel, das mit Hilfe von Ziegenbutter (lat. «caper», Gen. «capri» «Ziege») gesund (= lat. «sanus») macht.

CAPRI

Automobilmodell. Capri ist bekanntlich eine berühmte Ferieninsel vor Neapel. Als Benennung für ein Automobilmodell gehört das Wort zu jenen Autonamen, die auf südliche Orte anspielen und damit offenbar Ferienerinnerungen wecken und das Auto als Ferienvehikel charakterisieren sollen.

CARACTÈRE

Eau de Toilette für Männer. Offenbar liebt man (bzw. frau) statt durchschnittliche Beaus eher Männer mit eigenwilligem Charakter.

CARAN D'ACHE

Bleistift- und Farbstiftmarke. Der Name tönt sehr französisch, ist aber nur eine in französische Schreibung umgewandelte Form des russischen Wortes «karandásch» für «Bleistift». Der Firmengründer wählte 1924 dieses exotische Wort als Markenname aus Verehrung für den französischen Karikaturisten Emmanuel Poiré (1859–1909), der, in Russland geborener Enkel eines napoleonischen Soldaten, seine Zeichnungen mit dem russischen Wort als Pseudonym signierte.

CARFA

Büroartikel, ursprünglich hauptsächlich Kohlenpapier und Farbbänder. Der Name ist gebildet aus französ. *«car*bone» «Kohlepapier» und «*Far*bband»; die Sprachkombination sollte offenbar der Zweisprachigkeit des ursprünglichen Firmenstandortes bei Biel im westlichen Schweizer Jura entgegenkommen.

CARINA

1.) Illustrierte Frauenzeitschrift, 2.) Fertigmischung für Nußsahnetorte, 3.) Automobilmarke. «Carina» ist offensichtlich ein sehr vielfältig verwendbares Wort. An sich ist es eine weibl. Verkleinerungsform von ital. «caro/cara» «liebe(r), Liebling». Im deutschen Sprachgebrauch mag das Wort auch über Schlager bekannt geworden sein. Vor allem als Name für eine Frauenzeitschrift mag dieser Zusammenhang mit Liebe und Zärtlichkeit eine Rolle gespielt haben. An diese Assoziation schließt sich auch der Name für eine Kuchenteigmischung an – Liebe geht bekanntlich durch den Magen. Aber sogar die Verwendung für einen Autonamen liegt nicht allzuweit davon weg; ein Auto ist oft ein mit zärtlichen Gefühlen bedachtes Wesen. Zu erinnern ist an andere Automodellnamen, die aus weiblichen Vornamen hergeleitet sind wie etwa → «Diane» oder → «Silvia», aber auch an den Modellnamen → «Cherry».

CARMOL

Ein Naturheilmittel, aus Heilpflanzen nach alten Rezepten von *Carm*elitermönchen («von den Mönchen des Ordens Unserer lieben Frau vom Berge Karmel») hergestellt.

CARO

Kaffee. Die Marke ist in Zusammenhang zu setzen mit dem Karo-Zeichen auf Spielkarten, das auch auf der Packung wiedergegeben wird. Gleichzeitig bedeutet das Wort mit der Schreibung mit C im Italienischen «(mein) Lieber». Die erste Deutung verleiht der Marke ihre Unverwechselbarkeit in Wort und Bild, die zweite gibt ihr einen poetischen, zärtlichen Beiklang, wodurch mit einem Wort zwei Fliegen erwischt werden.

CARRERA

Ursprünglich Sportwagenmodell. Das Wort stammt aus dem Spanischen, wo es «(schneller) Lauf», «Rennen» bedeutet. Wohl aufgrund des Prestiges des berühmten und beliebten Sportwagenmodells – und aus wegen der leicht einprägbaren und aussprechbaren Lautstruktur – wurde das Wort auch als Markenname für andere Produkte gewählt, so z. B. Skibrillen, Eau de Toilette.

CARYATIDE

Pflegemittel zur Straffung und Verschönerung des Körpers. Der Name spielt an auf die griechischen Karyatiden, weibliche Statuen von jugendlich-wohlgefälliger Gestalt, welche anstelle von Säulen das Gebälk von Tempeln usw. tragen. Die ebenmäßige Schönheit dieser griechischen Statuen ist das Idealbild, dem man sich mit dem Gebrauch dieser Pflegemittel nähert.

CASIO

Japanische Taschenrechnermarke. Das Wort ist eine für den internationalen Gebrauch angepasste Umwandlung des Namens des Firmengründers Kashio, der in andern Sprachen vielleicht zu fremdartig ausgesehen hätte.

CAYE-BALSAM

Balsam zur Förderung der Gewebedurchblutung mit Wirkstoffen aus *Caye*nne-Pfeffer.

CECLOR

Antibiotikum, das *Cefaclor*-Monohydrat enthält.

CELICA

Automobilmodell. Das Wort soll wohl nur gut, d. h. lateinisch gebildet klingen und nichts bedeuten, obwohl es theoretisch auf lat. «c(a)elius» «himmlisch» zurückgeführt werden könnte. Eine solche Herleitung trägt zum Verständnis wenig bei, da ein Zusammenhang mit dem Produkt kaum hergestellt werden kann.

CELLOPHAN

Aus *Cell*ulose hergestellte durchsichtige Folie; die Silbe «-phan» ist abzuleiten aus dem Stamm zu gr. «diaphainein» «durchscheinen»/ «phaneros» «sichtbar», «durchscheinend». «Cellophan» hat das Urmuster für eine ganze Reihe weiterer durchsichtiger Kunststoffprodukte gegeben: Kunststoffnamen mit «-phan» sind z. B. auch «Hostaphan» der Firma Hoechst (die regelmäßig «Hosta-» als Kennzeichen ihrer Produkte verwendet, vgl. z. B. auch → «Hostalen»), «Synthophan» (Vorsilbe aus «*syn*thetisch» abgeleitet), «Pentaphan» (Kunststoff, der aus Pentachlorphenol hergestellt wird), «Alkorphan» (Kunststoff der Firma → «Alkor»).

CEMENTIT

Klebstoff, der zusammenhält wie «Zement».

CÉRAL

Kindernahrung, die u. a. aus verschiedenen Getreideflocken, frz. *céréal*es («Getreide») hergestellt ist.

CERTINA

Uhrenmarke. Der Name ist gebildet aus lat. «*cer*tus» «sicher» «zuverlässig» (sicherlich eine erwünschte Eigenschaft einer Uhr) und der lat. Adjektivableitungssilbe «*-ina*».

CÉSAR

Hundefutter. Wie bei → «Sheba» oder → «Bonzo» usw. wird hier als Hundefuttername ein wohlklingender, hier eher vornehmer Tiername verwendet.

CHA-CHA-CHA

Katzenfutter. Der Name stellt ein Wortspiel dar: Einerseits bezeichnet Cha-cha-cha einen modernen Tanz, andererseits ist «cha» eine vereinfachte Schreibweise für das frz. Wort «chat» «Katze».

CHAMADE

Parfum. Veraltetes französisches Wort für «Kapitulationsfanfare». Die Frage ist nur, wer beim Duft dieses Parfums die Kapitulation ankündigt.

CHAP STICK

Lippenstift – engl. «lip-*stick*» gegen rissige Lippen – engl. «chap» «Riss».

CHARADE

Automobilmodell. Frz. «charade» bezeichnet an sich eine bestimmte Art von Silbenrätsel. Diese ursprüngliche Bedeutung spielt allerdings bei der Verwendung des Wortes als Autoname überhaupt keine Rolle mehr; es handelt sich hier um einen typischen Fall von Sinnentleerung. Entscheidend für die Wahl des Wortes war vielmehr der französische Klang: Französisch kann hier als Signal für «elegant und modisch» gelten.

CHEROKEE

Automodell. Geländegängige Luxuslimousine. «Cherokee» (Tscherokesen) ist der Name eines alten Indianerstammes im mittleren Westen der USA. Der Markenschöpfer dachte bei seiner Wahl wohl an die sprichwörtliche Fähigkeit der Indianer, sich auch in wegloser Steppe durchzufinden.

CHERRY

Automobilmodell. Wörtlich heißt engl. «cherry» «Kirsche». Es ist allerdings zu vermuten, daß dem Modellnamen nicht diese für ein Automodell etwas fernabliegende Bedeutung zugrundeliegt, sondern eher die Assoziation zu frz. «chéri» «Liebling» in einer anglisierten Form den Ausgangspunkt zur Namensbildung abgab.

CHICLETS

Kaugummi; der Name ist eine französisierende (und das heißt in diesem Fall leicht exotische) Diminutivform zum englischen Wort «chicle» «Kaugummmi».

(EL) CHICO / CHICCO

Kinderwagen, Kinderbekleidung usw. Das Wort ist aus dem span. «chico» «klein» abgeleitet und bedeutet damit etwa soviel wie «Knirps».

CHIFONET

Haushalttuch. Das Wort ist eine verfremdete Verkleinerungsform von frz. «chiffon» «Lappen». Gleichzeitig klingt in der Endsilbe «-net» das französische Wort «net» «sauber, rein» an.

CHINON

Japanische Kameras. Der Name ist aus dem Orts- und Personennamen «Chino» (Name sowohl des Firmenstandorts wie des Firmengründers) gebildet; das -n ist angehängt worden, um dem Wort einen etwas volleren Klang zu geben, auch ist die Endung «-on» auch bei anderen Fotomarken beliebt, vgl. → «Nikon», → «Canon».

CHIQUITA

Bananen. Das Wort ist eine Art weibliche Verkleinerungsform zu span. «chico» «klein» und besagt also etwa soviel wie «Knirps». Das Besondere an diesem Namen ist im übrigen, daß er für eine Frucht steht. Früchte erhalten sonst prinzipiell keine Warennamen, da es sich ja nicht um industriell hergestellte Markenartikel von immer gleichbleibender Qualität, Form und Größe handeln kann; Früchte sind Naturprodukte mit zufälligen und kaum beeinflußbaren Unterschieden. Im Falle der Chiquita-Banane wird allerdings von der Produzentenfirma tatsächlich auf ein möglichst immer gleichbleibendes Aussehen geachtet; z. B. wird nur ein bestimmter Grad der Krümmung zugelassen (auch wenn das Aussehen nichts mit dem Geschmack zu tun hat). Eine solche Einheitlichkeit der Früchteproduktion ist natürlich nur für Großkonzerne mit Plantagenbesitz möglich, wie das gerade bei der Banane der Fall ist.

CHLOÉ

Parfum. Der direkte Anlaß dieser Namengebung ist der Umstand, daß das Designing der Verpackung und des Flacons von der Pariser Designerfirma Chloé stammt. Der Name ist damit gleich motiviert wie jener des Parfums namens «Niki de Saint Phalle», dessen Fläschchen ebenfalls durch die gleichnamige berühmte Künstlerin gestaltet wurde. Wie bei Niki de Saint Phalle genügt es allerdings nicht, wenn man die Fläschchen durch einen guten Künstler gestalten läßt; der Name selbst muß seine eigene Ausstrahlung haben, um dem Parfum seinen Charakter mitgeben zu können. Im Falle von Niki de Saint Phalle ist die Künstlerin bereits vorher als eigenwillige Persönlichkeit über die Kreise der Kunstkenner hinaus bekannt geworden, und ihr Name verkörpert so von ihrer Person und ihrem Werk her einen gewissen Lebensstil. Bei Chloé spielt wohl eher ein literarischer Hintergrund eine Rolle: Chloë ist ursprünglich die Geliebte des Schäfers Daphnis in einer bukoli-

schen, rührenden Liebesgeschichte des spätantiken griechischen
Schriftstellers Longos. Dieser Stoff lebte durch die Jahrhunderte in
vielen Bearbeitungen weiter bis zum Ballett des französischen
Komponisten Maurice Ravel; dadurch wurde der Name auch als
weiblicher Vorname verwendet. Noch immer verbindet man aber
den Namen Chloë mit der Schäfer-Atmosphäre einer zärtlichen
Liebe in der paradiesischen Welt einer Ideallandschaft. Diese
Assoziation ist wohl auch bei dieser Namengebung angestrebt.

CHLORAL

Schlafmittel mit dem Wirkstoff Tri*chlor*ace*tal*dehyd.

CHLOROMYCETIN

Antibiotikum, dessen chemischer Name *Chlor*amphenicol lautet.
Der Bestandteil «-mycetin» ist eine latinisierte Ableitung aus dem
gr. Wort «mykes» «Pilz»; die Substanz wird im natürlichen Vorkommen eines Schimmelpilzes namens Streptomyces venezuelae produziert.

CHOCITO

Schokoriegel Der Name ist eine Art italienischer Verkleinerungsform zu frz. «choco(lat)».

CHOCMEL

Schokolade (frz. «*choc*olat»), die neben Milchschokolademasse
auch Honig (lat. «mel» «Honig») enthält.

CHOKOTOFF

Karamelbonbon mit Schokoladeüberzug. Der Bestandteil «-toff» ist
hergeleitet aus engl. «toffee» «Sahnebonbon» (das Wort ist heute
teilweise auch im Deutschen gebräuchlich).

CHROMACHRON

Farbuhr, d. h. Uhr, welche die Zeit nicht mittels Zahlen, sondern
mittels einer Farbskala angibt. Der Name ist abgleitet aus griech.
«chroma» «Farbe» und griech. «chronos» «Zeit».

CHURCHILL

Zigarren. Der Name spielt auf den englischen Politiker und Premierminister Sir Winston Churchill an, der ein passionierter Zigarrenraucher war und praktisch nie ohne Zigarre als «Markenzeichen» auftrat.

CIBALGIN

Schmerzmittel, (gr. *«algos»* «Schmerz»), von der Firma *«Ciba»* produziert.

CIF

Scheuermittel → «Vif».

CILIA

Papierteefilter. Phantasiewort.

CINUSS

Alkoholfreies Aperitivgetränk aus Artischoken. Der Name ist eine Abwandlung aus → «Rimuss», wobei die erste Silbe «Ri-» durch «Ci-» aus «Cynara» (griech. für «Artischocke») ersetzt wurde.

CIVIC

Automobilmodell. Engl. «civic» heißt «bürgerlich», «städtisch». Damit wird das Automobil als speziell geeignet für den durchschnittlichen, bürgerlichen Stadtbewohner gekennzeichnet (im Kontrast etwa zu Automobilen wie → «Range Rover», → «Pajero» oder → «Panda»). Ebenso wichtig für die Wirkung des Namens ist aber die symmetrische Bauweise des Wortes: Das «-ic» am Wortende ist eine Spiegelung des «ci-» am Anfang; auch das «-v-» in der Mitte ist ein symmetrischer Buchstabe.

CLAIROL

Gesichtsreiniger. Das Wort ist gebildet zu frz. «clair» «klar, sauber»; die Bildung ist zu vergleichen mit → «Clearasyl», → «Skinclair».

CLEARASYL

Gesichtsreiniger. Das Wort ist eine Verbindung von engl. «clear» «klar», «rein», mit einer an die chemische Fachsprache erinnernden Endung «-asyl».

CLIFF

Douche-Gel. «Cliff» ist das englische Wort für «Klippe». Der Name ist, wie die Zigarettenmarken → «Flint» und → «West», einer jener Warennamen, die speziell auf die Werbung in der Einführungsphase hin konstruiert sind: In diesem Fall wird die Vorstellung des Produkts in der Fernsehwerbung von der Darstellung eines wagemutigen Sprungs von der Klippe in das schäumende Meer begleitet; es wird damit die toll erfrischende Wirkung dieses Douche-Gels angepriesen. Während der Name in dieser Werbesequenz noch einen Sinn hat (allerdings auch nur in diesem Zusammenhang), muß er bei jeder späteren Veränderung der Werbebilder unverständlich werden. Das schadet, wenn das Produkt einmal bekannt ist, allerdings nichts, denn dann trägt der Name sich sozusagen selbst, von Bedeutung ist dann nur noch der Klang des Wortes, der tatsächlich in seiner scharfen Kürze sehr einprägsam ist.

CLIO

Automodell. «Clio» ist der Name der griechischen Muse der Geschichte. Kaum einer der Besitzer dürfte das heutzutage wissen, ebensowenig sagt das Wort etwas über das Automobil selbst aus. Jeder aber hat wohl das Gefühl, es handle sich um einen antikgelehrten Namen. Damit verbindet sich ein gewisser Prestigeeffekt. Der Name reiht sich wohl in eine Reihe mit ähnlichen neueren Autonamen ein, wie z. B. → «Taurus», → «Lexus», → «Orion».

CLUBMASTER

Zigarillo. Der Name gehört zu einer ganzen Gruppe von Zigarrennamen, die das Golfspiel und den → «Golf Club» als Benennungsmotiv verwenden. Mit «Clubmaster» wird dieser Zigarillo als das Erzeugnis speziell für den Chef des Clubs charakterisiert.

COCA-COLA

Süßgetränk. Der Name ist unzweifelhaft auf ursprünglich wohl darin enthaltene Ingredienzen zurückzuführen, obwohl bekanntlich die Zusammensetzung dieses Saftes ein mit höchster Sorgfalt gehütetes Geschäftsgeheimnis ist. Jedenfalls klingt «Coca-Cola» allzu deutlich an Cocain, ein in der Frucht der *Coca*-Pflanze enthaltenes Anregungsmittel bzw. Rauschgift, und an die *Cola*-Nuss, den koffeinhaltigen Samenkern eines ursprünglich in Südwestafrika beheimateten Strauches, an. «Coca-Cola» enthält heute noch Koffein, wenn auch nicht aus Kolanüssen. Das ursprünglich in winzigen Dosen beigemischte Cocain ist unterdessen, da die Lebensmittelgesetze strenger geworden sind, nicht mehr enthalten. – Bezeichnend für die Beliebtheit des Getränks ist übrigens die Vielfalt der Verkürzungen und Abwandlungen, die dieser Name erlebt hat. Offensichtlich ist «Coca-Cola» als Name zu lang für die Alltagssprache und wird deshalb auf alle möglichen Arten vereinfacht, in Amerika zu «Coke», in Deutschland zu «Cola», in der Schweiz zu «Goggi». In der Schweiz kann man mit der umgangssprachlichen Verkürzung mit der liebevollen Endung auf «-i» (einer Art Diminutiv) nur noch die Verkürzung des Nationalgetränks → «Ovomaltine» zu «Ovi» vergleichen. Die Wendigkeit der Herstellerfirma zeigt sich übrigens darin, daß sie die umgangssprachliche Form «Coke» ebenfalls als Markenzeichen schützen ließ, nach Mencken (s. Literaturliste) allerdings erst, nachdem sie auf die Beimischung von Cocain ganz verzichtet hatte; der Gleichklang von «Coke» mit der ebenfalls umgangssprachlichen Bezeichnung «Coke» von Kokain als Rauschgift hätte möglicherweise zu Schwierigkeiten führen können, denn dann hätte es tatsächlich in gewisser Weise gestimmt, daß Coca-Cola ein Rauschgift enthält. So aber ist es sozusagen nur ein Zufall, wenn «Coca-Cola» gleich benannt wird wie ein Rauschgift.

CODIPRONT

Hustenmedikament, das u. a. den Wirkstoff Codein enthält und offenbar rasch und prompt (ital. «pronto» «schnell», «prompt») wirkt.

COGITAN-S

Kräftigungsmittel gegen Vergesslichkeit, lat. «cogitare» bedeutet «denken», «cogitans» ist das Partizip Präsens dazu: «denkend».

COIN

Geschirrspülmittel. Das Wort ist in seiner Einsilbigkeit ein typischer Spülmittelname, der zusätzlich noch einen Anklang ans Englische aufweist. Daß engl. «coin» «Münze» bedeutet, trägt dabei zum Inhalt hier überhaupt nichts bei. Diese sinnfremde Verwendung eines an sich tatsächlich existierenden Wortes stellt einen typischen Fall der auch z. B. bei Autonamen anzutreffenden Sinnvernichtung bei Warennamen dar.

COLORHERBOL

Farben. Der Name ist zusammengesetzt aus lat. «color» «Farbe» und dem Firmennamen → «Herbol».

COLOSAN

Abführmittel, das seine Wirkung im Dickdarm, griech. «colon», entfaltet und diesen wieder gesund macht (lat. «sanus» «gesund»).

COLT

Modellname eines Kleinwagens. Ähnlich wie der Name → «Golf» vermittelt auch «Colt» die Assoziation an das schnelle, durchschlagskräftige Vorbeiflitzen eines kleinen Gegenstandes, und dieses «kleine runde Vorbeiflitzende» wird ebenfalls wie beim Wort Golf bereits im Klang- und Schriftbild assoziiert. Allerdings geschieht dies auf weniger friedliche Art als beim Golf. Ein Colt bezeichnet im Englischen ja eigentlich einen Revolver (ursprünglich nach dem Waffeningenieur Samuel Colt). Colts sind dem Durchschnittsbürger vor allem bekannt aus Wildwestfilmen. Es ist wahrscheinlich, daß den Namengebern auch diese Assoziation vor Augen schwebte: Ein Colt-Fahrer jagt durch die wilde Freiheit (sofern keine Geschwindigkeitsbeschränkung den Tatendurst hemmt) wie ein Cowboy (bzw. John Wayne) durch die großen Weiten des Wilden Westens, den handlichen Colt stets schießbereit zur Hand. → «Beretta».

COMBIZYM

Medikament gegen Verdauungsstörungen, das aus einer *Combi*nation verschiedener En*zym*e besteht.

COMMODORE / KOMMODORE

Name verschiedener Produkte, u. a. Modellname eines Autos und Name für Tischcomputer. Ursprünglich ist «Commodore» (engl. aus ital. «commendatore») der Titel des Befehlshabers einer Flotille, eines kleinen Verbands von Schiffen, eine Funktion also, die über jener von Kapitänen steht; auch Leiter von Flugzeugverbänden werden so benannt. Insoweit als ein Befehlshaber von Schiffsoder Flugzeugverbänden eine noch beeindrukkendere Funktion als die eines Schiffs- und Flugkapitäns ist, die in sich schon Traumberufe darstellen, ist der Name «Commodore» ein typisches «Hochwertwort» (ein mit positiven Assoziationen verbundenes Wort), mit dem heimliche Macht- und Abenteuergelüste (von Männern) angesprochen werden können. Beim Automodellnamen ist zusätzlich zu berücksichtigen, daß das Wort und das Modell nicht vereinzelt steht, sondern zusammen mit → «Kadett», «Kapitän» und «Admiral» eine ganze Motivreihe darstellt, in der die Welt der Seefahrt und die Hierarchien von Schiffsoffizieren auf die Automodelle übertragen wird.

COMPO

Gartendünger. Das Wort ist eine Verkürzung aus «Kompost», was einen einprägsamen, klangvollen, italienisch klingenden Namen ergibt.

CONCERTO

Automodell. Der Name gehört in die Reihe jener Modellbezeichnungen wie etwa → «Accord» oder → «Quintet», die den ästhetischen Hochgenuss beim Fahren in diesen Modellen als Musik nahebringen sollen.

CONDOR

Fahrrad. Der Kondor, span. «condor», ist ein südamerikanischer Raubvogel, der Vogel mit der größten Flügelspannweite, für viele der Inbegriff des über allen Berggipfeln erhaben schwebenden Vogels. An diese Vorstellung von Freiheit und Schwerelosigkeit soll wohl auch bei dem Wort in seiner Verwendung als Fahrradmarke angeknüpft werden.

CONFI-VITE

Geliermittel, mit dem *Confi*ture besonders schnell – frz. *«vite»* – gemacht ist.

75

CONTAC

Husten- bzw. Schnupfenmittel, das die lästigen Symptome von Erkältungen so unterdrückt, daß man sich wieder unter die Leute trauen darf und mit ihnen Kontakt (engl. «contact») haben kann, ohne befürchten zu müssen, sie anzustecken (was vielfach als unhöflich gilt). Das Weglassen des «-t» am Wortende ergibt eine Symmetriewirkung zwischen Wortanfang und Wortende.

CONTESSA

Haaarpflegemittel. «Contessa» ist das italienische Wort für «Gräfin». Was sonst in Warennamen nur versteckt angedeutet wird, daß nämlich der Konsument mit der Verwendung des Produkts sich in höhere Sphären begibt, wird hier im Stile von Kitschromanen fast direkt ausgesprochen (wenigstens dann, wenn sich die Käuferin mit dem Namen selbst angesprochen fühlt).

CONTRADOL

Schmerzmittel, d. h. Mittel «contra dolores» (lat. «gegen Schmerzen»). Das ist eine fremdsprachliche und deshalb wissenschaftlicher klingende, aber trotzdem verhältnismäßig einfache Umschreibung der Zweckbestimmung, wie sie noch direkter im Namen des Medikaments «Contra-Schmerz» angegeben wird.

CORAL

Waschmittel. Schweizer Version des Namens → «Korall». In der mehrsprachigen Schweiz benötigte man offenbar einen Namen, dessen Schriftbild ein internationales Gepräge hat.

CORAMIN

Herzstärkungsmittel (lat. «cor» «Herz»), das den Wirkstoff Nikaethamid enthält. Eine besondere Darreichungsform dieses Mittels in Lutsch- oder Brausetablettenform trägt den Namen «Gly-Coramin»; die Silbe «Gly-» ist zurückzuführen auf das griechische Adjektiv «glykýs» «süß», was auf den süßen Geschmack dieser Tabletten hinweist bzw. den Glukosegehalt (Zuckergehalt) der Tabletten umschreibt.

CORDENKALON

Kunstfaser → «Crylenka».

CORDIA

Automobilmodell. Einer jener Phantasienamen für Automobile, die irgendwie an gewisse lateinische Wörter erinnern, ohne direkt einem solchen zu entsprechen. In diesem Falle ist das nächstliegende Wort lat. «cor, cordis» «Herz», oder engl. «cordial» «herzlich»; wahrscheinlich ist damit am ehesten das Herz als Sinnbild der Liebe gemeint. (Damit wären demnach Namen wie → «Carina» oder → «Cherry» zu vergleichen.)

CORDURA

Kunstfaser. Der Name ist gebildet zu engl. *«cord»* «Schnur» mit der lateinischen Endsilbe «-ura», oder vielleicht auch lat. *«dur*us» «hart, ausdauernd».

CORNUSOL

Hornspäne als Dünger. Das Wort ist gebildet aus lat. *«cornu»* «Horn» und lat. *«sol*um» «Erdboden, Erde».

COROLLA

Automobilmodell. Der Name ist eigentlich lateinisch und bedeutet «Kränzchen», «Krönchen». In englisch-botanischer Fachsprache bezeichnet man mit «Corolla» den Kranz von Blütenblättern bei Blumen. Neben dem lateinischen Klang scheint also die Ästhetik von Blumen die Namenwahl mit motiviert zu haben.

CORRADO

Automodell. Das Wort ist an sich ein italienischer Name; (er ist etymologisch aus dem deutschen «Konrad» entstanden). Entscheidend war aber wohl nicht dieser Hintergrund, sondern der südländische Klang, der für deutsche Ohren zusätzlich etwas Rassiges, Entschlossenes ausstrahlt.

CORSA

Automobilmodell. Das Wort entstammt dem Italienischen, wo es «Lauf, Rennen» usw. bedeutet. Möglicherweise soll der Name auch an das damit verwandte Wort «Korsar» («Seeräuber») erinnern; die Seeräuber kreuzten bekanntlich auf wendigen schnellen Schiffen über das Meer.

CORTINA

Name für sehr verschiedenartige Produkte, so z. B. für ein Automodell, eine Zigarette und eine Käsemarke. Der Name leitet sich vom Ortsnamen Cortina d'Ampezzo, einem mondänen Wintersportort in den Dolomiten, ab, zu dessen Berühmtheit seinerzeit auch die Olympischen Winterspiele 1956 beitrugen. Die Anspielung auf diese Ortschaft soll bei den betreffenden Produkten Gedanken an ein luxuriöses Ferienleben wecken, wobei ähnlich wie z. B. bei → «Ascona» der italienische Klang des Wortes diese Vorstellungen noch zusätzlich südlich verklärt.

CORVETTE

Automodell. Eine «Corvette» ist ursprünglich ein leichtes, schnelles Segelkriegsschiff. Diese Eigenschaften werden metaphorisch auch dem Automobil zugeschrieben.

COR

Polstermöbel mit Lederbezug. Der Name ist eine Verkürzung aus lat. «corium» «Leder». Durch diese Verkürzung erhält das Wort einen modisch-modernen Anstrich, ohne daß es dabei allerdings den gebildet-gelehrten Hintergrund vergessen lassen würde.

COTRIM

Antibiotikum → «Bactrim».

CRÄCKETS

Snack-Chips. Der Name ist eine Ableitung aus engl. «crackers» «knuspriges Kleingebäck» mit Hilfe der französisch-englischen Verkleinerungsendung «-et». Einen besonderen Verfremdungseffekt bewirkt das deutsche Umlautzeichen auf dem a, was von der englischen Orthographie her einen völligen Nonsens darstellt, aber die deutsche Aussprache des Wortes signalisiert.

CREMEDAS

Hautpflegemittel → «Badedas».

CRESSIDA

Automobilmodell. Der Name ist übernommen aus dem Theaterstück «Troilus und Cressida» von Shakespeare. Dieser literarische Hintergrund dürfte allerdings den wenigsten Benutzern präsent sein. Im Vordergrund steht sicher das Wortbild, das gleichzeitig gebildet wie klangvoll erscheint.

C R E S T A

1.) Schokolade 2.) Fahrrad.

Ital.«cresta» bezeichnet an sich den Kamm des Hahns oder einen
Berggrat, dann auch die Helmzier über Wappen. Von der letzteren
Bedeutung her, die eine Anspielung auf Adel, vornehme Herkunft
usw. enthält, ist wohl die Beliebtheit dieses Wortes als Warenname
zu begründen, abgesehen davon, daß das Wort eine fremdländische, gleichzeitig auch kurze und einprägsame Gestalt hat.

C R I M P L E N E

Kunstfaser. Der Name ist gebildet aus engl. «to crimp» «sich kräu-
seln» und «Polyaethylen», dem Namen des Ausgangsmaterials, aus
dem diese Faser hergestellt wird. Das Wort bezeichnet also wörtlich «eine sich kräuselnde Polyaethylenfaser». Das Schluß-e ist
dem englisch-amerikanischen Wort angefügt worden, um die
richtige Aussprache mit einer langen und leicht akzentuierten
Endsilbe auch im Englischen zu erreichen.

C R O M A

Automobilmodell. Das Wort ist abgeleitet aus ital. «cromo»
«Chrom». Der Name ist eine Art Fortsetzung zum Modellnamen
→ «Argenta» der gleichen Firma: In beiden Fällen handelt es sich
um eine Ableitung aus einer Metallbezeichnung. Im Falle von
«Croma» liegt der Bezug zu «Automobil» sogar noch mehr auf der
Hand, da ja die glänzenden und dekorativen Teile am Auto norma-
lerweise aus Chrom hergestellt werden. Gleichwohl war für die
Wahl des Namens der Klang des Wortes – es handelt sich um ein
gleichzeitig volltönendes wie kurzes und einfach zu schreibendes
Wort – wohl wichtiger als irgendwelche inhaltlichen Bezüge.

C R O M A R G A N

Eß-Besteck und -Geschirr, die nach einem besonderen Verfahren
ver*chrom*t sind, so daß die Oberfläche fast aussieht wie aus Silber –
lat. «*arg*entum» «Silber».

C R Y L E N K A

Kunstfaser aus A*cryl*, die von der niederl. Firma *ENKA* produziert
wird. (Der Firmenname ist wiederum aus der Buchstabierform der
Anfangsbuchstaben von *N*ederlandische *K*unstzijde abgeleitet).
Die Lautfolge «Enka» kommt in einigen anderen Produkten dieser
Firma ebenfalls vor, so z. B. in «Fibrenka» (mit engl./frz. «fibre»
«Faser» «Suprenka» (mit super) oder «Cordenkalon» (mit engl.
«cord» «Schnur/Seil» und «-lon» aus Ny*lon*).

CUPRAMA

Kunstfaser, die aus Cellulose mit Hilfe von ammoniakalischem Kupferoxid (lat. *cup*rum» «Kupfer») hergestellt wird.

CURL

Haarpflegemittel und -geräte. Das Wort schließt sich an das engl. «curl» «Locke» an und gibt so das Ergebnis an, das man mit diesen Produkten erzielen kann.

CUTANS

Hautpflegmittel; zu lat. «cutis» «Haut».

CUTEX

Entfernungsmittel für Nagelhaut. Das Wort ist gebildet aus engl. «cuticle» «Nagelhaut» und lat. «ex» «aus, weg».

CUTIHERB

Hautpflegmittel aus pflanzlichen Stoffen. Das Wort ist gebildet aus lat. «cutis» «Haut» und lat. «herba» «Kräuter».

CUTLASS

Automodell. Engl. «cutlass» bezeichnet einen kurzen, gekrümmten Säbel (z. B. von Seeleuten und Piraten). Die Wahl einer Waffenbezeichnung für ein Automobil erinnert an Autonamen wie → «Colt» oder → «Beretta». Unterschwellig wird hier das Aggressionspotential von gewissen Autofahrern angesprochen.

CYANOLIT

Klebstoff. der *Cyano*acrylat enthält.

CYNAR

Aperitiv auf Artischockenbasis. «Cynara» ist der Name der Pflanzengattung, der auch die Artischocken angehören.

VON DACRON BIS DYNAMISAN

DACRON

Kunstfaser. Eine der relativ wenigen Kunstfasernamen,
die anscheinend nicht aus bekannten Bestandteilen zusammengesetzt sind, sondern zum vorneherein als sinnleere Lautkombinationen (nach Praninskas mit Hilfe des Computers) kreiert wurden.
Neben «Dacron» gehören u. a. auch «Antron», «Orlon», «Tyvek»,
«Mylar» und «Kevlar» dazu (wie «Dacron» von der Firma DuPont de
Nemour produziert). Als Wort klingt «Dacron» allerdings mehrfach
an andere Kunstfaserbezeichnungen an, so z. B. an «Acryl» und in
der Endung «-on» an «Nylon», so daß man hier trotz allem nicht von
einer beziehungslosen Kreation aus dem Nichts sprechen kann.
Das gleiche gilt von Orlon, das die Endung von Nylon übernommen hat, während sich Wörter wie «Antron», «Mylar» und «Kevlar»
tatsächlich nicht mehr weiter einordnen lassen. (Allerdings handelt es sich bei den letzten beiden um Aramid-Fasern, so daß man
in der Endsilbe «-ar» eine Anspielung auf diese chemische Zusammensetzung vermuten könnte.) Unter sich bilden aber Namen wie
«Kevlar», «Mylar», «Tyvek» und «Typar» wiederum eine besondere
Gruppe mit eigener Wortphysiognomie: Es sind alles zweisilbige
Wörter, in denen zwar y und k vorkommen, nicht aber x und c; das
verleiht den Namen eine Art «skandinavisches» Aussehen.

DAIHATSU

Japanische Automarke. Der Name ist gebildet aus dem ersten
Bestandteil des ursprünglichen Firmennamens, «*Hatsu*doki-Seizo-
Kabushikigaisha», «Motor-Produktions-Aktiengesellschaft». Die-
sem Wort wurde das erste japanische Zeichen des Ortsnamens
Osaka 大 (wo sich der Firmensitz befindet), vorangestellt, das auch
als «dai» ausgesprochen werden kann.

DALLI

Haushaltspflegemittel. Mit «Dalli» geht's «dalli» (d. h. flink). Die
Verwendung umgangssprachlicher Ausdrücke ist charakteristisch
für Haushaltsprodukte; auch → «Pfanni», → «Sofix», → «Flinka»
oder → «Hui» sind Beispiele für diese Tendenz.

DANKE

Hygiene- und Haushaltspapier aus Recyclingpapier. Die natur-
und umweltbewußten Menschen sagen «*Danke*» für dieses dem
Umweltschutz förderliche Produkt.

DANSKO

Schuhe aus Dänemark. Das Wort ist zusammengezogen aus
dänisch «dansk» «dänisch» und «sko» «Schuh».

DARMOL

Abführmittel. Gebildet zu «Darm», wo das Präparat wirken soll.

DAR-VIDA

Vollkorngebäck. Der Name hat eine recht lange Geschichte: Der Überlieferung nach soll der «Erfinder» dieses Gebäcks in den dreißiger Jahren diese Art von Gebäck bei einer Firma Daren Ltd. in Dartford erstmals angetroffen haben; von dieser Quelle bekam das neue Produkt dann den Bestandteil «Dar-». Ursprünglich sollte der volle Name «Dar-Vita» – zu lat. «vita» «Leben» – lauten; offenbar aus markenrechtlichen Gründen mußte dann dieses Wort leicht abgeändert werden, und man ersetzte das -t- durch -d-, was das heutige «Dar-Vida» ergab.

DATO

Waschmittel. Ein typischer Waschmittelname, in dem an sich – wie z. B. bei → «Fakt», → «All» oder → «Genie» – ein ganz gewöhnliches Wort verwendet wird, ohne daß ein inhaltlicher Zusammenhang mit dem Produkt zu erkennen ist. In diesem Fall handelt es sich entweder um das Wort «dato» in der Verwendung «bis dato» «bis zum festgesetzten Datum» oder um das italienische Wort «dato» «Datum». Als Waschmittelname gewählt wurde das Wort sicher nicht wegen einer dieser Bedeutungen, sondern allein wegen seines vollen Klangs und der leichten Aussprechbarkeit.

DAYTONA

Sportwagen. Der Name ist – ähnlich wie → «Monza» – übernommen von einer berühmten Autorennstrecke bei der Ortschaft Daytona Beach in Florida (USA).

DECALC

Entkalkungsmittel. Das Wort ist zusammengesetzt aus der lateinischen Vorsilbe «de», die soviel wie «weg» besagt bzw. der deutschen Vorsilbe «ent» entspricht, und dem Wortstamm von lat. «calx, calcis» «Kalk».

DECATYLEN

Mittel zur Desinfektion bei Halsinfektionen. Der Name ist eine vereinfachende Bildung aus den Bezeichnungen der Wirkstoffe *Deq*aliniumchlorid und *Thy*mol.

DEDERON

Kunststoff, der in der seinerzeitigen DDR hergestellt wurde. Der Name ist eine Leseform der Initialen «DDR», verknüpft mit der Endsilbe «-on» (im Anschluß an → «Nylon» usw.)

DEFINICILS

Wimpernpflegemittel. Das Wort ist gebildet aus frz. «definir» «abgrenzen» (im Sinne von «herausheben, deutlich sichtbar machen») und «cils» «Wimpern».

DELIAL

Sonnenschutzmittel. Die ursprüngliche Benennungsidee dieses Namens ist nicht mehr genau eruierbar. Möglicherweise ist das Wort als Umformung aus «ideal» zu verstehen.

DELISANA

Nahrungsmittelmarke. Der Name ist zusammengesetzt aus frz. «*déli*cieux»/engl. «*deli*cious» «köstlich (im Geschmack)» und lat. «*san*us» «gesund».

DELTA

Automobilmodell. Das Wort bezieht sich auf das griechische Alphabet, in dem das Delta bzw. der Buchstabe D nach Alpha und Beta der dritte Buchstabe ist. Delta bezeichnet so das dritte Modell in einer Modellreihe, deren beide ersten Typen «Alpha» und «Beta» sind bzw. waren.

DEMETER

Biologisch-natürliche Nahrungsmittel. Demeter ist die griechische Göttin des Korns und des Getreideanbaus.

DENIM

Aftershave/Eau de Cologne usw. für Männer. Wörtlich bezeichnet «Denim» den festen Baumwollstoff, der zur Herstellung von Blue Jeans verwendet wird. (Etymologisch leitet sich «denim» von «serge de Nîmes» «Kleiderstoff aus Nîmes (in Südfrankreich)» ab.). Tatsächlich ist auf der Packung auch ein männlicher Oberkörper in einer Denim-Bluse abgebildet. Der Name spielt damit auf ein bestimmtes Lebensgefühl unserer Zeit an – das Ideal der urwüchsig-männlichen Freiheits- und Abenteuerlust, verkörpert in den jeans-gekleideten Goldsuchern und Pionieren des Wilden Westens. Wer «Denim» braucht, kann sich so abenteuerlich fühlen wie diese Goldsucher (obwohl die Goldsucher des Wilden Westens wohl kaum Eau de toilette verwendet haben dürften).

DENK MIT

Umweltverträgliche Reinigungsmittel. Der Name impliziert eine Fortsetzung: «Denk mit beim Umweltschutz – kauf mich!» (Vgl. auch → «Mach mit»).

DENTAGARD

Zahnpasta. Der Name ist eine Zusammensetzung aus frz. «dent» «Zahn» und frz. «garder» «bewachen, bewahren»

DENTINOX

Beruhigungsmittel für zahnende Kinder, vor allem für die Nacht. Das Wort ist zusammengesetzt aus lat. «dent-» «Zahn» und lat. «nox» «Nacht».

DEPURAN

Abführmittel. Der Name ist herzuleiten von lat. «purus» «rein», das versehen ist mit der lateinischen Vorsilbe «de», die gewöhnlich «ab», «weg» bedeutet und hier auf die abführende, befreiende Wirkung hindeutet. (Man vergleiche lat. «depurgare» «reinigen»)

DERBY

Eine für mehrere recht verschiedene Produkte verwendete Markenbezeichnung, so u. a. eine Automobilmarke und ein Eau de toilette für Herren. An sich bezeichnet Derby ein berühmtes Pferderennen in Epsom, das 1780 von Lord Derby gegründet wurde; ein Sieg in diesem Rennen ist besonders wertvoll. Die einzelnen Markennamen beziehen ihren Gehalt aus der Anspielung auf diesen Anlaß:
1. «Derby» als Automarke: Hier soll der Anklang des Namens an das Rennen wohl die Assoziation wecken, daß diese Marke jederzeit (bei einem wichtigen Rennen) mithalten und sogar siegen kann.
2. «Derby» als Bezeichnung für ein Eau de toilette/After shave für den Herrn: Die Duftnote ist nach Ansicht des Herstellers «gleichzeitig barbare und très civilisé eine Harmonie aus Holz, Leder und Gewürzen». Diese eher paradoxe Kombination von Eigenschaften kann man wohl nur im Umfeld eines Pferderennens unter englischen Gentlemen antreffen; sie charakterisiert auch den Konsumenten des Artikels als Vertreter dieser gleichzeitig sportlich-männlichen wie elegant-zivilisierten Idealklasse von Männern.

DESAQUICK

Mittel für frischen Atem. Es wirkt als schneller (engl. «quick»)
Geruchsverbesserer (frz. «desodorant»).

DESCENTE

Skibekleidung. Frz. «descente» bedeutet u. a. im Skisport «Abfahrt»,
was bekanntlich als die sog. «Königsdisziplin» des alpinen Skirenn-
sports gilt und womit also das höchste Prestige verbunden ist.

DESSERTASE

Präparat zur Behandlung von Verdauungsstörungen und
-beschwerden. Der Name suggeriert, daß man dieses Mittel (nach
allzu üppigen Mahlzeiten) zum *Dessert* einnehmen sollte, um
Beschwerden zu vermeiden. Die Endsilbe «-ase» ist ein geläufiges
Suffix für Enzyme und enzymhaltige Präparate (vgl. auch z. B.
«Mexase»).

DEXTROPUR

Traubenzucker. Der Name ist zusammengesetzt aus der technischen Bezeichnung «Dextrose» für «Traubenzucker» und lat.
«purus» «rein».

DIANE

Automobil. Das Wort ist einer jener Automobilnamen, die wohl-
klingende Frauennamen übernehmen. Bei Diane spielt auch die
Assoziation an die römische Göttin Diana eine Rolle; sie war die
Göttin der Jagd (ursprünglich des Mondes), und das läßt an Freiheit, Ungebundenheit, Natur denken.

DICALM

Beruhigungstabletten – zu frz. «calme» «ruhig» – auch für *Di*abeti-
ker geeignet.

DIDYMOS

Babytragetuch. Das griechische Wort «didymos» heißt «Zwilling»
Mit diesem Tragetuch kommen sich Mutter/Vater und Kind so
nahe wie Zwillinge.

DILISANA

Aufbaunahrung für Kinder. Der Name ist grundsätzlich ein Phantasiezeichen, wenn auch der Bestandteil «-sana» unverkennbar auf lat. «sanus» «gesund» verweist.

DIM

Damenstrümpfe. Die – französische – Markenbezeichnung lautete ursprünglich «Bas *Dim*anche» «Sonntagsstrümpfe». Nach einem allgemein geläufigen Muster in der französischen Umgangssprache, wo Alltagswörter oft einfach auf ihre Anfangssilben verkürzt werden (z. B. «extra» für «extraordinaire», «reac» für «réactionnaire») wurde die Bezeichnung später auf ihre erste Silbe reduziert.

DINETT(E)

Servierwagen. Das Wort kombiniert mit der französischen Verkleinerungssilbe «-ett(e)» den Stamm «Din-», der sowohl an frz. «Diner» «Abendessen» als an deutsch «Diener» erinnert. Die französischen Elemente bei einem derartigen Gerät für die gepflegte Haushaltung sind natürlich keineswegs zufällig eingebaut worden.

DIOGENES

Buchverlag. Diogenes war ein antiker Philosoph, dessen Genügsamkeit sprichwörtlich ist. Mit dieser Genügsamkeit, die mehr Wert auf geistige Kultur und philosophische Einsichten als auf Komfort und Wohlleben legt, identifiziert sich auch dieser Verlag.

DIOLEN

Eine Polyesterfaser, die eine «Diole», d. h. eine Verbindung mit zwei Hydroxylgruppen ist; die Endsilbe «-en» läßt sich entweder als Bezugnahme auf die Ausgangsverbindung Äthylenglykol verstehen oder als Anschluß an die weitverbreitete Endung «-en» für aus Polyäthylen gewonnene Kunststoffe interpretieren (z. B. → «Terylene», → «Hostalen», → «Lupolen», → «Crimplene»).

DIPECT

Hustenmittel mit zwei Komponenten (jeweils für den Tag und für die Nacht). Der Name setzt sich zusammen aus griech. «di(s)-» «zwei» und lat. «pectus» «Brust».

DISCOVERY

Geländegängige Limusine, mit der auch abseits der großen Straßen Entdeckungen – engl. «discoveries» – möglich sind.

DISH-LAV

Spülmittel für Geschirrspülautomaten. Das Wort ist gebildet aus engl. «dishes» «Geschirr» und frz. «laver» «waschen» .

DIXAN

Waschmittel. Ein Waschmittelname wie etwa → «Ajax», der vor allem gelehrt klingen und dem Produkt den Anstrich geben soll, ein Erzeugnis aufwendiger Forschung zu sein, sonst aber eine reine Phantasieschöpfung ist.

DOG STAR

Hundefutter. Eine recht banale Fügung aus engl. «dog» «Hund» und dem Allerweltsprestigewort «Star».

DOLANTIN

Medikament gegen Schmerzen. Zu lat. «dolor» «Schmerz» und griech. «anti» «gegen».

DOLOBENE

Medikament gegen Sportverletzungen, das bei Schmerzen – lat. «dolor» – wohl – lat. «bene» – tut.

DOLPRONE

Schmerz- und Fiebermedikament. Wohl zu erklären als Bildung aus lat. «dolor» «Schmerz» und lat. «pronus» «günstig».

DOMESTOS

Sanitärreiniger für den Haushalt. Eine Bildung zu griech. «domestikos» «häuslich», «für das Haus».

DOMOTHERM

Digitalfiebermesser mit Signalton. Der gelehrt klingende Name setzt sich zusammenn aus griech. «*domos*» «Haus» und «*Thermo*meter» und soll andeuten, daß mit diesem Gerät auch im eigenen Privathaushalt jeder die neueste Spitaltechnik zur Verfügung haben kann.

DORANDA

Waschmittel. Das Wort erscheint als Ableitung aus ital. «dorato» «golden» «vergoldet». Eine Beziehung dieser Bedeutung zum Produkt, einem Waschmittel, ist allerdings nicht erkennbar. Vielmehr handelt es sich um einen jener Waschmittelnamen, die zwar an irgendwelche attraktive Bedeutungen anknüpfen und diese in einer unbestimmten Weise ausnützen, indem die Wertschätzung für das an sich Bezeichnete auf das Waschmittel übertragen werden soll, die aber auf der anderen Seite faktisch dabei ziemlich inhaltsleer werden und nur noch über den Klang wirken. Klangvoll ist «Doranda» tatsächlich.

DORINA

Speiseöl aus Sonnenblumenkernen. Der Name hängt zusammen mit frz. «doré»/span. «dorado» «vergoldet», «golden»; er spielt an auf die goldene Farbe der Sonnenblume bzw. das goldene Licht der Sonne, das zur Reife der Sonnenblumenkerne beigetragen hat.

DORLON

Kunstfaser → «Dralon».

DORMA

Bettwäsche. Der Name ist abgeleitet aus dem lat. Verb «dormire» «schlafen «

DORMICUM

Schlafmittel. Der Name ist eine adjektivisch tönende (aber frei erfundene und als solche bedeutungsleere) Bildung zu lat. «dormire» «schlafen».

DRAKKAR

Körperpflegemittel. «Drakkar» ist eine verfremdende Form von altnordisch «draka» «Drachen»; das Doppel-kk und die Endung «-ar» verstärken noch den skandinavischen Eindruck des Wortbildes. «Drachen» nannten die Wikinger aufgrund ihrer Bugverzierungen ihre Schiffe. «Drakkar» kann den Eingeweihten somit an die wilde Männlichkeit früherer Wikingereroberer erinnern.

DRALON

Kunstfaser, die zuerst im Werk *Dor*magen des IG-Farben-Konzerns (später Bayer) hergestellt wurde; die Endsilbe «-lon» lautete ursprünglich «-lan» im Anschluß an lat. «lana» «Wolle». Das so entstandene Wort *Dorlan* wurde dann, im Anschluß auch an die erste vollständig synthetische Kunstfaser → «Nylon», durch Buchstabenvertauschung in «Dralon» umgewandelt. – Später wurde übrigens die ursprüngliche Silbe «Dor-» zusammen mit der Endsilbe «-lon» noch einmal zur Bildung des Kunstfasernamens «Dorlon» verwendet.

DRUM

Rauchtabak. Der Name entspricht dem englischen Wort «drum» «Trommel». Er spielt auf das Bildsignet auf der Packung an: eine Kombination von Militärtrommel, Tambourstock und Tambourenmütze im Stile des frühen 19. Jahrhunderts. Mit dem Namen wird also eine Art Militärromantik angedeutet, zu der das Tabakrauchen paßt.

DS

Automobilmodell der Firma Citroën. Die Buchstabengruppe muß laut gelesen werden und ergibt dann das französische Wort «déesse» «Göttin», womit das Auto als göttliche Erscheinung angepriesen wird. Der Name ist eine Schwesterkonstruktion zu → «ID», indem in beiden Fällen ein Wort zu Initialen verfremdet wird, statt daß, wie sonst üblich, Initialen zu Wörtern verfremdet werden (wie etwa in → «Elbeo»).

DUBARRY

Schuhcreme. Marie Jeanne Dubarry, ursprünglich Modistin und Freudenmädchen, war die Geliebte des französischen Königs Ludwig XV., der sie, um ihr Zugang zu seinem Hof zu verschaffen, mit einem Grafen Dubarry verheiraten ließ. Den Geschichtskundigen läßt der Name Dubarry außer an die Dekadenz des Königshofs vor der französischen Revolution vor allem an die verfeinerte Lebensart und die modische Rokokoeleganz in Paris bzw. Versailles denken. Die Schuhcreme kann einen Hauch davon auch in den bürgerlichen Haushalt bringen.

DU DARFST

Kalorienreduzierte Lebensmittel für eine schlankheitsbewußte Ernährung. Im Gegensatz zu gewöhnlicher Margarine oder Konfitüre *darfst du* davon essen, ohne Angst um die Linie zu haben. Der Name ist nach der Art eines Slogans gebildet, ähnlich wie → «Nimm zwei» oder → «Nur die».

DUETT

Haarshampoo. Das Produkt existiert in verschiedenen Varianten, die jeweils genau auf einen bestimmten Haarton abgestimmt sind: Shampoo und Haar passen zusammen wie zwei Stimmen in einem «Duett».

DULCOLAX

Präparat gegen Verstopfung, d. h. ein Laxativ (lat. «laxare» «erleichtern», «lockern»), das angenehm wirkt (lat. «dulcis» «süß», «weich», «angenehm»).

DULGON

Ein sog. «Wasserkosmetikum», das das «Wasser weich macht zum Schutz der Haut». Es hat also im Prinzip den gleichen chemischen Effekt wie → «Calgon» und wird auch von der gleichen Firma hergestellt. Auf diese Beziehung deutet auch die klangliche Ähnlichkeit zwischen «Calgon» und «Dulgon» an. Die Silbe «Dul-» ist dabei herzuleiten von lat. «dulcis» «süß, weich, angenehm».

DUOFER

Eisenpräparat, das Eisen (lat. «ferrum» «Eisen») in zwei verschiedenen Formen (lat. «duo» «zwei») enthält.

DUPLO

Bauspielzeug von der doppelten (ital. «duplo») Größe (eigentlich noch viel größer) wie die dazugehörigen gewöhnlichen → «Lego»-Bausteine.

DURACEF

Antibiotikum, das den Wirkstoff *Cef*adroxil enthält und eine lange Wirkungsdauer (lat. «*dura*re» «andauern») besitzt.

DURACEL

Das Wort bezeichnet 1) eine Kunstfaser, 2) eine Batterie. Als
Kunstfasername ist das Wort herzuleiten von lat. *«dura*re» «ausdauern» und *«Cel*lulose».

Der Batteriename ist einerseits ebenfalls zu lat. «durare» «ausdauern» in Beziehung zu setzen; der zweite Teil ist aber zurückzuführen auf lat. *«cel*la» «Zelle» (im Sinne von «abgeschlossenes Grund-
element einer Vorrichtung», hier der Batterie).

DUROMATIC

Dampfkochtopf. Das Wort ist zusammengesetzt aus lat. *«dur*are»
«andauern», «dauerhaft sein» und der Endsilbe «-matic» zu engl.
«automatic» «automatisch». Daß dieser Kochtopf die Speisen automatisch kocht, soll damit wohl nicht gerade behauptet werden,
eher, daß der Kochtopf zusätzliche automatische Teile, z. B. ein
Ventil, hat.

DUROTHERM

Kochtöpfe. Der Name ist gebildet aus lat. «durare» «ausdauern»,
«dauerhaft sein» und griech. «thermos» «Wärme». Der Bestandteil
«Duro-» steht gleichzeitig in Beziehung zu → «Duromatic», da die
beiden Produkte von der gleichen Firma hergestellt werden.

DUSCHDAS

Duschshampoo → «Badedas».

DYNA

«Dyna-» ist die Wurzel des griechischen Wortes «dynamis» «Kraft»,
Energie» und von Adjektiven wie deutsch «dynamisch», engl.
«dynamic», franz «dynamique» usw. Das Wort mit seiner Bedeutung ist in allen europäischen Sprachen der Gegenwart geläufig
geworden. Es bietet sich als ideales Prestigewort für zahlreiche
Gegenstände an in der heutigen technikorientierten Zeit, wo Kraft,
Geschwindigkeit, Effizienz, kurz «Dynamik» als oberste Qualitäten
geradezu vergöttert werden. Erwähnt seien etwa «Dynax» (Foto-
kamera) mit der auch sonst bekannten Endung *-ax*, «Dynastar»
(Skimarke).

DYNAMISAN

Aufbaupräparat, das erschöpfte Menschen wieder *«dyna*misch»
und gesund (lat. «sanus» «gesund») macht.

VON ECOVER BIS EXXON

ÉBÈNE

Eau de toilette usw. «Ébène» ist das französische Wort für Eben-
holz, das bekanntlich von großer Härte ist und zur Herstellung
kostbarer Holzgegenstände dient. Diese Erinnerung an die Kost-
barkeit des Holzes ist es, welche den Sinn des Namens ausmacht;
diese Assoziation soll auf das Produkt übertragen werden.

ECLIPSE

Automodell. Das Wort bezeichnet in der Astronomie eine Sonnen-
oder Mondfinsternis. Die Motivation der Wortwahl liegt wohl eher
in einem allgemeinen Anklang an den Wortschatz der Astronomie
– darin Autonamen wie → «Scorpio», → «Orion» verwandt – als in
konkreten Bedeutungsgehalten.

ECON

Buchverlag. Ursprünglich wurde der Verlag speziell zur Veröffent-
lichung von Werken aus den Bereichen der Wirtschaft und der
Politik gegründet. Der Name ist denn auch eine Abkürzung von
ital. «*econ*omia» «Ökonomie».

ECOVER

Umweltschonende Reinigungsmittel. Das Wort ist gebildet aux frz.
«*éco*logique» «ökologisch» und «*ver*t» «grün». Der Bestandteil
«*-ver*» ist dementsprechend auf den Packungen auch grün
geschrieben.

EDUSCHO

Kaffee. Lautlich stellt der Name eine eigenartige Mischung zwischen südlicher (italienischer) Vokalabfolge (e – u – o) und deutschen Konsonantenkombinationen (sch!) dar. Herzuleiten ist
das Wort aber ganz einfach als Abkürzung des Namens des Firmengründers *Edu*ard *Scho*pf.

EFFORTIL

Medikament zur Anregung des Kreislaufs, das z. B. kreislaufge-
schwächte Menschen wieder zu größeren Anstrengungen (engl./
frz. «effort» «Anstrengung», «Leistung») befähigt.

EGOISTE

Eau de toilette für Männer. Das Stereotyp, wonach bei Frauen vor allem eigenwillige, charaktervolle Männer Erfolg haben (→ «Caractère»), wird bei diesen Markennamen ins Paradox gesteigert – dem überraschten Zeitgenossen zum Zeugnis, daß vierzig Jahre Feminismus und versuchter Männererziehung das Traumbild des egozentrischen Paschas noch nicht untergehen lassen haben.

EIMALZIN

Milchgetränkezusatz mit *Ei*bestandteilen und *Malz*extrakt. Das Wort ist sozusagen eine Übersetzung des lat.-engl. → «Ovomaltine» ins Deutsche (wenn wir von der Endung «-*in*» absehen)

EIPON

Haarwaschmittel mit *Ei*; die zweite Silbe ist abgeleitet aus Sham-*poon*, einer aus dem Englischen stammenden Nebenform von «Shampoo».

ELBEO

Strumpfmarke. Der Name ist entstanden als Buchstabierschreibweise von L. B. O., dem früheren Namen dieser Marke, welches wiederum die Initialen des Firmennamens *L*ouis *B*ahner *O*berlungwitz sind.

ELCO

Briefpapier. Der Name leitet sich vom ursprünglichen Firmennamen *L*iechti & *Co* ab; die Initiale des Firmennamens erscheint in der abgeleiteten Form in der Buchstabierform.

ELDORADO

Eiscreme. «Eldorado», eigentlich span. «el dorado» «der/das Vergoldete» ist ursprünglich die Bezeichnung für ein geheimnisvolles Land im Innern Südamerikas, dessen König mit Goldstaub bedeckt war; später wurde daraus eine Benennung für «Paradies», «Land voll Überfluß» ganz allgemein. Dieses Eis kommt also aus einem paradiesischen Land (und muß entsprechend schmecken).

ELECTROLUX

Haushaltgeräte. Der Name, eigentlich ein Firmenname, ist zusammengesetzt aus «electr(isch)» und lat. «lux» «Licht» und deutet an, daß diese Firma auf elektrische Geräte und Beleuchtungseinrichtungen spezialisiert ist.

ELEFANT

Kinderschuhe; WC-Reiniger. Ein Warenname wie → «Salamander», der das Wort durch ein einprägsames Bildsignet nahebringen will, wobei es nicht darauf ankommt, ob der Name eine inhaltliche Beziehung zum Produkt hat. Immerhin kann bei den Schuhen der Elefant als Sinnbild von Ausdauer und Stärke verstanden werden und damit dem Produkt gewisse positive Assoziationen mitgeben. Beim WC-Reiniger hat die Form mit dem langen, gebogenen Ausguß die Namenwahl motiviert.

ELF

Benzinmarke, gebildet aus den Anfangsbuchstaben des Firmennamens «*E*ssences et *L*ubrifiants *F*rançaise» («Französische Treibstoffe und Schmiermittel»).

ELMEX

Zahnpasta. Reine Phantasiebildung, die immerhin in der Endsilbe «-ex» noch einen wissenschaftlichen Anstrich hat.

ELNETTE

Haarpflegemittel. Im Wort verstecken sich frz. «*el*le», weibl. Pronomen «sie», und frz. «nette» «sauber», «ordentlich», sowie gleichzeitig die weibliche Diminutivableitungssilbe «-ette».
Im Namen sind damit die Benutzergruppen wie die Wirkung des Produkts angedeutet.

ELZYM

En*zym*präparat. Die Anfangssilbe «El-» ist die Buchstabierform des Anfangsbuchstabens des Namens der Herstellerfirma *L*uitpold.

EMALCO

Kochgeschirr mit spezieller Emailbeschichtung. Der Anfang des Namens «Emal-» ist eine Vereinfachung aus Email.

EMMA

Zeitschrift der Frauenbewegung. Der Name stellt ein Wortspiel dar: Einerseits ist «Emma» einer der heute am biedersten und konservativsten klingenden Frauennamen, also ein Name, der ungefähr das Gegenteil der Vorstellungen der Frauenbewegung signalisiert. Auf der anderen Seite ist Emma aus «*Ema*nzipation» abgeleitet und verkündet so direkt ein zentrales Anliegen der Frauenbewegung. Ein Reiz des Namens liegt in diesem Kontrast zwischen Klang und Bedeutung. Zusätzlich stellt sich der Name dabei in bewußten Gegensatz zu modisch-schick klingenden Namen von «unemanzipierten» Frauenzeitschriften wie → «Annabelle» oder → «Brigitte».

EMMI

Milchprodukte, die von einer Firma in *Emme*n (bei Luzern, Schweiz) produziert werden.

ENERDAY

Schlankheitsmittel. Ohne viel zu essen behalten Sie ihre *Ener*gie durch den ganzen Tag – engl. «*day*».

ENKA

Waschmittel. Der recht alte Name (Eintragung 1908) scheint aus den Buchstabierformen der Namensinitialen der Chemischen Werke *K*irchhoff und *N*eirath abgeleitet worden zu sein. Die beiden Buchstaben K und N wurden dabei in vertauschter Reihenfolge angeordnet, wohl damit ein leichter lesbares und aussprechbares Wort entstand.

EPICRIN

Haarstärkungsmittel (biologisches Aufbaumittel für Haare und Nägel). Es wirkt sowohl auf die Haut – lat.-medizinisch «*epi*dermis», wie auch auf das Haar – lat. «*crin*is» «Haar».

EPIFIN

Weizenstärkemehl. Das Wort ist hergeleitet aus frz. «epi» «Getreideähre» und «fin» «fein» und soll also andeuten, daß dieses Produkt aus feinstem Getreide hergestellt ist oder ein feinstes Getreideprodukt darstellt.

EPILACIRE

Enthaarungsmittel mit Wachs. Gebildet aus frz. «*épil*er» «enthaaren» und frz. «cire» «Wachs».

EPILADY

Haarentfernungsmittel für Damen; eine überlappende Zusammensetzung aus frz. «*épil*er» «enthaaren» und engl. «lady» «Dame».

ERDAL REX

Schuhpflegemittel. Der Bestandteil «Erdal» des Namens ist vermutlich aus dem früheren Firmensitz zu erklären: Dieser befand sich in der Erthalstraße in Mainz (benannt nach dem Mainzer Kurfürsten und Erzbischof Erthal). Im Mainzer Dialekt wurde daraus die Wortform «Erdal» was gleichzeitig auch zur umgangssprachlichen Firmenbezeichnung wurde (z. B. in der Wendung «in der Erdal arbeiten»). Diese Bezeichnung wurde dann offenbar kurzerhand als Markenzeichen übernommen. – Der Bestandteil «Rex», lat. für «König», bezieht sich auf das Firmenemblem, den Froschkönig.

ERGEE

Strumpfmarke. Der Name ist abzuleiten aus den Initialen der Herstellerfirma *E*dwin *R*ößler, *G*elenau, Erzgebirge oder noch einfacher aus der Buchstabierform der Initialen von *R*ößler, *G*elenau. Aus «Ergee» ist auch die Kunstfaserbezeichnung «Ergelan»/«Ergolan» durch Anfügen der für Kunstfasern beliebten Endsilbe «-lan» (zu lat. «lana» «Wolle») gebildet; durch diese Endsilbe bekommt das ganze Wort einen etwas technischeren, «kunstfasermäßigeren» Klang.

ERNTE 23

Zigaretten. Der Name wurde im Jahre 1925 geschaffen. Er steht im Zusammenhang mit einer ungewöhnlich guten Tabakernte in Saloniki im Jahre 1923, welche der Firma Reemtsma als Mischungsgrundlage für eine neue Tabakmarke, eben der Ernte 23, diente. Im Deutschen scheint sich daraus eine gewisse Tradition gebildet zu haben, Zigaretten wie Kaffee nach der Qualität einer Ernte zu benennen: Namen dieser Art sind etwa «Erste Lese» (anzunehmen ist wohl, daß damit die zuerst gepflückten Blätter als die feinsten charakterisiert werden sollen), «Auslese 101», «Erste Sorte», «Goldene Ernte» und «Milde Sorte».

ERSTE LESE

Zigarette → «Ernte 23».

ERSTE SORTE

Zigarette → «Ernte 23».

ESBERITOX

Homöopathisches Mittel zur Steigerung der Abwehrkräfte. Der Anfang des Namens ist aus der Buchstabierform der Initialen des Firmennamens *Schapes & Brummer* hergeleitet; der Rest des Wortes ist eine pharmazeutisch klingende Phantasiekombination, worin noch griech. «toxos» «Gift», «Heilsubstanz» anklingt.

ESCORT

Automobilmodell. Der Name leitet sich aus dem engl. «escort» «Eskorte», «Geleitzug» ab, wobei hier wohl vor allem die feierliche Geleitprozession gemeint ist, die Königen usw. beim feierlichen Einzug in eine Versammlung, in ein Schloß oder zu Schiff in einen Hafen gegeben wird. Der Name, der ursprünglich in England geprägt worden war, sollte somit dem Auto ein gewisses adlig königsverbundenes Gepräge geben.

ESPACE

Automobilmodell; Personenwagen mit besonders viel Raum. Frz. «espace» bedeutet «Raum», und der Name deutet so auf die Großräumigkeit des Modells hin. Gleichzeitig bedeutet «espace» aber auch «Weltraum»; das Wort besitzt also auch einen aktuellen Anklang an die moderne Raumfahrt, eine typische technische Höchstleistung unserer Zeit. In diesem Sinn wird hier «Espace» auch als Prestigewort verwendet, als Wort, das gut klingt, weil die bezeichnete Sache ein hohes Ansehen genießt.

ESSO

Benzinmarke; gebildet aus der Buchstabierform der Anfangsbuchstaben der Gesellschaft *Standard Oil*.

ESTANZA

Grapefruitsaft. Das Wort hat einen anscheinend typisch spanischen Klang und schließt sich damit an jene Fruchtsaftgetränke wie → «Junita» und → «Pepita» an, die mit dieser Assoziation an Spanien als Land der reifen, süßen Früchte denken lassen. Tatsächlich ist «Estanza» aber ein reines Phantasiewort.

ESWA

Waschmittelprodukte. Der Name ist aus den Anfangsbuchstaben des ursprünglichen Firmennamens «*E*inkaufs-Centrale für *S*chweizerische *Wä*schereibetriebe» abgeleitet.

ETERNA

Uhrenmarke. Gebildet zu lat. «aeternus» «ewig»: so lange läuft die Uhr dank ihrer selbstaufziehenden Automatik.

ETERNIT

Asbestzementplatten. Das Wort ist von lat. «aeternus» «ewig» mit der Endung «-it» gebildet, die gewöhnlich für chemische und mineralische Stoffe und Produkte gebraucht wird (vgl. z. B. «Graphit», «Granit», «Pyrit», aber auch den Sprengstoff «Dynamit»).

EUBOS

Seifen- und alkalifreies Hautreinigungsmittel. Der Name ist eine Verkürzung aus «Eubiotik» «die Lehre vom gesunden Leben»; dieses Wort wiederum ist aus den griechischen Wörtern «eu» «gut» und «bios» gebildet.

EUGYNON

Empfängnisverhütungsmittel. Der Name ist in Verbindung zu bringen mit griech. «eu» «wohl», «gut» und griech. «gyne» «Frau».

EU-MED

Schmerztabletten. Der Name ist gebildet aus griech. «eu» «wohl», «gut» und «*Med*ikament».

EUREKA

Kinderkleidung. Das Wort «Eureka» ist die englische Form von griech. «heureka» «ich habs gefunden», bekanntlich der Ausruf von Archimedes von Syrakus, als er in der Badewanne die Gesetze des spezifischen Gewichts und des Wasserauftriebs entdeckte. «Ich habs gefunden», kann vielleicht auch jene Mutter, Großmutter oder Tante rufen, die endlich unter dieser Marke das passende Kleidchen oder Höschen für den Liebling gefunden hat. Vom Produzenten aus ist darin auch die Ankündigung enthalten, mit seinem Produkt das Ei des Kolumbus zu haben .

EURHYTON

Mittel gegen Herzbeschwerden. Der Name verspricht Besserung
(griech. «eu» «wohl», «gut») des Herz*rhyt*hmus.

EVE

Zigarette. Der Name gehört zu jenen Zigarettennamen, die modische weibliche Vornamen übernehmen und damit ein ganz
bestimmtes Publikum, modebewußte, sich jung fühlende Frauen,
ansprechen wollen. Die englische Form, die für den Namen «Eva»
gewählt wurde, klingt gleichzeitig noch international, weltoffen.

EVER-EST

Puderzucker. Der Name ist eine leicht verfremdete Form des
Namens des höchsten Berges der Erde, des Mount *Everest*: Weiß
wie der schneebedeckte Mount Everest wird der Kuchen, der mit
diesem Puderzucker bestreut wird.

EVERPLAST

Kunststoff. Der erste Teil stellt das englische Wort «ever» «immer»
dar und verspricht somit Unverwüstlichkeit. Der zweite Teil
«-plast» ist eine Kurzform von «Plastik».

EX

Alkoholfreies Bier. Das Wort «Ex» zu lat. «ex» «aus», «weg» spielt
zugleich auf das Freisein von Alkohol wie auf die Wendung «ex
trinken» «(in einem Zug) leertrinken» an; man kann ganze Gläser
von diesem Bier leertrinken, ohne einen Tropfen Alkohol genos-
sen zu haben.

EXPRESS

Ein Warenname, den so viele Produkte tragen, daß es unmöglich
ist, sie alle aufzuzählen: Die Palette reicht von Milchzusatzpulvern
bis zu Waschpulvern. Die Beliebtheit dieses Wortes als
Warenname ist erklärlich aus dem hohen Wert, der Schnelligkeit
heutzutage zugemessen wird; oder, anders gesagt, sie bezeugt die
Hektik, die unser heutiges Leben bestimmt.

EXXON

Benzinmarke, die nach der Aufspaltung des Ölkonzerns Standard Oil (→ «Esso») neu kreiert wurde. Dem Vernehmen nach ist der Name mit Hilfe des Computers gefunden worden. Freilich würde dem Computer zuviel der Ehre angetan, wenn man sagen würde (wie manche beeindruckte Zeitgenossen meinen), der Computer habe diesen Namen selbst geschaffen. Was der Computer gemacht hat, bestand im Ausspucken einer langen Liste aller möglichen und unmöglichen Buchstabenkombinationen aufgrund eines Kombinationsprogramms, das z. B. auch Kombinationen wie «Soxxe» hätte produzieren können. Von manchen Werbefachleuten wird das Wort «Exxon» als geniale Schöpfung betrachtet, und zweifellos hat es ganz spezielle Qualitäten: Es klingt an den Vorgänger «Esso» an, ohne allzu ähnlich zu sein, und kann sich somit an den Marktbereich, der Esso zugehörte, anschließen; gleichzeitig ist es aber durch das Doppel-xx in der Wortmitte eine unverwechselbare Prägung. Was genial daran ist, ist diese Kombination von Ähnlichkeit und Unverwechselbarkeit. Genial war vielleicht jener Werbefachmann, der erkannte, daß die zufällig herausgespuckte Buchstabenkombination mit dem sprachlich an sich unmöglichen Doppel-x gerade dadurch die gewünschte Unverwechselbarkeit erhielt. Ohne die stupide und sture Buchstabenkombinatorik des Computers wäre wohl tatsächlich niemand auf den Einfall gekommen, «Exxon» zum Markennamen zu machen – aber die Wahl treffen mußte doch ein Mensch. Immerhin ein Beispiel, wie Mensch und Computer erfolgreich zusammenarbeiten können (und wie die Sturheit des Computers manchmal die menschliche Phantasie an ausgefallenen Ideen übertreffen kann).

VON FANTA BIS FROLIC

FA

Seife. Der Name ist eines jener Kürzestwörter (kürzer geht's kaum noch), die für Körperpflegemittel heute üblich sind und die nur durch ihre Kürze wirken sollen.

FABULAND

Kinderspielzeug. Das Wort ist im Anschluß an das Wort → «Lego-land» gebildet, spielt aber gleichzeitig auf «Fabel» «Tiererzählung» an; dazu hat «Fabuland» insofern eine enge Beziehung, als darin alle menschlichen Berufe und Tätigkeiten mit Tierfiguren darge-stellt werden.

FAKT

Waschmittel. «Fakt» erinnert an «Faktum» «Tatsache». Es tönt damit sehr sachlich und überzeugend. Was aber «Faktum» mit einem Waschmittel zu tun haben könnte, bleibt ziemlich unklar. Der Name ist so einer jener Waschmittelnamen, die wie etwa → «Genie» oder → «Coral» irgendwelche Assoziationen an bedeu-tende oder wertvolle Gegenstände wecken, ohne daß man einen Zusammenhang genau angeben könnte.

FANTA

Süßgetränk. Der Name ist eine reine Phantasieschöpfung, wobei allenfalls noch *Fanta*sie oder *fanta*stisch anklingen soll.

FAUCH

Feueranzündhilfen. Achtung: wenn man es benutzt, faucht das Feuer auf wie ein gereizter Tiger.

FELIX

Katzenfutter. Wie etwa bei → «Bonzo», → «César» oder → «Sheba» ist auch «Felix» als typischer Katzen- bzw. Katername zur Katzen-futterbenennung gemacht worden.

FEMAPLUS

Naturheilpräparat bei Wechseljahrbeschwerden. Frauen – lat. «femina» fühlen sich besser – lat. «plus» «mehr, besser».

FENISTIL

Medikament gegen Allergien und Juckreiz. Der Name ist gebildet aus lat. «f(o)enum» »Heu« wegen der Anwendung bei Heuschnupfen und der Silbe «-ist-» aus der Bezeichnung Antihistaminicum, die auch sonst für Antihistaminica wie z. B. → «Antistin» geläufig ist.

FENOXYPEN

Antibiotikum. Der Name ist eine Verkürzung und Vereinfachung der chemischen Bezeichnung des darin enthaltenen Wirkstoffes *Phenoxy*methyl*pen*icillin.

FEWA

Waschpulver. Abgekürzt aus *Feinwa*schmittel.

FFFT

Insektizid zum Versprühen. Der Name ist eine lautmalerische Nachahmung des Geräusches, das beim Versprühen entsteht. Die Lautbildung, die allen Gesetzen des lautlichen Aufbaus eines deutschen Wortes (z. B. mit einer geregelten Abfolge von Konsonanten und Vokalen) widerspricht, stellt eine typische Gagbildung dar.

FIAT

Automobilfirma. Das Wort ist gebildet aus den Anfangsbuchstaben des Firmennamens «*F*abbrica *I*taliana *A*utomobili *T*orino» «Italienische Autofabrik Turin».

FIBRALO

Filzstifte. Das Wort ist zusammengesetzt aus «*Fiber*» «Faser» und «-alo» aus dem Markennamen → «Prism*alo*» der gleichen Firma.

FIBRENKA

Kunstfaser → «Crylenka».

FIDJI

Körperpflegemittel und Parfum. Wie z. B. → «Pacific» oder → «Tahiti» ist auch «Fidji» – an sich der Name einer Inselgruppe im Pazifischen Ozean – ein Warenname, der Assoziationen mit der Südsee und damit Träume von einem paradiesischen Leben weckt. Wer sich mit Fidji pflegt, dem ist so wohl, wie wenn er auf den Fidji-Inseln lebte und im Ozean baden könnte.

FIESTA

Automobilmodell. Das spanische Wort «fiesta» bezeichnet allgemein ein Fest, speziell einen Stierkampf. Der Automobilname soll auf die spanische Lebensart und spanische Kultur anspielen, wie die Nord- und Mitteleuropäer sie vor allem während ihrer Ferien erleben und suchen. Das Wort ist damit einer jener Automobilnamen, die den Nordländer in seiner Sehnsucht nach dem Süden ansprechen sollen.

FINALGON

Wärmereizsalbe, deren Anwendung bei Muskel- und Gliederschmerzen diesen Schmerzen (gr. «*algo*s«) ein Ende (lat. «*fin*is») setzen soll.

FINDUS

Tiefkühlprodukte. Die Marke ist aus Bruchstücken des ursprünglichen Namens einer von der heutigen Firma hinzuerworbenen schwedischen Fabrik «*F*rukt*indus*trie» («Früchteindustrie») zusammengesetzt.

FINIMAL

Schmerzmittel, das dem Übel (frz. «mal») ein Ende (lat. «finis») setzen soll.

FINITO

Mittel gegen Motten. Das Wort entspricht dem ital. «finito» «fertig», («tot»): Mit dem Leben der Motten ist auch die Mottenplage zu Ende.

FINI

Birchermüsli-Mischung. Im Namen klingt sowohl frz. «fin» «fein» wie frz. «fini» «(schon) fertig (zubereitet)» an.

FIPS

Fingerfarben. «Fips» ist seit Wilhelm Buschs Bildergeschichte «Fipps der Affe» der typische Name für Affen. Als Name für Fingerfarben spielt das Wort auf die Vorstellung an, daß Affen nicht mit dem Pinsel, sondern mit dem Finger malen. Fips-Farben sind sozusagen die idealen Farben für Affen oder jene, die wie Affen malen wollen.

FISBA

Vorhänge und Bettwäsche der Firma *Fischba*cher.

FISSAN

Babypflegemittel der Firma *Fis*cher & Lingner, die das Baby gesund (lat. «sanus») halten.

FITTELIO

Körperpflegegeräte. Im Namen versteckt sich das Adjektiv «fit» (bezw. das dazugehörige Substantiv «Fitness»), eingekleidet in eine Abwandlung des Namens «Fidelio», des Titelhelden der berühmten Oper Ludwig van Beethovens. Mehr als an diese Oper soll man wohl allerdings an das Adjektiv «fidel» denken: Fit und fidel wird man, wenn man seine Gesundheit mit «Fittelio»-Geräten stärkt.

FIX

«Fix» ist ein ziemlich häufiges Element von Produktenamen. In der Alltagssprache bezeichnet «fix» zunächst «festgemacht» (vgl. frz. «fixer»), dann aber auch «schnell, gewandt». Als Bestandteil von Markennamen erscheint es besonders geeignet, weil es so kurz und prägnant ist, mit dem -x- aber auch gleichzeitig einen grie-chisch-lateinisch klingenden, exotisch wirkenden Bestandteil besitzt (vgl. die vielen Produktenamen auf *-ax, -ex, -ix*). Die Bedeutung «schnell (zubereitet)» steht dabei im Vordergrund in Namen wie «Fix» (Fertigsaucen), «Fixminte» (Teebeutel mit Pfef-ferminztee), «Fixbutte» (Teebeutel mit Hagebuttentee), «Fixmalve» usw., «Teefix», → «PEC-Gelfix»; zusätzlich an die Haltbarkeit kann man denken bei «Baufix» (Konstruktionsspiel).

FLAMAN

Anzündwürfel, mit denen man Brennmaterial in *Flam*men setzen kann. Die Silbe «-an» ist entweder als eine Art lateinische Ablei-tungssilbe zu verstehen, die dem Wort einen etwas volleren Klang gibt, oder als Übernahme aus dem Verb «anzünden».

FLAMILON

Entzündungshemmende Salbe; der Name ist in Verbindung zu bringen mit lat. *«flam*ma» «Flamme», «Entzündung».

FLAMINIA

Automobilmodell → «Trevi».

113

FLATULEX

Medikament gegen Blähungen, d. h. gegen die Flatulenz, wie es in der Medizinersprache heißt (wörtlich «Luftbildung»), die damit «ex», lat. «aus» «weg», ist.

FLAWA

Verbandsstoff. Der Firmensitz befindet sich in *Flaw*il (Kanton St. Gallen).

FLEX

Pflegebalsam für Haare, der das Haar «flexibel», d. h. weich und biegsam machen soll. Die extreme Verkürzung macht den Namen zu einem typischen Einsilblernamen für Körperpflegemittel wie etwa → «Gard», → «Bac», → «Act».

FLINKA

Haushaltpflegetücher, mit denen die «flinke» Hausfrau (oder der «flinke» Hausmann) erst recht flink wird.

FLINT

Zigarette. Das Wort ist eigentlich englisch und bedeutet «Feuerstein». Damit verbunden war in der Einführungsphase ein Wortspiel mit dem englischen Verb «strike» «Feuer (aus dem Feuerstein) schlagen«, aber auch «streiken». Die Assoziation an das altertümliche «Feuer schlagen» sollte wohl auch an das Gefühl urtümlicher Freiheit eines Trappers denken lassen. Im Englischen wird diese Assoziation nur schon durch das Wort «Flint» gestützt. Im Deutschen freilich blieb von allen diesen Gedankenverbindungen nur die Aufforderung zum «Streik» (in einem selbstverständlich sehr abgeschwächt gemeinten Sinn) übrig. Nachdem die Einführungswerbung abgeschlossen ist, hat das Wort aber seinen Sinn verloren und ist zum reinen Phantasienamen geworden.

FLIPS

Aperogebäck. Engl. «flip» bezeichnet eine kleine, schnelle Bewegung. Der Name deutet auf die Kleinheit des Gebäcks und die Schnelligkeit hin, mit der ein einzelnes Stück verzehrt ist.

FLOFFY

Weichspüler. Das Wort schließt sich an engl. «fluffy» «locker, weich, flaumig, luftig» an und charakterisiert so die Wirkung dieses Weichspülers auf die Wäsche.

FLOKATI

Kunstfaser-«Zottelfell». Das Wort läßt einerseits «flockig« anklingen, andererseits bringt die Endung «-ati» eine griechische Note in den Wortklang. Damit wird angedeutet, daß dieses Kunstfasermodell mit griechischen Schaffellen vergleichbar sei.

FLORALP

Butter. Das Wort enthält die Wörter lat. *«flor*es» «Blumen« und «Alp» und weckt so Vorstellungen von blumenübersäten Alpwiesen, wo glückliche Kühe herrlich frische und rahmige Milch geben.

FLOREAL

Kräuterschampoo (lat. «flor» «Blume») der Firma → «l'Oréal».

FLORIS

Waschmittel. Der Name gehört zu lat. «flor-» «Blume» und deutet so die blumige Frische, die Blütenweiße und die frühlingshafte Farbigkeit an, die mit diesem Waschmittel zu erzielen ist.

FLUIMUCIL

Medikament zur Verflüssigung des Schleims in Atemwegen bei Bronchitis usw. Der Name ist gebildet aus Bestandteilen von lat. «fluidus» «flüssig» und lat. «mucus» «Schleim»

FLUP

Geschirrspülmittel. Damit geht das Geschirrspülen so schnell, wie die Bewegung, die mit «Flup» lautmalerisch angedeutet ist.

FLYING DUTCHMAN

Rauchtabak. «Flying Dutchman» ist die englische Bezeichnung für die Sagengestalt des Fliegenden Holländers. Der Tabakname bezieht sich damit – wie etwa die Tabaknamen → «Buccaneer» oder → «Mayflower» – auf die alte Segelschifffahrt und die Seefahrtsromantik und charakterisiert Tabak so als Genußmittel harter, abenteuerlustiger Männer.

FÖN

Heißlufttrockner. Abgeleitet aus dem schweizerischen/süddeutschen Wort *Föhn* für einen starken, oft sturmartigen, besonders trockenen und warmen Südwind auf der Alpennordseite. Normalverbrauchern ist bei diesem Wort heute nicht mehr bewußt, daß es sich hier nicht um eine gewöhnliche Dingbezeichnung, sondern um einen Handelsnamen, also um ein gesetzlich geschütztes Warenzeichen handelt. Angesichts des Sprachgebrauchs und z. B. der Tatsache, daß es auch ein Verb «fönen» gibt (Warenzeichen dürfen streng genommen nicht dekliniert, konjugiert usw. werden!), dürfte der rechtliche Status dieses Wortes allerdings eher unklar sein.

FONTESSA

Mineralwasser. Der Name ist eine Bildung zu lat. «font-» «Quelle» und charakterisiert dieses Getränk als eines, das direkt an seiner Quelle abgefüllt wird.

FORAPIN

Gewebedurchblutungsmittel gegen Rheuma mit Bienengift – lat. «*ap*is» «Biene» – und Ameisengift – lat. «*for*mica» «Ameise».

FORCE 4

Bier/Mineralwasser-Panache, das Kraft (engl. «force») für vier gibt.

FOR ME

Cigarillo. Der englische Ausdruck «for me» bedeutet «für mich». Es ist ein Name wie z. B. → «Nur die», in dem ein Ausruf beim Anblick dieses Produkts zur Benennung verwendet wird.

FORSANA

Schlankheitsdiät, die trotz diätetischen Eigenschaften die Kräfte erhält – frz. «forces» «Kräfte» – und dazu noch gesund ist – lat. «sanus» «gesund». Ähnlich gebildet war der Name eines früher bekannten Milchgetränkepulvers «Forsanose».

FORTALGESIC

Starkes (lat. «*fort*is») Schmerzmittel (gr. «*alg*os» «Schmerz»),

FOXY LADY

Damenbekleidung. Das englische Adjektiv «foxy» bedeutet in der amerikanischen Umgangssprache «attraktiv, sexy». «Foxy Lady» «sexy Frau» hieß auch ein berühmtes Stück des Pop-Gitarristen Jimi Hendrix.

FREETIME

Sportbekleidung und Freizeitartikel. «Freetime» ist die etwas allzu wörtliche Übersetzung von deutsch «Freizeit» ins Englische (engl. «free» «frei», engl. «time» «Zeit»). Ein solches englisches Wort gibt es aber nicht in dieser Verwendung: Dem deutschen Wort «Freizeit» entspräche im Englischen viel eher «leisure time».

FRÉGATE

Zigarette. Der Name spielt auf die stilisierte Abbildung einer Fregatte auf der Packung an, eines kleineren, wendigen dreimastigen Kriegsschifftyps des 17./18.Jahrhunderts. Das Bild einer Fregatte soll wiederum wohl auf eine Welt des Abenteuers, der Freiheit und des Reisens in exotische Länder verweisen; wir verbinden solche Assoziationen mit Fregatten aus mancherlei Kostüm- und Abenteuerfilmen. Abenteuer, Freiheit, ferne Welten sind heute ganz allgemeine Werbemotive der Zigarettenwerbung, und insofern schließt sich der Name Fregate auf eine eher poetische, sicherlich bewußt indirekte Weise an ganz verbreitete Werbetechniken an.

FREIDENT

Kaugummi. Zunächst ist das Wort eine klangliche Variation mit deutschen Elementen zum englischen Vorbild-Wort → «Trident». Inhaltlich spielt der Name an die spezielle Eigenschaft dieses Kaugummis an, daß er nicht an Zahnersatz haftet, die Zähne (lat. «dent-») also «frei» hält.

FRIGIPUR

Luftfilter für Kühlschränke. «Frigi-» leitet sich aus frz. *frigi*daire «Kühlschrank» ab, «-pur» gehört zu lat. «purus» «rein, sauber».

FRIGOR

Schokolade. Der Name ist aus lat. «frigor»«Kühle» abgeleitet und spielt auf den kühl-schmelzenden Geschmack dieser Schokoladensorte an.

FRIGOVERRE

Gläser für Tiefkühlkost. Der erste Teil des Wortes, «Frigo-», ist aus frz. «frigidaire»«Kühlschrank» hergeleitet, der zweite Teil, -«verre», entspricht genau dem französischen Wort «verre» «Glas» .

FRIONOR

Gefrierprodukte, ursprünglich aus Norwegen. Das Wort ist zusammengesetzt aus dem Bestandteil «frio-» zu span. «frio» «kalt» (oder auch altnordisch «friosa» «gefrieren») und «*Nor*wegen».

FRISCO

Tiefkühlprodukte. Das Wort ist lautlich eine Mischung zwischen deutsch «frisch» und ital. «fresco» «frisch«. Es wird also damit nicht direkt auf die Tiefkühlung hingewiesen, sondern auf die Möglichkeit, dadurch alles beliebig lange frisch zu halten.

FROLIC

Hundefutter. Der Name leitet sich direkt vom englischen Wort «frolic» mit der Bedeutung «ausgelassen spielen» «lustiger Streich» usw. ab; er soll offenbar suggerieren, daß mit diesem Futter die Hunde besonders spielfreudig werden.

FROSCH

Umweltverträgliche Reinigungsmittel. Der Name «Frosch» bezieht sich auf das Produkteemblem, einen grünen (= umweltverträglichen) Frosch; dieser wiederum ist der naturverbundene Bruder des Froschkönigs auf den Produkten von → «Erdal Rex» aus der gleichen Firma.

FROSTIES

Frühstücksflocken mit Zuckerüberzug, der weiß wie Reif, engl. «frost», aussieht.

FRUIDOR

Traubensaft. Der Name klingt an frz. «fruits d'or» «goldene Früchte» an. Aus solchen goldenen Früchten voller Sonnenwärme ist auch dieser Saft hergestellt.

FRUTINA

Konfitüren. Der Name ist eine lautlich genaue Umsetzung aus engl. «fruit» «Frucht», versehen mit der italienischen Diminutivendung «-ina»; ein charakteristisches Beispiel von Sprachmischung in Verbindung mit orthographischer Verfremdung.

FRUTIPS

Fruchtbonbons. Das Wort ist zusammengesetzt aus einer verdeutschten Schreibweise von engl. «fruit» «Frucht» und engl. «tip» «leicht, Tupfen». «Tip» assoziiert Kleinheit, Leichtigkeit und suggeriert, daß man mit diesem Bonbon fast nichts bzw. nur etwas Kleines, Angenehmes zu sich nimmt.

FUEGO

Sportwagenmodell. Der Name ist spanisch und bedeutet dort «Feuer». Das spricht im Falle eines Sportwagens für sich selbst. Statt dem Italienischen – wie deutsche Autohersteller – wählten Franzosen hier Spanisch als Fremdsprache, um ihrem Markennamen einen exotisch-südlichen Anstrich zu geben.

FUJITSU

Japanische elektrische Geräte. Der Name ist eine Verkürzung des ursprünglichen Firmennamens «Fuji-Tsushinki-Seizo», der seinerseits zusammengesetzt ist aus japan. «Fuji-san» (Namen des berühmten Vulkans bei Tokio) «tsushinki» «Telegraphenapparat» und «seizo» «herstellen».

VON GALACTINA BIS GURMEVIT

GABA

Hustenpastillen, die ursprünglich von der *Goldenen Apotheke zu Basel* produziert wurden. (Die Herstellung ist später auf eine eigene Produktionsfirma übergegangen.)

GABRIELA SABATINI

Parfum. Gabriela Sabatini heißt eine bekannte, erfolgreiche und attraktive Tennisspielerin. Die Verwendung ihres Namens für Parfums bedeutet die Weitervermarktung des Namens einer bekannten Persönlichkeit, ähnlich wie im Falle von → «Stéphanie».

GALA

Doppelrahmkäse. Er ist offenbar eine «Galaproduktion» (eine besonders festliche, wichtige Produktion) der Käseindustrie. Wichtiger als dieser Gehalt des Wortes ist aber wohl dessen leicht aussprechbarer, voller Klang.

GALACTINA

Säuglingsnahrung. Das Wort ist abgeleitet aus griech. «galakt-» «Milch» und deutet auf den Grundbestandteil dieser Nahrung hin.

GALAK

Milchschokolade. Der Name ist von griech. «galakt-» «Milch» hergeleitet.

GALANT

Automobilmodell. Das Wort soll mit dem Produkt bzw. mit dem Konsumenten das Ideal des «galant homme», des höflichen, zuvorkommenden, bei Frauen erfolgreichen Mannes von Welt in Verbindung bringen.

GALASANA

Vollmilchschokolade. Der Name ist zusammengesetzt aus griech. «gala(k)-» «Milch» und lat. «sanus» «gesund».

GALLANT

Zigarettenmarke. Engl. «gallant» bedeutet soviel wie «ritterlich, tapfer»; auch heute kann dies noch ein Männlichkeitsideal bezeichnen, mit dem sich Raucher dieser Zigarette identifizieren.

GAMMON

Eau de toilette usw. Engl. «gammon» bezeichnet in einem Brettspiel (engl. «backgammon», deutsch «Puff») einen Doppelgewinn. Solche Überlegenheit besitzt offenbar auch, wer dieses Toilettenwasser benutzt.

GARD

Haarshampoo. Der Name leitet sich von frz. «*gard*er» «schützen» ab.

GARDENA

Gartenwerkzeuge. Zu engl. «garden» «Garten» gebildet.

GARDISETTE

Gardinen. Der Name ist aus *Gardi*ne mit der französischen Diminutivsilbe «-ette» abgeleitet.

GATSBY

Bekleidung. Der Name ist übernommen worden aus einem Film, der seinerseits auf dem amerikanischen Roman «The Great Gatsby» von F. Scott Fitzgerald aus den zwanziger Jahren basiert. Bezeichnend ist diese Übernahme einer Romanfigur insofern, als sie mit einer allgemeinen Tendenz zur Wiedererweckung der Welt der zwanziger und dreißiger Jahre in Mode und Film einhergeht.

GAULOISE

Zigarette, die ursprünglich aus Frankreich stammt. Das französische Adjektiv «gaulois» heißt eigentlich «gallisch» und bezieht sich auf die keltischen Vorfahren der heutigen Franzosen, wie sie heute ironisch mythisiert auch in den Asterix-Geschichten vorkommen. Alles Gallische dient den Franzosen als historisch untermauerte Identifikationsmöglichkeit für ihr Nationalitätsgefühl. Eine «Gauloise» ist also eigentlich eine «gallische (Zigarette)», d. h. eine Zigarette, mit der sich ein Franzose seine nationale Identität bestätigen kann. Die Vorstellung des Französischen wurde in der deutschen Werbung für diese Zigarette in jene der bohèmehaften Lebenskunst (die für die Deutschen ja ebenfalls nahe beim Traumbild Frankreichs ist) umgewandelt.

GEHA

Schreibmaterialien. Der Name ist abgeleitet aus der Buchstabierform der Initialen des Firmengründers *Ge*org *H*übner.

GELUSIL

Medikament gegen Magenbeschwerden. Es bildet im Magen *gel*-förmige Substanzen und enthält Magnesiumaluminium-*Sili*kathydrat.

DER GENERAL

Universalreiniger. Wie → «Meister Proper» oder → «Mama Steinfels» stellt diese Produktbenennung einen Namen für eine Phantasiefigur dar, die das Produkt als eine Art Haushaltshelfer personifiziert. In General wird einerseits die Überlegenheit des Produkts über alle Probleme angedeutet, andererseits läßt sich das Wort auch als «allgemein» deuten, womit auf die allgemeinen Verwendungsmöglichkeiten dieses «Universal»-Reinigers angespielt wird.

GENIE

Waschmittel. Ein Genie ist bekanntlich ein Mensch, der in bezug auf eine bestimmte geistige Fähigkeit den Durchschnitt in kaum nachvollziehbarer Weise übertrifft. Daß ein Waschmittel ein Genie sein könne, ist in diesem Sinne allenfalls eine kaum sinnvolle Übertreibung. Wahrscheinlich möchte der Name aber gar nichts derartig Unhaltbares behaupten, sondern einfach gut tönen und gewisse positive Gedanken wecken, die den Kauf des Produkts angenehm machen, auch wenn diese Gedanken gar nichts mit dem Produkt selbst zu tun haben.

GERIAVIT

Präparat zur Erhaltung der Leistungsfähigkeit im Alter. Der Name ist zusammengesetzt aus Bestandteilen von «Geria(trikum)» (Medikament der Altersmedizin) und «vit(al)». Aus den gleichen Bestandteilen herzuleiten ist auch der Name des Tonikums «Gerviton».

GIANDOR

Schokolade mit *Giand*uia, einer Füllung aus leicht schmelzender Schokolade. Die Endung «-dor» klingt an das Konkurrenzprodukt → «Lindor» an.

GINSANA

Stärkungsprodukt, das *Gin*seng enthält; die zweite Hälfte des Wortes ist abgeleitet aus lat. «*san*us» «gesund».

GIRLOON

Kunstfaserteppich. Der Name ist zusammengesetzt aus der ersten Silbe der Herstellerfirma J. *Gir*mes und einer verfremdenden Umbildung der Endsilbe von Perlon. (Die Verfremdung war seinerzeit aus markenrechtlichen Gründen vom Perlon-Markenverband verlangt worden.)

GITANES

Zigarette. Das Wort kommt aus dem Französischen und bedeutet dort «Zigeunerinnen». Die Bezeichnung soll wohl Assoziationen an das freie und ungebundene Leben von Zigeunern wecken.

GIULIETTA

Automobilmodell. Das Wort ist an sich die Verkleinerungsform des italienischen Namens «Giulia» = Julia. Die Wahl dieses Frauennamens für ein Automodell ist bei dieser Marke, «Alfa Romeo», nicht ohne Hintergrund, indem indirekt damit auf das Liebespaar Romeo und Julia angespielt wird.

GLAD

Frischhaltefolie. Der Name ist an sich eine reine Phantasieschöpfung. Er klingt immerhin an «glatt» an und benennt damit eine typische, wenn auch ziemlich banale Eigenschaft solcher Folien.

GLAID

Raumerfrischer. Der Name ist eine reine Phantasiebildung.

GLASURIT

Holzanstrich. Der Name ist in Zusammenhang mit «Glasur» bzw. «Lasur» «durchsichtige Farbschicht» zu bringen.

GLIZ

Bohnerwachs. Der Name spielt lautsymbolisch auf den Effekt von Bohnerwachs an, Böden glänzend zu machen; dabei klingt auch «glitzern» irgendwie an. Einen weiteren, eher verfremdenden Effekt trägt die Schreibung mit einfachem -z anstelle des von den deutschen Orthographieregeln vorgeschriebenen -tz bei.

GLORIA

Haarpflegemittel. Gloria ist ein typischer Name für Gräfinnen und andere edle Damen, vor allem in eher kitschigen Liebesromanen.

An kitschige Romane hat der Namengeber vielleicht nicht direkt gedacht, wohl aber an das gehobene Milieu, das die Normalbürgerin mit diesem Namen verbindet. Diese Gedankenverbindung soll damit auch dem Produkt zugute kommen.

GLY-CORAMIN

Stärkungsmittel in Form von Brausetabletten und Kautabletten → «Coramin».

GO

Deodorant. Das Wort ist einer jener sinnlosen einsilbigen Namen für Deodorants und allgemein für Körperpflegemittel wie «Mum», «Bac», «Fa», «Phas», deren Wirkung in ihrer Kürze liegt.

GOLDEN-CUP

Sportbekleidung. Die Fügung spielt auf «Cup» als Siegespreis bei sportlichen Wettbewerben an (Weltcup, Europacup usw.); «golden» (hier an sich englisch) verspricht einen außerordentlich wertvollen «Preis».

GOLDENE ERNTE

Zigarette → «Ernte 23».

GOLDEN GATE

Rauchtabak. «Golden Gate» («Goldenes Tor») wird die Einfahrt in die Bucht von San Francisco genannt, die von der berühmten Golden Gate Bridge überspannt wird. Mit diesem Namen wird ein Ort genannt, der für viele der Inbegriff einer Traumgegend und – mit San Francisco einer Traumstadt ist. Der Name bringt das Produkt in einen unklaren Zusammenhang mit diesen fernen Feriengegenden.

GOLF

Automobilmodell. «Golf» als Wort ist an sich mehrdeutig: Einmal bezeichnet es ein Spiel, in dem ein kleiner Ball mit Wucht über weite Strecken geschlagen wird, zweitens bezeichnet die Zusammensetzung Golfstrom eine Meeresströmung im Atlantischen Ozean, die in Europa bekannt und wichtig ist, weil ihre Wärme das Klima in West- und Nordeuropa günstig beeinflußt. Drittens bezeichnet «Golf» einen relativ großen Meerbusen.
Für einen Autonamen liegt natürlich die Assoziation mit der ersten Bedeutung des Wortes, dem Ballspiel, am nächsten. Der Golf ist ein Auto, das (so dürfte es sicherlich der Hersteller und jeder Fah-

rer eines solchen gerne empfinden), obzwar klein, dennoch mit unheimlicher Geschwindigkeit vorbeiflitzt. Mit seltener Anschaulichkeit ist dieser Eindruck des schnellen Vorbeiflitzens eines kleinen runden Gegenstandes im Lautbild und sogar im Schriftbild des Wortes «Golf» selbst enthalten. In seiner Art stellt der Autoname «Golf» also eine perfekte Übereinstimmung von Schrift, Klang und Bildassoziation dar. Offensichtlich haben die Marketing-Fachleute bei der Kreation der Modellbezeichnung Golf aber sowohl die Assozation «Schlagballspiel» wie auch die Bedeutung «Meeresströmung» im Auge gehabt; denn neben den Namen Golf stellten sie einerseits denjenigen von «Polo», was ebenfalls ein Schlagballspiel bezeichnet, andererseits den Namen → «Passat» für ein weiteres Modell dieser Firma, womit eine beständige breite Luftströmung über den Meeren bezeichnet wird, die u. a. für den Golfstrom verantwortlich ist.

GOLF CLUB

Zigarre. Der Name ruft Assoziationen mit einem Golf-Club hervor, d. h. mit einem Ort, wo Herren unter sich in distinguierter Atmosphäre ihrem Freizeitvergnügen nachgehen. Damit erscheint Zigarrenrauchen als ein Genuß besserer Kreise während ihrer Entspannungszeit.

GONDOLA

Fertigtee. An sich ist ital. «gondola» die Bezeichnung für ein Ruderschiff, z. B. in Venedig oder auf den norditalienischen Seen. Dies weckt bei allen Italienreisenden nostalgische Ferienerinnerungen. Was das mit Tee zu tun haben soll, ist eher unklar; aber vielleicht waren es weniger solche unklaren Gefühle als der Wohlklang, der die Hersteller diesen Namen für einen Tee wählen ließ.

GOOPS

Spielzeug zum Werfen, runde Scheiben mit grotesk häßlichen Gesichtern. Im amerikanischen Slang bedeutet «goop» soviel wie «Flegel, Tölpel, unflätiger Geselle».

GORE-TEX

Kunstfasergemisch für *Tex*tilien, das durch die Firma *Gore* hergestellt wird.

GOR-RAY

Kunstfaser der Firma *Gore*, die eine Ähnlichkeit mit der Kunstfaser → «Rayon» aufweist.

GOYESCA

Seife. Das Wort ist eine Adjektivableitung zum Namen des berühmten spanischen Malers Goya, von dem auch das Gemälde einer liegenden Frau auf der Verpackung wiedergegeben ist. Der Name soll zusammen mit dem Bild eine Welt der Kunst, der Schönheit, des höfischen Daseins in Erinnerung rufen und damit der Seife einen Anstrich des Luxuriösen geben.

GRANADA

Automobilmodell. Granada ist eine andalusische Stadt mit alter Geschichte und mit eindrucksvollen Baudenkmälern z. B. aus der Zeit der Mauren. Es handelt sich um den gleichen Typ Autonamen wie etwa → «Ascona» oder → «Capri»: Es wird auf eine südliche Stadt oder Lokalität angespielt, die ein bevorzugtes Ferienziel ist. Damit wird das Automobil zum Inbegriff des Vehikels für die Ferien: Mit dem Auto können Träume von Sonne und Glück verwirklicht werden.

GRANOTON

Vitamin-*Toni*kum mit Weizenkeimextrakt, d. h. aus Getreidekörnern, lat. «*gran*um» «Korn», «Kern».
Aus dem gleichen lateinischen Wort «granum» ist auch der Name «Granola» für ein Kleingebäck «mit Weizenvollkornschrot» abgeleitet.

GRANUFINK

Kürbiskernpräparat – lat. «*granu*m» «Kern» – der Firma *Fink*.

GRANUS

Mineralwasser aus Aachen. «Granus» war ein keltischer Heilgott; nach ihm wurde von den Römern im 1. Jh. die an der Stelle des heutigen Aachen und ihren Heilquellen entstandene Siedlung «Aquae Grani» «Granus-Bäder» benannt.

GRANVALOR

Körperpflegemittel (Seife, Eau de toilette usw.). Der Name ist eine Zusammensetzung aus span. «gran» «groß» und span. «valor» «Wert» und deutet so einfach einen großen Wert des Produkts an.

GRAPILLON

Traubensaft. Zu frz. «grappillon», was «kleine Traube» bedeutet.

GREAT WALL BRAND

Konserven aus der Volksrepublik China. Übersetzt lautet dieser englische Ausdruck «Große-Mauer-Marke». Der Name bezieht sich auf das berühmteste Baudenkmal Chinas, die Große Mauer.

GRILLAN

Anzündmittel für den Holzkohlen*grill*. Die Endsilbe -*an* klingt wie bei → «Flaman» einerseits an «anzünden» an, andererseits ist es eine geläufige Fremdwortendung, die dem Ganzen einen etwas technischeren Klang gibt.

GRILON

Kunstfaser. Der Name ist abgeleitet aus «*Gri*schun/*Gri*son», dem romanischen bzw. französischen Wort für «Graubünden/-bündnerisch» (die Herstellerfirma befindet sich in Ems im schweizerischen Kanton Graubünden) und Ny*lon*.

GURMEVIT

Diätmahlzeit zur Gewichtsreduktion. Diese Speise ist offenbar so wohlschmeckend, daß sie auch den «*Gourmet*», den Feinschmekker zufriedenstellt und ihn zugleich, trotz der Diät, vital bleiben läßt. Oder soll die Endsilbe «-vit» darauf hindeuten, daß eine Gewichtsabnahme mit dieser Diät besonders schnell (frz. «vite») möglich sein soll?

GUSTIN

Maisstärkepuder. Der Name ist zusammengesetzt aus lat. «gustus» «(Wohl)geschmack» und der Endsilbe «-in».

GUTNACHT

Beruhigungsgetränk. Einer jener Warennamen, die, wie → «Lebewohl», → «Nimm zwei», → «Nur die», → «Thanx», aus der Verwendung einer ganzen Gesprächsfloskel abgeleitet ist; hier wird auf eine Wunschform angespielt, die beim Genuß dieses Produkts hoffentlich in Erfüllung geht.

GYNO-

Zu griech. «gynê» «Frau». Bestandteil zahlreicher gynäkologischer Medikamente wie z. B. «Neogynon» (Antibabypille), «Gynodian» (zur Behandlung klimakterischer Beschwerden), «Gynasol» (für Vaginalspülungen).

VON HARIBO BIS HOSTALEN

HABASUMA

Zigarre. Das Wort ist eine Zusammensetzung aus *Haba*na und *Suma*tra, beides Namen wichtiger Produktionsorte von Tabak und Zigarren.

HAG

→ «Kaffee Hag».

HAKLE VLAUSH

Toilettenpapier der Firma Hakle, deren Firmengründer *Han*s *Kle*nk hieß. Der Bestandteil *Vlaush* ist eine typische, wenn auch recht extreme Verfremdung des Wortes «flausch(ig)» in einer Weise, die an allerlei fremdsprachige Schreibgewohnheiten erinnert, die in dieser Form und Kombination aber in keiner Sprache möglich wären .

HALIBUT

Vitaminmittel, ursprünglich aus Lebertran; Lebertran wird bekanntlich aus der Leber des Heilbutts, eng. «halibut», gewonnen.

HALLWAG

Verlag, der hauptsächlich durch Landkarten bekanntgeworden ist. Das Unternehmen ist aus einem Zusammenschluß der *Hall*erschen Buchdruckerei und der *Wag*nerschen Verlagsanstalt hervorgegangen; Teile dieser Firmennamen gingen dann auch in den Namen des neuen Unternehmens ein.

HAMETUM

Wundsalbe, die einen Extrakt der Hamamelispflanze, dt. «Zaubernuß» enthält.

HANDSAN

Cremeseife, die gesund – lat. «*san*us» «gesund» – für die *Hände* ist. Eine typische Sprachmischung, wenn auch die Verwendung eines alltäglichen Wortes wie «Hand» eher selten ist.

HANDY

Geschirrspülmittel, das die Hände – engl. «hands» – schont.

HANDYCAM

Videokamera. Der Name ist gebildet aus engl. «handy» «handlich», «geschickt» und engl. «camera»; er soll also die Handlichkeit dieser Videokamera unterstreichen.

HANDY-LOOK

Feldstecher. Der Name ist zusammengesetzt aus engl. «handy» «handlich» und engl. «look» «schauen».

HANRO

Kleider. Der Name ist abgekürzt aus den Personennamen bzw.dem Firmennamen *Han*schin + *Ro*nus AG.

HANSAPLAST

Heftpflaster, dessen Hersteller in der *Hanse*stadt Hamburg domiziliert ist. Die Endsilbe «-plast» ist entnommen aus dem griechisch-lateinischen Wort «(em)*plast*ron» «Pflaster», aus dem sich auch das Wort «Pflaster» entwickelt hat.

HANSEATIC

Fahrrad, das in der *Hanse*stadt Hamburg produziert wird.

HANUTA

Kleingebäck mit Haselnußcremefüllung; die erste Silbe ist dem Wort *Hasel*nuß entnommen, die zweite vom engl. «*nut*» «Nuß» abgeleitet.

HAP

Hundefutter. Der Name ahmt die gierig schnappende Bewegung nach, mit der sich der Hund auf dieses Hundefutter stürzt.

HAPPY

Ein beliebter Allerweltsname für alle möglichen Produkte, so z. B. für Bonbons oder Betten, in der abgewandelten Form «Happy-Days» auch für Freizeitkleider. Engl. «happy» bedeutet «glücklich» und Glück soll in irgendeiner Weise dieses Wort als Name auch mit den entsprechenden Produkten versprechen. Damit benennt der Name eine Grundstrategie der heutigen Werbung; in der Direktheit, in der er das tut, wirkt er allerdings eher phantasielos.

HARIBO

«Gummibärchen»; (mittlerweile gibt es aus dem «Gummibärchen-stoff» jede beliebige Variation, z. B. Sterne, Autos, Frösche usw.). Der Markenname mit seinem einprägsamen Klang, der einem auch in der Radiowerbung musikalisch eingeprägt wird, ist hergeleitet aus der Abkürzung des Firmennamens *Ha*ns *Ri*egel *Bo*nn».

HASELLA

Eine Art → «Nutella» mit *Hasel*nußbutter.

HATTRIC

Aftershave. «Hattric» bezeichnet im Fußballsport die Leistung, als einzelner Spieler allein drei Tore in direkter Folge zu erzielen. Wie z. B. → «Open» soll auch dieser Name die Identifikation mit sportlichen Höchstleistungen ermöglichen .

HAWESTA

Fischkonserven der Firma *Ha*ns *West*phal.

HB

Zigarettenmarke. Der Name ist hergeleitet aus den Initialen der Herstellerfirma *H*ans *B*ergmann.

HELANCA

Eine Kunstfaser, die von der Firma *He*berlein hergestellt wird und möglichst an die Qualitäten von Wolle, lat. «*lan*a», herankommen soll. Die Endsilbe «-ca» scheint lediglich zur Füllung des Klangbildes angefügt worden zu sein.

HELIOMALT

Ein Milchgetränkezusatz mit Malz (engl. «malt»). Der erste Teil des Namens enthält griech. «helios» «Sonne» und nimmt Bezug auf die Abbildung einer strahlenden Sonne auf der Packung.

HELIX

Motorenöl. «Helix» – griech. für «Spirale, Ranke» – ist in der heutigen Chemie die Bezeichnung für die komplizierte Spiralstruktur organischer Moleküle. Als Name eines Motorenöls wird damit – neben dem allgemeinen Prestige solcher halbverständlicher Termini – auf diese Struktur auch von Erdölderivaten angespielt.

HEMERAN

Venenmittel gegen *Hämor*rhoiden.

HENKO

Waschmittel. Der Name ist eine Ableitung aus dem Produzenten-namen *Henk*el.

HERBA-DERM

Douche-Bad mit Kräutern. Auf die Kräuteressenzen deutet der Bestandteil «Herba-» zu lat. «herba» «Kraut», «Gras» hin; der Bestandteil «-derm» zu griech. «derma» «Haut» verweist auf die wohltuende Wirkung auf die Haut.

HERBALPINA

Bonbon. Der Name ist zusammengesetzt aus lat. «herba» «Kraut» und lat. «alpina» «Alpen-» und nennt also gelehrt die Herstellung dieses Bonbons aus Alpenkräutern.

HERBOL

Farben. Der Name leitet sich ursprünglich aus *Herb*ig Haarhaus AG, dem früheren Firmennamen des Herstellers, und lat. «*ol*eum» «Öl» ab. (Heute ist die Firma Teil eines größeren Konzerns.) Aus «Herbol» wurden später noch zahlreiche weitere Warennamen abgeleitet, so z. B. «Herbolac» (zu «Lack»), «Herbolin», «Herbopan» (zu engl. «panel» «Holzspanplatte», also als Holzanstrich), «Color-herbol» (mit lat. «color» «Farbe»).

HERDOLIN

Herdreiniger. Der Name ist eine mit der Endsilbe ins Wissen-schaftliche verkleidete Ableitung zu «Herd»; gleichzeitig wird damit eine namensmäßige Verwandtschaft mit dem Reinigungs-mittel → «Sigolin» der gleichen Firma geschaffen.

HERO

Konserven. Der Name ist zusammengesetzt aus den Anfangsbuch-staben der beiden Personennamen *He*nckell und *Ro*th, der Begründer der Konservenfabrik.

HEXAGLOT

«Dolmetschercomputer», d. h. Taschenrechner als Wörterbuch. Es sind in ihm Wörter aus sechs Sprachen – griech. «hexa» «sechs», «glotta» «Sprache» – gespeichert.

HEXTRIL

Gurgelmittel zur Halsdesinfektion. Dem Namen liegt die Bezeichnung *Hexe*tidinum des darin enthaltenen Wirkstoffs zugrunde; die Endsilbe «-tril» ist weiter nicht deutbar, außer daß sie eine für Medikamente häufige Lautkombination (vor allem im Auslaut -il) aufweist.

HIACE

Automobil. Das Wort ist wie engl. «high ace» (also «hai eis») auszusprechen und zu verstehen und bedeutet dann «hohes As» (im Kartenspiel). Obwohl das eine überflüssige Steigerung ist – denn ein As ist ja ohnehin immer das Höchste im Kartenspiel –, drückt sich hierin die Qualität aus, die dem Auto zugeschrieben wird. – Eine Parallelbildung zu «Hiace» ist der Name → «Lite ace» für das kleinere Schwestermodell dieses Automobils.

HIRUDOID

Heilsalbe. Der Name leitet sich von der ursprünglichen Zusammensetzung dieser Salbe ab, die zugleich entzündungshemmend und blutgerinnungsverzögernd ist und im Sinne der Blutegeltherapie, d. h. wie der Stoff *Hirud*in im Speichel des Blutegels, wirkte. (Der zoologische Name des Blutegels ist «Hirudo».) Heute ist allerdings die Zusammensetzung des Medikaments geändert worden; als Ersatzprodukt hat es gleichwohl den Namen seines Vorgängers behalten.

HOCHLAND

Käse. In den Bergen – (im Hochland) –, wo die Kühe auf saftiger Wiese weiden, gibt's offenbar bessere Milch und besseren Käse als in der Ebene.

HOHES C

Orangengetränk. Der Name beruht auf einem Wortspiel: Einerseits soll er den hohen Gehalt an Vitamin C in diesem Getränk andeuten, andererseits ist das hohe C ein sehr hoher Ton, der nur von den besten Sängerinnen perfekt ausführbar ist und deshalb eine besondere (künstlerische) Höchstleistung darstellt.

HOLLE

Biologisch-natürliche Nahrungsmittel, v. a. aus Getreide. Ursprünglich ist der Name aus dem Standort der Firma an einem «Hollenweg» abgeleitet worden. Damit wurde aber bald auch die Assoziation an das Märchen von der Frau Holle verbunden. Wenn man zu ihr gelangen will, kommt man bekanntlich an einem Backofen mit frisch gebackenem Brot vorbei. So gut wie Frau Holles Brot schmecken auch die Produkte dieser Firma.

HOM

Herrenunterwäsche. Der Name ist eine Verkürzung aus frz. «*hom*me» «Mann». Durch diese Verkürzung gewinnt das Wort ein ganz eigenes, fremdartiges Aussehen, welches die ursprüngliche sprachliche Herkunft kaum mehr erkennen läßt.

HOMA GOLD

Margarine der Firma *Homa*nn, *gold*en wie die Sonnenblume, aus der diese Margarine hergestellt ist. In der Verwendung des Wortes Gold ist dieser Name verwandt mit dem Namen → «Dorina» für Speiseöl.

HOSTALEN

Ein Kunststoff der Firma Hoechst. Der erste Teil des Namens leitet sich von *Hosta*to, dem sagenhaften Gründer von Hoechst bzw. dem ahd. Namen von Hoechst (= «hohe Stadt») ab; «-len» ist ein Hinweis auf das Ausgangsprodukt Polyaethy*len*.
«Hosta-» wird auch für andere Kunststoffe der Firma Hoechst als Benennungsbestandteil verwendet, so z. B. in «Hostalit» (wie → «Bakelit»), «Hostaflon» (einer Art → «Teflon»), «Hostyren» (einem Polystyrol-Produkt), «Hostadur» (mit «-dur» aus lat. «durus» «hart»), «Hostaphan» (→ «Cellophan») usw.

HOVA

Pflanzliches Beruhigungsmittel, das Auszüge aus *Ho*pfen und Baldrian, lat. *Va*leriana, enthält.

HUI

Hauspflegemittel. Mit «Hui» ist alles im Hui sauber.

HUMANA

Säuglingsnahrung, die möglichst der menschlichen Muttermilch angeglichen ist; zu lat. «humanus» «menschlich» gebildet.

HUMBOLDT

Taschenbuchverlag und Taschenbuchreihe, die u. a. Sachbücher
über alle Wissensgebiete enthält. Er trägt seinen Namen von Alex-
ander von Humboldt (1769–1859), einem berühmten Naturforscher
und Geographen, der mehrere Forschungsreisen v. a. in Südamerika unternahm und die Ergebnisse in umfänglichen Werken
zusammenfaßte.

HUSQVARNA

Haushaltgeräte. Der Name leitet sich aus dem Sitz der Firma in der
schwedischen Stadt Huskvarna (bzw. dem ursprünglichen Firmennamen «Vapenfabriks AB Huskvarna») ab.

HYDROLOGIE

Hautpflegemittel, welche der Haut die natürliche Feuchtigkeit
zurückgeben kann. Frz. «*hydr*ation» (zu griech. «hydor» «Wasser,
Feuchtigkeit») bedeutet «Feuchtigkeitszufuhr für einen Organismus». (Die Wissenschaft namens «Hydrologie» beschäftigt sich
allerdings nicht mit dem Feuchtigkeitshaushalt von menschlichen
Organen, sondern mit den Gewässern in der Landschaft.)

VON IBM BIS ISOSTAR

IBIZA

Automobilmodell → «Ronda».

IBM

Computerhersteller. Der Name ist aus den Anfangsbuchstaben des Firmennamens «*I*nternational *B*usiness *M*achines (Corporation)» («Internationale Büromaschinen-Gesellschaft») gebildet.

ID

Automobilmodell der Firma Citroën. Die Buchstabengruppe muß laut gelesen werden und ergibt dann das (französische) Wort «idée»; damit soll wohl die ideenreiche Konstruktion dieses Modells charakterisiert werden. Dieser Modellname funktioniert also als Name genau umgekehrt wie Markennamen wie etwa → «Idee» oder → «Elbeo»: Statt daß aus Initialen ein Wort gemacht wird, das eigentlich als Initialen gelesen werden muß, ist hier ein Wort zu Initialen gemacht worden, die als Wort gelesen werden müssen. Im Falle von Automodellen bietet sich eine solche Kennzeichnung speziell an, weil in diesem Bereich die «Namengebung» mittels Buchstabenkombinationen besonders verbreitet ist. Wie der Modellname «ID» funktioniert auch der Name → «DS», eine Modellbezeichnung der gleichen Firma.

IDEE

Kaffeemarke. Der Name scheint auf den ersten Blick darauf hinzuweisen, daß der Hersteller mit der Produktion dieses Kaffees eine gute Idee hatte, daß es eine gute Idee ist (oder zu guten Ideen verhilft), wenn man diesen Kaffee trinkt. In Wirklichkeit ist die Benennung abgeleitet von den Initialen der Herstellerfirma J.*J*. *D*arboven. (Natürlich steht die erste Assoziation des Verbrauchers nicht in Widerspruch zu den Absichten des Schöpfers dieses Namens.)

IGLO

Tiefkühlprodukte. Iglus sind die Schneehäuser der Eskimos in Grönland, wo alles immer so tief gefroren ist wie diese Produkte. Das -o statt dem eigentlich zu erwartenden -u am Wortende gleicht den Namen der vielen anderen Waren auf -o und erleichtert wohl auch die Aussprache. Dazu gibt es das Problem, daß die Schreibung im Englischen «igloo» und im Französischen «iglon» lautet; durch die Schreibung mit -o wird eine mittlere Vereinheitlichung des Wortbildes erreicht, die keiner Sprache genau entspricht, aber für alle ähnlich genug aussieht, um schnell und lautlich eindeutig identifizierbar zu sein. Das Wort wird dadurch erst als internationaler Warenname brauchbar.

ILGON

Künstlicher Süßstoff. Phantasiebildung, die gleichwohl von ihrer Lautstruktur her – vor allem mit der Endung «-on» – den Anstrich eines chemisch-medizinischen Wortes besitzt.

IMPULSE

Parfum. Der Sinn des Namens wird durch einen dazugehörigen Werbespruch klar: «Wenn Ihnen ein Fremder plötzlich Blumen schenkt, könnte das an Impulse liegen». Dieses Parfum strömt also offenbar einen Duft aus, der anderen unerwartete Impulse (nach Wörterbuch «plötzlicher Anstoß») gibt.

INCAROM

Kaffepulver. Dieser Kaffee hat offenbar ein *Arom*a, wie es die *Inka*s im südamerikanischen Hochland (wo bekanntlich besonders guter Kaffee wächst) kannten.

INDOR

Tee und Kaffee. Ursprünglich spielt der Name auf *Ind*ien als eines der bekanntesten Erzeugerländer für Schwarztee an. Dieser Inhalt ist mit dem Hinzutreffen von Kaffee zur Produktepalette etwas in den Hintergrund getreten.

INSECTIPEN

Mittel gegen *Insekt*en in Stiftform (engl. «pen» «Stift»).

INSEL

Buchverlag. Der Name ist übernommen worden von der literarischen Zeitschrift «Die Insel», aus der der Verlag um 1899 hervorging.

INSOMIN

Schlafmittel, das gegen Schlafstörungen, lat. «insomnia», helfen soll.

IONAMIN

Appetitzügler, der Phenyl-ter-butyl*amin* enthält und dessen Wirkung auf der anhaltend gleichmäßigen Freisetzung aktiver *Ion*en basiert.

IPEDRIN

Hustensirup, der einerseits Stoffe, die aus der Pflanze *Ipe*cacuanha (Brechwurzel) extrahiert sind, andererseits Ephe*drin* enthält. (Ephedrin ist ein Stoff, der aus der Wüstenpflanze Ephedra vulgaris gewonnen wird.)

IRGAPYRIN

Schmerzmittel. Der Name leitet sich ab von den Initialen des Firmengründers *J*ohann *R*udolf *G*eigy der Herstellerfirma Geigy, gefolgt von gr. «pyr» «Feuer» «Fieber», was auf die fieber- und entzündungshemmende Wirkung hinweist.

ISABEL

Seife. Der Mädchenname Isabel besitzt einen edlen, schönen Klang und läßt auch an solche Mädchen denken. Wer diese Seife verwendet, kann hoffen, auch zu diesem Typ Frauen zu gehören.

ISI

Sahneapparat. Der Name ist eine direkte phonetische Schreibung von engl. «easy» «leicht»; dieser Apparat macht es leicht, Schlagsahne perfekt zu servieren.

ISOSTAR

*Iso*tonisches Getränk, ein *Star* unter den Getränken, für die Stars im Sportbetrieb, und solche, die es ihnen nachtun wollen.

ITINEROL

Medikament gegen die Reisekrankheit. Der Name ist abgeleitet aus lat. «iter», Gen. «*itiner*is» «Reise».

VON JÄGERMEISTER BIS JUVENA

JA!

Lebensmittel. Ein Gagname wie z. B. → «Yes», der durch Umfunktionieren einer Gesprächsfloskel abgeleitet worden ist. Ein Gag ist auch das beigefügte Ausrufezeichen. Beim Lesen des Namens wird dem potentiellen Käufer sozusagen automatisch Zustimmung zum Kauf aufgezwungen.

JÄGERMEISTER

Likör. Der Name weckt Gedanken an eine gewisse Jägerromantik: Der Jäger, der im herbstlichen Wald sein Wild erlegt hat, führt sich mit seinen Kumpanen dieses würzigwärmende Getränk zu Gemüte. Auf diese Jägerwelt spielt auch das Signet auf der Etikette, der Hubertushirsch, an.

J'AI OSÉ

Parfum. Die Originalität dieses Namens besteht vor allem darin, daß als Name ein ganzer Satz verwendet wird. Die Bedeutung von «J'ai osé» ist: «Ich hab's gewagt». Die Frau, die dieses Parfum gewählt hat, zeigt sich also wagemutig und risikofreudig.

JARL

Eau de toilette. «Jarl» ist ein altes skandinavisches Wort für «Fürst, Häuptling»; (engl. «Earl» «Graf» ist damit etymologisch verwandt). Das Wort drückt auf eine fremdartige Weise etwa das Gleiche aus wie «Lord».

JAZZ

Automobilmodell, Parfum. Als Autoname bildet das Wort ein Element in einer ganzen Reihe von Modellnamen dieser Marke, die der Musikterminologie entnommen sind: Zur gleichen Gruppe gehören auch → «Accord», → «Prélude» und → «Quintet». Bei Auto und Parfum wird mit «Jazz» der Gedanke von Beschwingtheit und Modernität hervorgerufen.

JEEP

Geländegängiges Automodell mit besonders robustem Bau unter Verzicht auf Komfort. Der Name ist die lautgetreue Wiedergabe der verkürzten englischen Buchstabieraussprache der Abkürzung «GP», welche für «General Purpose (war truck)» («Mehrzweckkriegslastwagen») steht. Das Wort wird heute fast als substantivische Bezeichnung für einen bestimmten Autotyp gebraucht, obwohl es spezifisch einer bestimmten Automarke zugehört.

JET 777

Sportbekleidung. Der Name spielt auf eines der typischen Prestige-objekte der heutigen Zeit, das Überschallflugzeug, an. Die Zahlen-kombination 777 suggeriert einerseits eine Typenspezifizierung, wie wir sie etwa auch in Flugzeugbezeichnungen wie Boeing 727 antreffen Andererseits ist es nicht Zufall, daß die Zahl 7 gewählt wurde. Seit jeher ist 7 eine besondere (in der Bibel sogar heilige) Zahl, die unter allen Zahlen heraussticht und so am besten im Gedächtnis bleiben kann.

JETTA

Automobilmodell. Der Name stellt eine feminisierte Form von «Jet» (abgekürzte Bezeichnung eines «jet engine driven aeroplane» = eines «düsenangetriebenen Flugzeugs») dar. Ein solcher Name für einen Kleinwagen ist typisch für unser Jet-Zeitalter und das Prestige, das Jet-Flugzeuge heute genießen.

JIF

Scheuermittel → «Vif».

JOCKEY

Kleider, besonders Herrenwäsche. Der Jockey (berufsmäßiger Rennreiter) ist eine Berufsgattung, welche lange Zeit mehr als andere Sportler, z. B. Leichtathleten, das Flair der Sportlichkeit mit gesellschaftlichem Prestige auch in höheren Kreisen verbinden konnte und sich so als Identifikationsfigur anbot.

JULES

Körperpflegemittel für Männer. «Jules» ist an sich ein sehr verbrei-teter französischer Vorname. Von daher hat das Wort aber in der französischen Umgangssprache noch weitere Bedeutungen bekommen, z. B. «Geliebter», «Freund», «Ehemann», schließlich auch «Zuhälter» (was aber bei der Wahl als Produktename wohl nicht mit eingeschlossen war). Allgemein weckt der Name Asso-ziationen an die männlich-erotische Ausstrahlung des idealen Geliebten. Die Werbung versucht, das Image dieses Ideal-Jules durch ein dazugehöriges Bild eines ziemlich abweisenden, aber desto geheimnisvolleren, kräftig-breitschultrigen Mannes von hin-ten zu ergänzen (wobei selbstredend allerlei zusätzliche Klischees von Männlichkeit mit verwendet werden). Dazu paßt die Charak-terisierung in der Werbung als «ursprünglich, verführerisch, kraft-voll».

JUNITA

Fruchtsaftgetränk. Das Wort klingt spanisch, vor allem durch seine Endsilbe «-ita» und seinen Anklang an «Juanita»; allerdings gibt es kein entsprechendes spanisches Wort. Spanische Anklänge sind für Getränkenamen allgemein beliebt (vgl. auch → «Panachita», → «Pepita», → «Estanza»), offenbar deshalb, weil heute Spanien als Land der Sonne und der reifen Früchte gilt, aus denen aromatische Getränke hergestellt werden können.

JUVENA

Hautpflegemittel. Der Name ist eine verkürzende Ableitung aus lat. *«juven*tus» «Jugend». Mit diesen Präparaten wird somit allen Konsumentinnen Jugendlichkeit versprochen .

JVC

Audio-/Videogeräte. Das Markenzeichen ist gebildet aus den Anfangsbuchstaben der Firmenbezeichnung «*J*apanese *V*ideo *C*ompany» «Japanische Video-Gesellschaft».

VON KADETT BIS KRONE

KABA

Milchzusatzpulver, das ursprünglich *Ka*kao und *Ba*nanenpulver
enthielt. (Früher war die Banane in Europa eine seltene und deshalb sehr prestigeträchtige Frucht.) (Vgl. Banago».)

KADETT

Automodellname. Kadett ist bekanntlich, u. a. in der Marine, die
Bezeichnung eines Offiziersanwärters. Der Sinn dieses Namens ist
genau genommen wie bei → «Taunus» oder → «Rekord» nur auf
einem historischen Hintergrund zu verstehen: Er schließt sich
nämlich an den früheren Modellnamen «Kapitän» an, der nach
oben und unten durch zusätzliche weitere Namen aus der Welt der
Seefahrt wie «Admiral», → «Commodore» und eben «Kadett»
ergänzt wurde; der Hierarchie der Namen entsprach dabei eine
Hierarchie der Wagenklassen. Durch Modellwechsel und
Namenswechsel ist heute «Kadett» in der Namenpalette der Firma
Opel etwas isoliert und so in seiner ursprünglichen Bedeutung
nicht mehr voll verständlich.

KAFFEE HAG

Koffeinfreier Kaffee. Diese Marke ist insofern ein Spezialfall, als
die Bezeichnung des Inhalts Kaffee wenigstens auf der Packung
zum Element des Namens gemacht wird. Im übrigen hat das Wort
Hag nichts mit dem Substantiv «Zaun» zu tun (auch wenn eine
Schweizer Firma seit einigen Jahren durch ein Eigenprodukt mit
Namen «Zaun» diese Assoziation auszunützen versucht); der
ganze Ausdruck ist vielmehr ganz simpel aus der Firmenbezeichnung «*Ka*ffee-*H*andels-*A*ktien-*G*esellschaft» abgeleitet.
Beinahe wäre übrigens der Name als juristisch geschütztes Markenzeichen seinem eigenen Erfolg zum Opfer gefallen. Nachdem
Kaffee Hag jahrzehntelang praktisch ein weltweites Monopol als
koffeinfreier Kaffee hatte, wurde «Kaffee Hag» im allgemeinen
Sprachgebrauch gleichbedeutend mit «koffeinfreier Kaffee», so
daß vor dem Zweiten Weltkrieg x-beliebige koffeinfreie Kaffee-
marken unter diesem Namen verkauft wurden. Noch heute bestel-
len viele Leute im Restaurant mit «Kaffee Hag» einfach einen kof-
feinfreien Kaffee; welche Marke ihnen dann kredenzt wird, ist
ihnen im Prinzip gleichgültig. In einem Prozeß gelang es allerdings der Firma, den Namen als geschütztes Markenzeichen zu
bestätigen und so dem Schicksal von → «Thermos» zu entrinnen.

KAISERPFALZ

Gebäck aus Aachen, der Lieblingsstadt von Kaiser Karl dem Großen, wo er auch eine der ersten Kaiserpfalzen errichtete.

KALODERMA

Handcreme. Der Name ist bereits 1857 geschaffen worden und ist damit nach Bongard einer der ältesten Markennamen im Bereich der Körperpflegeindustrie. Seine für die damalige Zeit unübliche griechische Bildung verdankt er der Tatsache, daß in der Familie des Herstellers Fr. Wolff ein griechischkundiger Gymnasiallehrer war, der den Namen aus griech. «kalos» «schön» und griech. «derma» «Haut» zusammensetzte.

KATOVIT

Vitamin-Präparat. Der Name ist eine verkürzende Ableitung aus *Ka*rl-*T*(h)*o*mae-*Vit*amine; Karl Thomae ist der Name der Herstellerfirma.

KELÉMATA

Hautpflegmittel. Griech «Kelema» bedeutet «Bezauberung», «Liebeszauber»; bezaubernd und betörend wird, wer seine Schönheit mit diesen Mitteln pflegt.

KENTAUR

Getreidenahrung, ursprünglich vor allem Haferflocken. Der Kentaur ist bekanntlich in der altgriechischen Mythologie ein Mischwesen mit Pferdeleib und männlichem Oberkörper, somit der ideale Vermittler von Hafer als ursprünglich sprichwörtlichem Pferdefutter auch für Menschen.

KENT

Zigarette. An sich ist «Kent» der Name einer englischen Grafschaft. Der Zigarettenname hat aber wohl nichts mit diesem Hintergrund zu tun, sondern soll als inhaltsleeres Wort lediglich durch seine einprägsame Kürze im Gedächtnis bleiben. Er gehört von seinem Klang her in eine Gruppe von eher englisch tönenden einsilbigen Zigarettennamen, zu denen auch Marken wie «Lark», «Flint», «Kim» oder «Time» gehören.

KÉORA

Parfum. Das Wort ist eine reine Phantasiebildung. Sie klingt aber eindeutig griechisch und schließt sich damit an jene Gruppe von Parfumnamen an, die sich auf griechische Wörter beziehen und damit Assoziationen an die griechische Antike als einer Welt voll Schönheit und Ebenmaß wecken.

KÉRALOGIE

Haarpflegemittel. Der Wortbestandteil «Kera-» aus griech. «keras» «Horn» gehört zum medizinischen Fachausdruck «Keratin» «Hornstoff» (Eiweißstoff in Haaren und Nägeln). «-logie» bezeichnet an sich eine Wissenschaft; eine Wissenschaft «Keralogie» gibt es allerdings nicht. Die Bildung dieses Markennamens erinnert an jene von → «Hydrologie»; Wissenschaftlichkeit scheint in der Schönheitspflege heute ein eigenes Prestige zu besitzen.

KERASTASE

Mittel gegen übermäßige Schuppenbildung, also, medizinisch ausgedrückt, gegen «*Kera*tose». Der Bestandteil «-stase» ist aus griech. «stasis» «Stillstand, Ende» herzuleiten.

KERRYGOLD

Butter aus Irland. «Kerry» ist der Name einer landschaftlich-touristisch berühmten Grafschaft im Süden Irlands.

KETTCAR

Ein Kinderspielfahrzeug (engl. «car» «Fahrzeug»), das von der Firma *Kett*ler hergestellt wird.

KEVLAR

Kunstfaser → «Dacron».

KIDDICRAFT

Spielzeug für Kleinkinder; zu engl. «kid» «(Klein-)Kind» und engl. «craft» «Geschicklichkeit».

KIK

Insektenschutzmittel. Wenn es nicht nur ein reines Gagwort darstellt, assoziiert es beim Benutzer, daß er mit einem kleinen Stoß die lästigen Insekten ins Jenseits «kicken» kann.

KIKKOMAN

Japanische Sojasauce. Das Wort ist gebildet aus japan. «kikko» «Schildkrötenpanzer» und «man» «Zehntausend». Die Begründung für diese Wortwahl ergibt sich einerseits aus einer Anspielung auf den Bergnamen «Kikkozan» «Schildkrötenbuckelberg» (wohl als patriotischer Hinweis auf ein markantes Landschaftsbild), und andererseits auf ein japanisches Sprichwort «Tsuru wa sennen,

kame wa *man*» «Der Kranich lebt tausend Jahre (=sennen), die
Schildkröte (=man) (aber) zehntausend». Bergname und Schildkröte als Symbol der Langlebigkeit sind also im Markennamen
symbolträchtig verknüpft.

KIM

Zigarette. Der Name soll wohl selbst nichts bedeuten, höchstens
eine Assoziation an den Mädchennamen Kim wecken, der, ein rei-
ner Phantasiename, anfangs der siebziger Jahre durch den amerikanischen Filmstar Kim Novak modisch und populär geworden ist.
Kim gehört damit in die Reihe der Zigarettenmarken wie «Eve»,
«Simona» (aus dem Hause Simon Arzt) oder «Arlette», welche ihr
Produkt durch modische Mädchennamen als Zigaretten für
jugendliche moderne Frauen anpreisen wollen.

KINESSA

Putz- und Haushaltpflegemittel. Der genaue Ursprung des Namens
liegt im dunkeln; es wird vermutet, daß der Name dem Jiddischen
entlehnt ist und sinngemäß «keine Nässe» bedeuten sollte, dies zur
Charakterisierung der anfänglichen Produkte dieser Firma, Ölen,
Fetten und Wachsen zum Schutze von Hölzern und Leder vor
Nässe. Allerdings läßt sich diese Bedeutung – nach dem Muster
z. B. von → «Nirosta» – auch direkt aus dem Deutschen «kei(ne)
Nässe» herleiten. – Das Firmensignet, ein «Chinesenmädchen», ist
übrigens erst sehr viel später hinzugefügt worden, aufgrund der
lautlichen Anklänge von «Kinessa» und «Chinese».

KITEKAT

Katzenfutter. Der Name ist eine verdoppelnde Zusammenfügung
aus den englischen Wörtern «kit/kitten/kitty» «Kätzchen» und «cat»
«Katze».

KIWI

Schuhcreme. Das Wort bezieht sich auf das Symboltier dieses Produkts, den Kiwi, einen kleinen neuseeländischen Vogel aus der
Gattung der Straußenvögel.

KLEENEX

Papiertaschentücher usw. Abgeleitet aus engl. «clean» «sauber»
«rein» durch verfremdenden Buchstabenersatz zusammen mit der
Endsilbe «-ex».

KNIRPS

Zusammenklappbare Schirme. Durch das Zusammenklappen werden diese Schirme zu richtigen «Knirpsen». Der Name spricht derart für sich selbst, daß dem Normalkonsumenten heute selten bewußt ist, daß «Knirps» ein geschützter Markenname ist, der nur für Produkte der entsprechenden Firma verwendet werden darf; im Alltag tendiert man dazu, jeden Klappschirm als «Knirps» zu bezeichnen. Auszeichnungen in den Geschäften beachten den Markenschutz allerdings genau. Die normale Bezeichnung von derartigen Schirmen lautet dort nur «Faltschirm», «Taschenschirm» o.ä.

KNOPPERS

Milch-Haselnußschnitten. Von der Wortgestalt her gleicht der Name einer Bezeichnung wie → «Snickers»; die erste Silbe läßt dabei an «knabbern» denken.

KNORRITSCH

Haferflocken der Firma «Knorr», die sich vor allem für Porridge, gesprochen «Porritsch», eignen.

KODAK

Fotoausrüstungen und Filme. Über die Entstehung dieses Namens, der 1888 vom Firmengründer G. Eastman geprägt worden war, sind wir ausnahmsweise aus erster Hand informiert. In einem Brief schreibt G. Eastman nämlich selbst: «Es handelt sich um eine völlig willkürliche Buchstabenkombination, die von keinem wirklich existierenden Wort irgendwie abgeleitet worden wäre. Sie wurde gefunden nach langer Suche nach einem Wort, das alle Anforderungen an ein Warenzeichen erfüllen würde; vor allem sollte es kurz, unverwechselbar in der Schreibung und von klarer und kraftvoller Schreibung sein.» (Zit. nach Mencken) Der Eastman-Biograph Ackerman fügt dem hinzu: «George Eastman suchte nach einem Wort, an das jedermann sich erinnern konnte und das jedermann nur mit Eastmans Produkt assoziieren würde. K übte eine besondere Anziehungskraft aus. Es war der erste Buchstabe des Familiennamens seiner Mutter. Es war ein fester und sperriger Buchstabe. Er glich keinem andern Buchstaben und war trotzdem leicht auszusprechen. Zwei K's schienen ihm (Eastman) besser als eines, und in einem Prozeß des Ausprobierens und Ausscheidens (von möglichen Kombinationen) schuf er Kodak.» (ebenfalls zit. nach Mencken)

In diesen Bemerkungen zur Entstehung von «Kodak» sind die wohl noch heute gültigen Grundsätze bei der Bildung von Markennamen in der Form von bedeutungslosen Buchstabenkombinationen

konzis zusammengefaßt: Kürze, Unverwechselbarkeit, Einprägsamkeit, Originalität. Die spezielle Werbeabsicht bei der Bildung
solcher Namen ist offenkundig. In der Geschichte der Markennamen scheint im übrigen George Eastman einer der ersten gewesen
zu sein, der ein komplett neu erfundenes Unsinnswort als Markennamen einführte, statt Namen aus irgendwelchen bereits bekannten Wörtern abzuleiten. «Kodak» ist in diesem Sinn eine Art Pio-
nierwort, ebenfalls in Bezug auf die Verwendung von K als speziel-
lem Markennamenbuchstaben. K eignet sich im Englischen
besonders deshalb dafür, weil es ein relativ seltener Buchstabe ist;
vor allem die Buchstabenkombinationen «ko-» und «-ak» kommen
sonst ausschließlich in Wörtern aus exotischen Sprachen vor. Im
Anschluß an «Kodak» entwickelte sich aber in den USA eine regel-
rechte Mode der Verwendung von K in Markennamen, sei es in
reinen Phantasiewörtern wie «Kevlar», «Tyvek» (Kunstfasern) oder
zur Verfremdung bekannter englischer Wörter wie in → «Kleenex»
oder → «Kool».

KOH-I-NOOR

Bleistifte/Schreibartikel. Der Markenname ist die leicht verän-
derte Schreibung von «Ko-hi-noor», dem Namen eines außergewöhnlich großen Diamanten, der sich im britischen Kronschatz
befindet. Als Bleistiftname stellt das Wort einen Prestigenamen
dar, der den Ruhm, den sein Vorbild besitzt, auf das Produkt übertragen soll.

KOLAMINT

Lutschpastillen mit Kola und Menthol, dem hervorstechenden
Geruchsstoff der Pfefferminze, engl. *«mint»*.

KOMMODORE

Automobilmodell → «Commodore».

KOMPENSAN

Mittel gegen Magenübersäuerung; es vermag die überschüssige
Magensäure chemisch zu «kompensieren».

KONICA

Japanische Kamera. Das Wort ist zusammengesetzt aus dem Firmennamen «*Koni*shiroku» und engl. «camera» «Fotoapparat».
«Konishiroku» seinerseits ist eine Verkürzung aus dem Namen des
ersten Firmengründers *Koni*shiya *Roku*bei.

KONSTRUVIT

Klebstoff, der in der Technik, beim «Konstruieren», verwendet werden kann.

KOOL

Zigarette. Die Zigarette enthält Menthol und besitzt deshalb eine kühl-erfrischende Geschmacksnuance; das wird durch ihren Namen angedeutet, der durch verfremdende Schreibweise aus engl. «cool» «kühl» (auch im übertragenen Sinn «kühl-überlegen») abgeleitet ist. Die Verfremdung durch Ersatz von C durch K ist im Amerikanischen ein beliebtes Mittel zur Bildung von Markennamen, man vergleiche auch etwa → «Kleenex».

KORALL

Waschmittel. In der Bundesrepublik Deutschland gebräuchliche Schreibung für → «Coral». Das Wort ist einer jener wohlklingenden Waschmittelnamen, bei denen, wie etwa bei → «Ajax» oder → «Fakt», ein Zusammenhang zwischen Name und Produkt nicht auszumachen ist.

KOSILI

Kindershampoo und -hautpflegemittel. Das Wort ist eine eigenartige Kombination aus engl. «cosy» «weich, sanft» in verdeutschter Schreibung und der schweizerischen Diminutivendung «-li».

KOUROS

Eau de toilette für Männer. Ursprünglich ist «kouros» ein griechisches Wort für «Jüngling». Noch heute gebräuchlich ist dieses Wort in der Kunstgeschichte für den Typus der Jünglingsstatue in der antiken griechischen Bildhauerkunst. Als Parfumbezeichnung soll das Wort, wenn es nicht überhaupt nur einfach unverständlich-vornehme Klassizität vermitteln will, wohl ein Idealbild des schönen, sportlichen jungen Mannes assoziieren.

KRESSI

*Krä*uter-*Essig.*

KRONE

Zigarette. Als typisches Signet des Adels spielt die Krone, wie z. B. auch die Zigarettennamen → «Lord» oder → «Peer», auf eine Welt des Adels an, die dem normalen Bürger einer Demokratie eher ferne steht, gleichwohl aber noch ein beträchtliches Prestige besitzt, was hier auch auf die Marke abfärben soll.

KRYSTLE

Parfum. Das Wort ist ursprünglich der Name einer Figur aus der amerikanischen Fernsehserie «Denver». Das Parfum stellt damit ein Beispiel für die Vermarktung dieser Serie in der Bekleidungs-, Schmuck- und Parfumindustrie dar.

KWAI

Knoblauchpräparat. Bei diesem Namen denken die Filmkundigen unwillkürlich an den berühmten Kriegsfilm «Die Brücke am Kwai» – und meinen wohl, diese Assoziation sei eher unsinnig, denn erstens tönen Medikamentennamen gewöhnlich ganz anders, z. B. so wie «Aspirin», «Katovit» oder «Boxacin», und zweitens: was hat die Brücke am Kwai mit einem Kräftigungsmittel zu tun? Doch weit gefehlt: Wider Erwarten ist dieses Markenwort tatsächlich von der «Brücke am Kwai» abgeleitet worden, und zwar mit der Assoziation, daß der Knoblauch, der für die Herstellung dieses Präparats verwendet wird, aus dem fernen China kommt, wo auch der River Kwai fließt, über den die berühmte Brücke gebaut wurde. Wohl ebenso wichtig wie diese Assoziation ist die Wortgestalt, welche kurz, auffällig, leicht einprägsam und eindeutig in der Aussprache ist.

KYNAR

Kunststoff (Polyvinylidendifluorid, d. h. abgekürzt PVDF). Der Name ist ein Phantasieprodukt. Die Wortgestalt dieses Namens kennzeichnet ihn als Kunststoffnamen einer neueren Generation von zumeist «computergebildeten» Namen, die vor allem k und y verwenden, zweisilbig sind und häufig die Endung -ar aufweisen (vgl. «Kevlar», «Mylar», «Tyvek», «Typar»).

K2R

Haushaltsreinigungsprodukte. Der Name ist ursprünglich in Italien als Marke eingeführt worden, und zwar im Anschluß an die Erstbesteigung des zweithöchsten Himalaja-Berges K2 (Tschogori) durch ein italienisches Bergsteigerteam im Jahre 1954. Die Marke war damals also eine Art patriotische Ehrung einer nationalen italienischen Höchstleistung – mit Blick auf einen entsprechenden Werbeeffekt natürlich. Der Buchstabe -r diente ursprünglich, neben Buchstaben wie -s, -v, als Unterscheidungsmittel für unterschiedliche Produkte.

VON LEGO BIS LUX

LA CHINOISE

Teigwaren. Wörtlich bedeutet frz. «La Chinoise» «die Chinesin».
Bekanntlich wurden die Teigwaren zuerst im fernen Osten erfunden; in Italien wurden sie um 1300 vom China-Reisenden Marco
Polo bekanntgemacht. Die Chines(inn)en können demnach auch
als Vorbilder jeder Teigwarenkultur gelten.

LA GRENOUILLE

Sportbekleidung. Frz. «la grenouille» bedeutet «Frosch». Wie in
→ «Frosch» repräsentiert dieses Tier vor allem Naturverbunden-
heit.

LA PRAIRIE

Hautpflegemittel → «Prairie».

LABELLO

Fett-Lippenstift. Das Wort ist eine Art italienische Verkleinerungsform zu lat. «labium» «Lippe».

LACALUT

Zahncreme, die *Alu*minium*lac*tat enthält.

LACTACYD

Mildes Waschmittel für empfindliche Haut, das Milchserum, lat.
«serum lactis», und Milchsäure, lat. «acidum lacficum», enthält.
Das -y- in der letzten Silbe anstelle des eigentlich zu erwartenden
-i- dient zur zusätzlichen Verfremdung des Namens zu einem
gelehrten Wort.

LACTO-VEGUVA

Säuglingsnahrung, die außer Milchbestandteilen auch Gemüse
enthält; der Name ist abgeleitet aus lat. «*lact*-» «Milch» und engl.
«*veg*etables» «Gemüse». Aus lat. «lact-» ist auch der Name «Lac-
tana» einer weiteren Säuglingsnahrung abgeleitet.

LADON

Seife. Der Name ist aus frz. «le don» «das Geschenk» abgeleitet; die
Abwandlung ergibt eine klanglich wirkungsvollere Wortgestalt.

LADORÉ

Schokolade. Der Name ist zusammengesetzt aus dem Tonfolge-Namen La – Do – Re; die dazugehörige Melodie ist auf der Packung abgebildet. Es handelt sich um einen Fall von Namengebung mittels Anspielung auf die Verpackung; der Name soll gleichzeitig dem Genuß dieser Schokolade einen musikalischen Beiklang verleihen. Zusätzlich enthält der Name den französischen Ausdruck «l'adoré» «der Angebetete, Bewunderte»; er läßt auch an «la dorée» «die Goldene» denken.

LADYSHAVE

Rasierapparat für Frauen. Der Name ist gebildet aus engl. «Lady» «Dame» und engl. «shave» «rasieren»; er spielt allerdings gleichzeitig auf das Gegenstück für Männer, nämlich → «Philishave», an.

LAGALGIN

Medikament der Firma *Lag*ap gegen Schmerzen (griech. «*alg*os» «Schmerz»). Die gleiche Firma produziert «Lagatrim» (→ «Bactrim»).

LAHCO

Bade- und Sportbekleidung. Der Name «Lahco» steht im Zusammenhang mit dem ursprünglichen Zweck der Firma, die anfänglich die Produktion und den Vertrieb der in den zwanziger Jahren hochgeschätzen «*Lah*mann'schen Gesundheitswäsche» betrieb. Die Endung «co» ist aus dem Zusatz «& Co.» abgeleitet.

LÄKEROL

Bonbon gegen Erkältungen. Der Name dieses schwedischen Produktes hängt mit schwedisch «*läka*» «heilen, pflegen» zusammen. Die Schlußsilbe «-rol» soll die medizinische Heilkraft dieses Bonbons unterstreichen.

LANACRYL

Eine Kunstfaser aus Acryl, die jedoch in ihren Eigenschaften nahe an die Wolle herankommen soll (lat. «lana» «Wolle») .

LANCER

Automodell. Engl. «lancer» bedeutet wörtlich «Lanzenträger»; speziell werden damit speerbewaffnete Kavalleristen, z. B. polnische Ulanen, bezeichnet, heute allgemein (schwere) Kavallerie. Der Name soll wohl Assoziationen an die Beweglichkeit und Schnelligkeit von Kavalleristen wecken und mit dem Automodell in Verbindung bringen.

LAND ROVER

Geländegängiger Personenwagen. Engl. «rover» heißt «Wanderer», «Pfadfinder». Die Zusammensetzung bezeichnet also die Eigenschaft dieses Wagens, auch über unwegsame Gelände sich einen Weg verschaffen zu können.

LANOSAN

Hautpflegemittel. Abgeleitet aus dem Namen «Lanolin» für ein aus Schafwolle (lat. «lana») extrahiertes öliges Fett (lat. «oleum»), und lat. «sanus» «gesund».

LARK

Zigarette. Wörtlich bedeutet das englische Wort «lark» «Spaß, Scherz». Fröhlichkeit soll offenbar auch diese Zigarette bei ihrem Genuß vermitteln.

LÄTTA

Kalorienarme Margarine. Schwedisch «lätta» heißt «(die) Leichte»; das Wort ist also eine verfremdete Übersetzung des englischen «light» als Bezeichnung von kalorienarmen Nahrungsmitteln.

LATTOFLEX

Bettgestell, das aus biegsamen, d. h. *flex*iblen *Latt*en besteht. Ein Beispiel für einen Namen, in dem ohne falsche Scham vor Sprachvermischung zwei deutsche Wörter mit einer lateinisch klingenden Endung -o- zu einer lateinisch klingenden Zusammensetzung verbunden worden sind.

LAUREL

Automobilmodell. «Laurel» ist einerseits ein englisch-amerikanischer Personenname, andererseits die englische Bezeichnung des Lorbeerbaums; Lorbeerzweige gelten seit dem Altertum als Siegeszeichen, was für ein Automobil natürlich ein sinniges Symbol ist.

LAVADA

Geschirrspülautomatenspülmittel. Aus frz./ital. «laver» «lavare» «waschen» mit Hilfe der spanischen Ableitungssilbe «ada» (die hier keinen Bedeutungsgehalt beiträgt) gebildet.

LAVAMAT

Waschautomat. Ableitung aus dem frz./ital. «laver» «lavare» «waschen» mit der Silbe «-mat» aus «Automat».

LE COQ SPORTIF

Sportartikel. Der französische Ausdruck heißt zu deutsch «der sportliche Hahn»; er bezieht sich auf den Hahn als ein Wahrzeichen Frankreichs.

LEBEWOHL

Hühneraugenpflaster. Der Name enthält ein doppeltes Versprechen und stellt insofern ein Wortspiel dar: Einerseits wird damit von den Hühneraugen Abschied genommen, andererseits wird dem Leidenden ein besseres Leben in Aussicht gestellt. Das Wort ist an sich nicht ein normales Substantiv, sondern eine ganze Gesprächsfloskel. Es gehört damit in die Reihe jener Warennamen wie «Nur die», «Nimm zwei», «Yes», «Thanx», die aus selbständigen Redewendungen abgeleitet sind.

LEGACY

Automodell. Englisch «legacy» bedeutet «Erbe, Vermächtnis»; als Autobezeichnung soll das Wort wohl auf die Ansprüche und das Elitebewußtsein anspielen, das als Erbe alter Traditionen weitergetragen werden soll und die auch bei diesem Automodell verwirklicht werden.

LEGERO

Turnschuhe. Das Wort gehört zu ital. «leggero» «leicht» und will diese Turnschuhe als besonders leicht charakterisieren.

LEGO

Kinderspielzeug aus Plastikwürfeln zum Zusammenstecken. Der Name dieses dänischen Produkts ist eine Verkürzung aus dänisch «*leg go*dt» «spiel gut!» Etwas übertreibend könnte man sagen, daß dieser Name die gleiche geniale Einfachheit und universelle Brauchbarkeit wie das Spielzeug selbst hat: Es ist ein Wort, das einprägsam und klangvoll ist, gleichzeitig aber auch in allen Sprachen und vor allem von Kindern aller Sprachen leicht ausgesprochen werden kann. Daß für Leute, die nicht dänisch können, der bedeutungsmäßige Hintergrund nicht durchschaubar ist, ist in solchen Zusammenhängen unwichtig.

LEGOLAND

Die Ausweitung von → «Lego» zu einem ganzen *Land* mit Bewohnern, Häusern, Fahrzeugen usw.

LEGUMA

Säuglingsnahrung, die Gemüse enthält. Der Name ist eine Bildung aus frz. «légumes» «Gemüse».

LEIBNIZ-KEKS

Kleingebäck. Die Markenbezeichnung sticht mit → «Kaffee Hag» unter den Markennamen dadurch heraus, daß sie gleichzeitig im Namen die direkte Benennung des Artikels enthält. Die Schreibung «Keks» ist eine Angleichung des ursprünglich englischen Wortes «cakes» an das Deutsche. Wenn heute der Duden nur «Keks» statt «Cakes» vermerkt, dann ist dies das «Verdienst» des Produzenten dieser Marke, der als erster diese Verdeutschung in der Schreibung durchführte. «Leibniz» wurde offenbar in Erinnerung an den großen deutschen Philosophen der Aufklärung Gottfried Wilhelm Leibniz (1646–1716) gewählt; Leibniz hat mehrere Jahrzehnte bis zu seinem Tod in Hannover, dem Produktionsort von «Leibniz-Keks», gelebt. Eine Art Markenzeichen ist auch die Bezeichnung «TET» für die Verpackung. Wörtlich ist «TET» bzw. die zugehörige Hieroglyphe das altägyptische Wort für «ewiges Leben», eine sinnige Assoziation zu einer Frischhaltepackung, die allerdings nur dem Ägyptologen zugänglich ist. Für den Durchschnitts-Verbraucher ist das Zeichen nur eine Art geheimnisvolle Verzierung.

LEICA

Fotoapparat. Der Name ist gebildet aus den Anfangsbuchstaben der Wörter *Lei*tz (Herstellerfirma) und *Ca*mera.

LEMOCIN

Lutschtabletten und Gurgelmittel zur Munddesinfizierung. Das
Mittel enthält u. a. Cetrimoniumbromid; der Bestandteil «cetrimo-
nium» des Namens des Stoffes ist etymologisch verwandt mit
«Zitrone»; «Zitrone» heißt auf englisch wiederum *lemon* .

LEMONSODA

Kohlensäurehaltiges Mineralwasser mit Zitronensaft. Das Wort ist
zusammengesetzt aus engl. «lemon» «Zitrone» und «Soda» «kohlensäurehaltiges Mineralwasser».

LENOR

Weichspüler. Der Name ist in Zusammenhang zu bringen mit dem
lateinischen Adjektiv «lenis» «lind, weich, mild» und bezeichnet die
weichmachende Wirkung des Mittels. Die gleiche Herleitung und
den gleichen Sinn hat auch der Waschmittelname «Lenis».

LETRAMA

Säuglingsnahrung, die aus Milch, frz. «lait», hergestellt wird und
nahrhaft wie Rahm ist.

LETRASET

Klebebuchstaben. Das Wort ist abgeleitet aus frz. «lettre» «Buchstabe» und engl. «set» «(zusammen-)setzen» .

LEUKOPLAST

Das erste hautverträgliche Wundheftpflaster (1901 auf den Markt
gebracht). Die Hautverträglichkeit wurde durch den Zusatz von
Zinkoxyd zu den klebenden Kautschuk-Harzen erreicht. Das Zinkoxyd verlieh den Pflastern im Unterschied zu den bisher bekannten Pflastern eine weiße Farbe. Daraus leitet sich auch die Namengebung ab: griech. «leukos» bedeutet «weiß».

LEVI'S

Jeans. Der Name dieser Marke führt auf den «Erfinder» dieser Art
von Kleidungsstück zurück, einen gewissen Levi Strauss, der um
die Mitte des 19. Jahrhunderts in Kalifornien als erster Hosen aus
Segeltuch, die mit Nieten «genäht» waren, für Trapper, Goldsucher
und andere harte Männer des Wilden Westens fabrizierte.

LEVURINETTEN

Hefekur-Tabletten. Das Wort ist gebildet zu frz. «levure» «Hefe» mit der Endsilbe «-ette», die, wie etwa bei «Nicorette», auf die Darreichung in Tablettenform hinweist.

LEXUS

Automodell. Das Wort «lexus» tönt lateinisch, bedeutet aber effektiv nichts. Allenfalls klingt es an «Luxus» an. Es stellt ein prägnantes Beispiel für einen neuerlich aufkommenden vornehmen Tonfall in der Namengebung für neue Automobilmodelle dar, indem der griechisch-lateinische Wortklang als Prestigemittel für ein technisches Produkt verwendet wird. Ähnliche Beispiele sind etwa → «Taurus», → «Omega», → «Clio».

LIEKEN-URKORN

Brot/Gebäck. Die Phantasiebildung «Urkorn» soll die Verwendung von unverfälschtem, in seiner ursprünglichen Kraft und Gesundheit belassenem Getreide als Qualitätsmerkmal dieser Gebäcke andeuten. In der Vorsilbe «Ur-» verbindet sich gleichzeitig der Gedanke an Ursprünglichkeit, althergebrachtes, traditionsbewußtes Herstellungsverfahren mit der Idee, daß das Ursprüngliche, Althergebrachte das Bessere ist (im Vergleich zu den technisierten, unnatürlichen Produktionsmethoden der Gegenwart).

LIFE

Zigarette. Das englische Wort «life» «Leben» ist hier, wie bei → «Time», weniger wegen seiner eigentlichen Bedeutung als in Anspielung an eine berühmte Zeitschrift gewählt worden. In Verbindung mit dem Zeitschriftennamen assoziiert das Wort den Anschluß an das moderne Leben, den man mit dieser Zigarette finden kann.

LIFT

Limonadengetränk. Wie der Pfeil nach oben im Logo «Lift» andeutet, hängt dieser Phantasiename mit dem englische Verb «to lift» «heben, steigern» zusammen; er verspricht, daß mit diesem Getränk die Stimmung gehoben wird.

LIMAX

Schneckenkörner. «Limax» ist eigentlich das lateinische Wort für «Schnecke». Ebenso nahe liegt die Ableitung zum daraus entstandenen französischen Wort «limace» «Schnecke» wobei die Endsilbe «-ax» das Mittel als chemisches Produkt charakterisieren soll.

LIMELITE

Kalorienarmes Mineralwasser mit Zitronen-/Orangenaroma. Das Wort spielt orthographisch mit den englischen Wörtern «lime» «Limone» und dem wie «lite» ausgesprochenen «light», «leicht», was seit einiger Zeit eine gebräuchliche Kennzeichnung aller Arten von kalorienarmen Nahrungsmitteln ist. Die Zusammensetzung ergibt schließlich eine Anspielung an den berühmten Film «Limelight» («Rampenlicht, Bühnenlicht») (1952) von Charlie Chaplin.

LINDA

NTA-freies Waschmittel. An sich ist «Linda», wie «Yvette» der gleichen Firma, ein Frauenname. Beide bilden damit ein Namenspaar. Gleichzeitig klingt in Linda aber auch das Adjektiv «lind» «weich, sanft» an, was auf die Wirkung dieses Waschmittels anspielt.

LINDOR

Schokolade. Diese Schokolade ist ein Konkurrenzprodukt der Firma *Lindt* & Sprüngli zum Erfolgsprodukt «Frigor», worauf klanglich mit der Übernahme der Endsilbe «-or» angespielt wird. Gleichzeitig weckt das Wort Assoziationen an «lind» «weich» und suggeriert einen zarten Schmelz der Schokolade.

LINEA

Kalorienarme Margarine, welche Ihnen hilft, ihre gute *Lini*e zu bewahren.

LITE ACE

Automobil. Das Wort ist wie engl. «Light ace» auszusprechen und zu verstehen und bedeutet somit «leichtes As» (im Kartenspiel); der Ausdruck ist nur verständlich, wenn wir seine Verwandtschaft mit → «Hiace» (= «hohes As») kennen und wissen, daß «Lite Ace» eine kleinere, «leichtere» Version des Schwestermodells Hiace ist; «Lite Ace» ist also eigentlich eher als eine Verkürzung aus «Light Hiace» zu interpretieren.

LIZ

Waschmittel. Phantasiewort, das in seiner Einsilbigkeit sich als Name für ein Reinigungs- oder Waschmittel ausweist; usprünglich ist es als Umkehrung von «Sil» – seinerseits zu → «Persil» – als Defensivzeichen (zum Schutz vor der Inanspruchnahme für Konkurrenzprodukte) als Marke eingetragen worden. Das -z am Wortende verleiht dem Wort einen zusätzlichen Touch von Extravaganz.

LOCKWELL

Haarshampoo. Das eher englisch tönende Wort ist aus den guten deutschen Wörtern *Locke* oder *lock*er und *Well*e zusammengesetzt, verspricht also luftig-locker gewelltes Haar.

LOCTITE

Klebstoft. Das Wort ist eine orthographisch verfremdete Zusammenfügung aus den englischen Wörtern «(to) lock» «schließen, sperren» und «tight» «dicht, fest». (Im Englischen werden «tight» und «tite» genau gleich ausgesprochen.) Der Name verspricht somit einen gut haftenden Klebstoff.

LOPRESOR

Medikament, das u. a. gegen zu hohen Blutdruck eingesetzt werden kann und so einen niedrigen Blutdruck, engl. «low pressure», herbeiführen hilft. Der Name ist also in einer originellen, ein wenig an Pidgin erinnernden Weise so aus einem englischen Alltagsausdruck abgeleitet worden, daß ein eher lateinisch, jedenfalls gelehrt-wissenschaftlich klingendes Wort entstanden ist.

LORD

Zigarette. Engl. «Lord» ist ein britischer Adelstitel. Als Markenname spielt «Lord» somit wie → «Peer» oder → «Ambassador» auf eine vornehme Welt an, welcher der Durchschnittsbürger sich wenigstens zigarettenrauchend annähern kann.

L'ORÉAL

Parfums und Körperpflegemittel. Nach Mundt (1981, S. 244) gebildet aus frz. «*l'or réal*» «das königliche (= dem König vorbehaltene) Gold».

LORSO

Milchpulver. Das Produkt wird hergestellt von der Berner Alpen-Milchgesellschaft. Das Berner Wappentier ist der Bär, ital. «l'orso», der hier versteckt auch den Namen gegeben hat.

LOTUS

Toilettenpapier. Die Lotus- oder Lotospflanze, eine Art Seerose, ist seit dem Alten Ägypten in Religion und Kunst des Orients ein wichtiges Symbol für Göttliches. In Ägypten war sie Attribut der Götter Osiris und Isis; im Fernen Osten wird z. B. Buddha auf einer Lotosblüte dargestellt. Von all diesen bedeutsamen Verknüpfungen bleibt bei der Verwendung des Wortes für ein Toilettenpapier nur noch die Erinnerung übrig, daß es sich bei dieser Blume um etwas Fernöstliches, Poetisches handeln müsse. Die poetische Überhöhung, die ein so banaler, leicht peinlicher Gegenstand wie ein Toilettenpapier damit erfährt, läßt sich vergleichen mit der Verwendung von Wörtern wie → «Camelia» oder → «Paloma» für gleichartige Produkte.

LOULOU

Parfum. Das Wort ist an sich eine familiäre Abwandlung des Namens *Louise*. Durch die Erinnerung an die Titelheldin von Alban Bergs berühmter Oper «Lulu» erhält der Name aber die erwünschte Assoziation an die betörende, sinnliche femme fatale, zu welcher dieses Parfum die Frau macht.

LOYAL

Hundefutter. Das Wort «loyal» ist eigentlich ein Lehnwort aus dem Französischen mit der Bedeutung «treu, zuverlässig». Es ist also einer jener Hundefutternamen, die eine positive Eigenschaft von guten Hunden benennen. Andere derartige Wörter sind etwa → «Frolic», → «Trim», → «Pal».

LUCKY STRIKE

Zigarette. Der Ausdruck ist englisch und bedeutet wörtlich «glücklicher Schlag», wobei «strike» in der Wendung «to strike a match» sich auch auf das Anzünden eines Streichholzes beziehen kann. Im allgemeinen denkt man aberbei einem «lucky strike» wohl am ehesten an den glücklichen Schlag, den der Schmied seines eigenen Schicksals tut, wenn er das Eisen schmiedet, wenn es noch warm ist. Wer aber «Lucky Strike» raucht, der tut wohl, wenn er ein Streichholz anzündet, einen wahren Glücksstreich: Er genießt eine besonders gute Zigarette.

LUMINAL

Schlafmittel; der Name ist abgeleitet aus lat. «lumen» «Licht». Das Medikament hat diesen Namen in Anlehnung bzw. als eine Art lateinische Übersetzung zum Namen des darin enthaltenen Wirkstoffes Phenobarbital erhalten: «Pheno» bzw. das zugrundeliegende Phenol ist nämlich in Beziehung zu bringen zum griechischen Verb «phainestai» «leuchten, erscheinen» (vgl. dazu auch die Silbe «-phan» in → «Cellophan»); Phenol heißt im übrigen so, weil es erstmals bei der Leuchtgasgewinnung entdeckt wurde. «Luminal» hat letztlich also nichts mit «Licht» im eigentlichen Sinn zu tun, sondern beruht auf einer rein wörtlichen Übersetzung chemischer Namen.

LUMINARC

Gläser der Firma «Verrerie cristallerie d'Arques (in der französischen Stadt Arques). «Arc» – mit der Bedeutung «Bogen» – ist eine orthographische Umdeutung des Ortsnamens, «Luminarc» ist verkürzt aus frz. «lumineux» «strahlend, glänzend», (als Qualitätsmerkmal von Glas).

LUMOCOLOR

Filzstifte für Tageslichtprojektoren. Der Bestandteil «Lumo» ist abzuleiten aus lat. «lumen» «Licht» (wobei die Endung -o hier grammatisch fehl am Platz ist, da das «-en» in «lumen» zum Stamm gehört und nicht abgetrennt werden kann); der zweite Teil «-color» ist ebenfalls lateinisch und bedeutet «Farbe». Der Name soll andeuten, daß sich mit diesen Filzstiften lichtdurchlässige Zeichnungen machen lassen, die für Tageslichtprojektoren geeignet sind.

LUNDIA

Regelsystem aus der Stadt *Lund* in Schweden.

LUPOLEN

Kunststoff. Der Name ist gebildet aus *Lu*dwigshafen (dem Produktionsort) und dem Namen des Grundstoffes *Poly*äthy*len*.

LUVS

Papierwindeln. Das Wort ist eine orthographisch-grammatische Verfremdung zu engl. «love» «Liebe», «mein Liebes»: im Englischen wird «luve» ausgesprochen wie «love».

LUWASA

Hydrokultursystem. Das Wort ist zusammengesetzt aus den Wörtern «*Luft*» und «*Wasser*» entsprechend dem Prinzip der Hydrokultur, daß Pflanzen zum Leben (neben Nährstoffen) nur Luft und Wasser benötigen.

LUX

Seife und Zigarette. Der heutige Name «Lux» der Seife ist eine Verkürzung aus einem früheren «Luxor». Beides hat aber weder mit lat. «lux» «Licht» noch mit dem ägyptischen Tempelort Luxor zu tun, sondern ist hergeleitet aus «luxuriös» bzw. engl. «luxurious», was im Englischen mehr noch als einfach «teuer» (wie im Deutschen) auch «Überfluß» und «Wohlbehagen» beinhaltet. Beides soll wohl im Konsum sowohl der Seife wie der Zigarette vermittelt werden.

LYCRA

Kunstfaser. Der Name entstand aus einer Vertauschung/ Umkehrung der Buchstabenreihenfolge von Acryl, dem Grundmaterial dieser Kunstfaser.

LYSEEN

Krampflösendes Medikament. Der Name ist gebildet zu griech. «ly(s)» – «lösen». Die Endsilbe «-een» entspricht der sonst üblichen Endsilbe «-en» in Medikamentennamen wie «Doriden», «Merfen», «Ovulen». Die Verdoppelung des -e erfolgte offenbar, um die Aussprache des Wortes eindeutiger zu machen, ähnlich wie bei → «Panteen».

VON MAIZENA BIS MY WAY

MAALOXAN

Mittel gegen Magenübersäuerung. Es enthält als Wirkstoff v. a. *Mag*nesium hydroxalum und *Al*uminium hydro*x*atum.

MACH MIT

Besonders umweltverträgliche Haushaltspapiere/Papiertaschentücher. Der Name gehört zu den Produktebezeichnungen, die die Form einer Aufforderung haben (→ «Denk mit», → «Nimm zwei», → «post-it»). Gemeint ist hier: «Mach mit beim Umweltschutz – kauf mich!»

MACINTOSH

PC-Modell der Marke → «Apple». Die Wahl dieses ungewöhnlichen Namens wird verständlich, wenn man weiß, daß «Macintosh» eigentlich eine in Amerika recht bekannte Apfelsorte bezeichnet.

MADRIBON

Schmerz- und Fiebermittel. Der Name hat eine längere Geschichte, deren Verlauf bezeichnend für manche Aspekte der heutigen Warenzeichenverwendung ist. In einer ersten Version lautet das Wort «Maribon»; es war allerdings nicht als Name für ein Schmerzmittel, sondern für ein Mittel gegen Reisekrankheit gedacht. Der Name leitete sich ab aus lat. «mare» «Meer» und lat. «bonus» «gut» und sollte die Bedeutung «gut auf dem Meer» beinhalten. Das Produkt gelangte allerdings nie auf den Markt; vielmehr wurde der Name später in der leicht geänderten Form «Madribon» als Warenzeichen für ein Vitamin-Präparat wieder aufgegriffen; in dieser Form spielt das Wort auf die Bedeutung «gut für die Mutter» zu ital. «madre» «Mutter» an, weil das Präparat sich besonders für werdende Mütter anbot. Auch dieses Präparat wurde kein Erfolg und verschwand wieder. Der Name war aber als eingetragenes Warenzeichen ein geschütztes Wort und konnte so von der Firma weiter verwendet werden. Er wurde denn auch anschließend auf ein neues Sulfonamid übertragen.
Die Geschichte dieses Namens läßt sichtbar werden, wie Markennamen vor allem in der pharmazeutischen Industrie eher eine Investition als ein bedeutungshaltiges Wort darstellen. Als Investition (die internationale Eintragung eines Wortes als geschütztes Warenzeichen kostet ja jedesmal erhebliche Summen) muß ein Warenzeichen auch wenn möglich wirtschaftlich genutzt werden. Im vorliegenden Fall geschah das durch Weiterverwendung eines bereits geschützten Warenzeichens für ein neues Produkt. Das geht natürlich nur, wenn der Name selbst keine besondere Bedeutung hat oder von einer eventuellen ursprünglichen Bedeutung

wegkommt. Dem kommt die Willkürlichkeit der Namenbildung z. B. in der heutigen chemischen Industrie entgegen.

Eine vergleichbare Geschichte hat z. B. auch der Zahnpastaname → «Aronal», der früher einmal der Name für Haarpflegeprodukte gewesen war.

MAGA

Waschmittel. Der Name ist ein Phantasiewort, das die Klangfülle des -a- und die Weichheit von M- und -g ausnutzt, um ein angenehmes, sanftes Klangbild zu erzeugen.

MAGENAL

Medikament zur Behandlung von *Magen*leiden. So direkt aus dem Deutschen abgeleitete Arzneimittelnamen sind ziemlich selten. «Magenal» wird allerdings durch die Schlußsilbe «-al» so weit verfremdet, daß die Ableitung aus dem Deutschen auf den ersten Blick kaum mehr bemerkt wird. Unmittelbarer (um nicht zu sagen penetranter) tönt das deutsche Ursprungswort Darm im an sich genau gleich gebildeten Namen des Abfuhrmittels → «Darmol» an.

Mit einer aus dem lat. Adjektiv «sanus» «gesund» abgeleiteten Endsilbe ist ähnlich der Name → «Handsan» für eine Handcreme entstanden.

MAIZENA

Maisstärkepuder. Das Wort ist herzuleiten von der englischen Schreibweise «maize» für «Mais»; dieser Wortstamm wurde in geläufiger Weise mit einer lat. Endung «-ena» versehen .

MAKATUSSIN

Hustenmittel (lat. «tussis» «Husten»), das von der Firma *Mack* hergestellt wird.

MAK BIANCO

Waschmittel. Der Name imitiert das Radebrechen des Italieners, der sagen will «macht bianco = weiß». Der Ausdruck ist also ein grotesk verfremdeter Werbespruch, zugleich eine Art Gag, allerdings auf Kosten von Gastarbeitern, was ihn nicht als besonders geschmackvoll erscheinen läßt.

MALAGA

Automobilmodell → «Ronda».

179

MALAN

Farben. Eine einfache Ableitung zu «anmalen» bzw. zur Befehlsform «Mal an!», die andererseits mit der Endung «-an» auch einen
wissenschaftlichen Anstrich besitzt.

MALFIX

Pinsel. Das Wort ist zusammengesetzt aus «malen» und «fix»
«schnell».

MALI

Fingerfarben. Der Name ist eine Ableitung aus «*mal*en» mit der
umgangssprachlich-familiären Ableitungssilbe «-i».

MALIBU BEACH

Badeanzuge. Malibu ist ein mondäner Badeort in der Nähe von Los
Angeles und Hollywood, und insofern steht der Name für eine
Traumwelt, die dem normalen Europäer nicht bzw. nur indirekt
über den Kauf eines solchen Badeanzuges erreichbar ist.

MALTESER

Schokokugeln, die Malzzucker enthalten. Der Name hat nichts mit
Malta oder Malteserrittern zu tun, sondern ist aus engl. «malt»
«Malz» gebildet, obwohl wahrscheinlich der Anklang an die ande-
ren Wörter als Gedächtnisstütze nicht unbeabsichtigt ist.

MAMA STEINFELS

Schmierseife. Wie etwa bei → «Der General» oder → «Meister Proper» wird hier im Namen eine Kunstfigur benannt, die als Muster-
helfer im Haushalt auftreten kann; «Steinfels» ist hier gleichzeitig
der Firmenname des Produzenten. Die Figur der «Mama Steinfels»
erinnert hier speziell an die gute alte Zeit, als die Mutter noch mit
Schmierseife geputzt hat und die mit diesem Produkt wieder auf-
erweckt werden kann.

MANESSE

Buchverlag/Buchreihe. Der Name ist übernommen von der
berühmten Manessischen Handschrift, jener mit prachtvollen
Miniaturen illustrierten Sammlung mittelhochdeutscher Lyrik, die
angeblich im 14. Jh. vom Zürcher Aristokraten Rüdiger Manesse in
Auftrag gegeben worden war.

MANTA

Automodell. Manta, oder genauer Mantarochen, ist ein Fisch aus der Klasse der Knorpelfische (zu denen auch die Haie gehören), die sich durch einen breiten, flachen Körperbau mit flügelartigen Seitenflossen auszeichnen. Ein sportliches Auto nach diesem Fisch zu benennen, beruht wohl auf dem Erscheinungsbild: Sportwagen sind heute eher breit und niedrig; zudem erinnert die Fortbewegung des Fisches mit den breiten Seitenflossen an das Fliegen von Vögeln – auch das ist bei Sportwagen eine attraktive Vorstellung.

MAOAM

Bonbon. Der Name ist die lautliche Wiedergabe eines besonders begeisterten Ausrufes «Mmm!» beim Anblick dieser Bonbons; gleichzeitig hat das Wort einen perfekten spiegelbildlichen Aufbau: Als MAOAM geschrieben liest es sich von vorne wie von hinten genau gleich, und der hintere Teil ist auch optisch die genaue Spiegelung des vorderen Teils, wenn man die Spiegelungsachse durch das O in der Mitte legt.

MAQUIMAL

Make up. Zu frz. «maquiller» «schminken». Die Endsilbe «-mal» ist ein Beispiel für technisch klingende Wortbestandteile in Bereichen, wo dies an sich wenig sinnvoll erscheint.

MARC O'POLO

Bekleidungsmarke. Natürlich ist das Wort abgeleitet aus dem Namen des berühmten venezianischen Chinareisenden Marco Polo (1254–1324). Die Umschreibung ergibt einen Namen, der typisch irisch aussieht. Das Resultat ist ein Markenzeichen, das sprachlich nicht mehr genau lokalisierbar ist bzw. die prestigebeladenen Modesprachen Italienisch und Englisch in beiderseitiger Verfremdung kombiniert und internationales Flair ausstrahlt.

MARKIES

Hundekuchen mit *Mark*knochen.

MAROCAINE

Zigarette. Der Name ist ein französisches Adjektiv mit der Bedeutung «marokkanisch», «Marokkanerin». Er ist wohl, wie etwa → «Camel» oder → «Mehari», aufgrund des einstmals bestehenden Prestiges von Orienttabaken aus dem Vorderen Orient und Nordafrika übernommen worden.

MARPOL

Steinpflegemittel, mit dem man u. a. auch *Mar*mor *pol*ieren kann.

MARVELON

Empfängnisverhütendes Mittel, das offenbar das Leben «wunderbar» engl. «*marvel*lous» macht oder «wunderbar» wirkt. (In den USA ist «Marvelon» eine selbstklebende Tapete, ebenfalls augenscheinlich «a marvellous thing»; hier klingt zusätzlich der Name «Nylon» an.)

MARY LONG

Zigarette. Auf den ersten Blick handelt es sich bei diesem Namen um einen ganz gewöhnlichen Frauennamen, wie er auch bei anderen Zigarettenmarken wie etwa → «Stella» oder → «Eve» gewählt worden ist. Darauf deutet auch die – mit den Jahren etwas altmodisch gewordene – Abbildung einer chic frisierten jungen Frau auf der Packung hin. Im Namen versteckt liegen ursprünglich jedoch auch sachliche Informationen: Es handelt sich um eine Zigarette aus Maryland-Tabaken in besonders langem Format (engl. «long»).

MAXI MIX

Cocktailgebäck-Gemisch. Das Wort ist eine ziemlich simple Kombination von «maxi(mal)» und engl. «mix» «mischen»; ihr Reiz besteht in der dichten lautlichen Abfolge und Mischung von nur vier Buchstaben, nämlich m, a, i und x.

MAXIVIT

*Vit*aminpräparat, das *max*imal wirkt (oder die Vitamine in einer maximalen Kombination enthält).

MAYFLOWER

Rauchtabak. «Mayflower» war der Name des Schiffes, auf dem 1620 die sog. «Pilgerväter» von Plymouth in England nach Neuengland fuhren und dort mit Plymouth die erste Kolonie Neuenglands gründeten. In dieser Tat ist ihre Bedeutung für die Geschichte der USA und der Ruhm des Schiffs «Mayflower» begründet. Als Tabakname hat «Mayflower» in dieser Hinsicht vor allem die Funktion eines Prestigewortes; auf der anderen Seite ist es auch einer jener Namen für Tabake, die auf die Schiffahrt Bezug nehmen und so das Pfeifenrauchen mit Freiheit und männlicher Abenteuerlust in Verbindung bringen.

MAZDA

Japanische Automarke. Der Name ist hergeleitet aus den Namen des Firmengründers «Matsuda»; von der deutschen Aussprache her gesehen ist dies eine genaue phonetische Wiedergabe der Aussprache des Namens; im Japanischen wird in «Matsuda» das «-u-» nicht ausgesprochen.

MECCARILLO

Zigarillo. Der Name ist ein Phantasiewort, in dem aber die Endung «-illo» an die Produktebezeichnung «Zigarillo» anklingt. Von der Lautstruktur her stellt das Wort eine Sprachmischung dar, indem eine Laut- und Buchstabenkombination «Mecca-» nur im Italienischen vorkommen kann, «-illo» aber eine spanische Endung ist.

MECLOPRAN

Medikament gegen Übelkeit (Reisekrankheit), das als Wirkstoff *Metoclopra*mid enthält.

MEDIA

Strümpfe. Der Name ist genommen von span. «media» «Strumpf».

MEDIMA

Speziell wärmende Unterwäsche für Rheumakranke usw. Der Name ist gebildet aus den Anfangselementen der Bezeichnung in einer Art Slogan «*Med*izin in *Ma*schen».

MEDINAIT

Erkältungssaft («*Medi*zin») für die Nacht, (engl. «night», «Nacht», gesprochen «nait»).

MEFIT

Präparat gegen Gliederschmerzen. Der Name ist an sich eine Phantasieschöpfung, was nicht hindert, daß man bei der zweiten Silbe unwillkürlich an «fit» (= «gesund») denken kann.

MEHARI

Zigarillo-Marke, Automodell. Gemäß Werbung «aus den dämmrigen Tälern Kameruns. In Karawanen von Tamanrasset. Durch den glühenden Sand des Wadi Igharghar». Zu dieser Beschwörung der geheimnisvoll-fremden Karawanenwelt Afrikas paßt der Name «Mehari», der eine arabische Bezeichnung des schnellen Reitdromedars ist. Mit diesem Benennungsmotiv schließt sich die Marke Mehari an Zigarettenmarken wie → «Camel» und → «Marocaine» an; sie entstammt letztlich einer Zeit, in der die bevorzugten Lieferländer Europas für Tabak noch die Länder des Nahen Ostens und Nordafrikas waren. (Aus Kamerun allerdings dürfte wohl nie Tabak nach Europa geliefert worden sein; hier übertreibt die Werbung ein wenig.). Mehari hieß auch ein Automodell der Firma Citroën, das als wüstentauglich angepriesen wurde.

MEISTER PROPER

Universalreiniger. Das Wort benennt eine Art Kunstfigur,die hilft, den Haushalt sauber zu machen. Als «Meister» ist der Helfer unschlagbar; das Wort «proper» «sauber, ordentlich» benennt direkt die Sauberkeit als seine Haupteigenschaft

MELBROSIA

Stärkungsmittel aus Naturstoffen welche die Bienen produziert haben (fermentierte Pollen und Gelée Royale). Das Wort ist zusammengesetzt aus lat. «mel» «Honig» und griech. «(am)brosia» «Götterspeise der griechischen Götter».

MELISANA

Klosterfrau Melissengeist. Der Name ist eine überlappende Konstruktion aus *Melis*se und lat. *«sana»* «gesund».

MELITTA

Kaffeefilter. Der Name dieses Produkts ist übernommen vom Vornamen der Erfinderin der Filtermethode mit Papierfilter, Melitta Bentz, die dieses Verfahren 1908 entwickelte .

MENTADENT

Zahnpasta. Der Name ist zusammengesetzt aus lat. «ment(h)a» «Pfefferminze» (was wohl auf den Pfefferminzgeschmack hinweisen soll) und lat. «dent-» «Zahn».

MENTOS

Bonbons mit Pfefferminzgeschmack; zu lat. «ment(h)a» «Pfefferminze»; die griechisch anmutende Endsilbe «-os» soll, wie etwa bei
→«Plantos», einen zusätzlichen exotischen Anstrich verleihen.

MEPHISTO

Schuhe. «Mephisto» ist bekanntlich der Name, unter dem der Teufel in Goethes Faust auftritt. Eine besondere Beziehung zu Schuhen hat der Teufel allerdings nicht. Sein Name kam hier eher als
eine ziemlich spezielle Sorte von Prestigewort (er zeigt eine
gewisse literarische Bildung) als Markenname zu Ehren.

MERCEDES

Markenname für verschiedene Objekte, u. a. eine Zigarette. Am
berühmtesten ist aber wohl die Automarke. Ursprünglich ist Mercedes ein spanischer Mädchenname (eine Verkürzung aus dem
Namen des Festes «Maria de Mercede redemptionis captivorum»
«Maria von der Gnade der Gefangenenerlösung»). Das ist wohl
auch der Ausgangspunkt seiner Verwendung als Zigarettenname,
wo fremdländische Frauennamen ja nicht selten sind, vgl. etwa
→«Eve», →«Arlette» und →«Kim». Wie kommt aber eine deutsche
Automobilmarke zu einem spanischen Mädchennamen? Was so
romantisch anmutet, hat eine ganz konkrete Geschichte als Hin-
tergrund: Einer der wichtigsten Kunden des Autoproduzenten
Gottlieb Daimler war der Großhändler Emil Jellinek, der Daimler-
Automobile nach Frankreich und Österreich exportierte. Er
benannte diese Automobile, weil ihm «Daimler» zu prosaisch
tönte, nach seiner Tochter Mercedes. (Schon die Idee, die Tochter
Mercedes zu nennen, deutet ja auf eine leicht poetische Ader hin.)
Später überließ Jellinek Gottlieb Daimler den Namen für alle seine
Fahrzeuge, und zusammen mit dem ebenfalls berühmten Stern
brachte Daimler den Namen 1926 auch bei der Fusion mit der
Firma Benz zur heutigen Daimler-Benz AG als Markenzeichen
ein.

MERFEN

Desinfektionsmittel, das den Wirkstoff Phenylquecksilberborat
enthält. Der erste Teil des Namens ist abgeleitet vom lateinischen
Namen *Merc*urius für «Quecksilber», «-fen» ist eine Vereinfachung
der Anfangssilbe der Stoffbenennung *Phen*(yl...).

MERFLUAN

Zahnreinigungsmittel, das *Meer*salz mit *Fluor* enthält.

MERIAN

Zeitschrift, die vor allem Städte, Länder und Reisethemen behandelt. Im Namen wird angespielt auf den bekannten Radierer und Illustrator Matthäus Merian d. Ä. (1593–1650), der zahlreiche berühmte Abbildungen von europäischen Städten schuf und sozusagen zum Vorläufer der Zeitschrift wurde.

META

Anzünd- und Brennwürfel. Ursprünglich bestand das Produkt aus «*Meta*ldehyd», woraus auch der Produktename abgeleitet worden ist. Weil sie giftig ist, wurde die Substanz später durch andere, ungiftige ersetzt. Der Name hat überlebt; das zeigt, daß die Produktidentität mehr durch die Verwendungsmöglichkeit als Trokkenbrennstoff als durch die chemische Zusammensetzung gewährleistet ist. Wenn der Verwendungsbereich und die Erscheinungsform gleich bleiben, bleibt auch das Produkt das gleiche, selbst wenn sich seine chemische Natur grundlegend ändert.

METABO

Heimwerkzeuge, bes. Bohrmaschinen. Der Name ist eine Verkürzung aus «*Meta*llbohrdreher», der ursprünglichen Bezeichnung in den zwanziger Jahren für handbetriebene Bohrmaschinen, was damals das erste Produkt dieser Firma war.

METAMUCIL

Verdauungsregulierendes Mittel, das einen schleimigen Grundstoff (lat. «*muc*us» «Schleim») enthält. «Meta» scheint eine sinnleere Füllsilbe zu sein.

METYLAN

Kleister aus Metyl-Zellulose.

MEZZO-MIX

Alkoholfreies Getränk, das aus Orangenlimonade und Coca-Cola gemischt ist; dies wird auch im Namen angedeutet, der aus ital. «mezzo» «halb (und halb)» und engl. «mix» «mischen» gebildet ist.

MICHELANGÉLOZ

Männermode. Der Name erinnert in seiner Bildungsweise an
→ «Marc O'Polo»: Der Name einer berühmten historischen Persönlichkeit, hier des italienischen Renaissance-Künstlers Michelangelo Buonarrotti, wird durch Übertragung in eine andere Sprache,
hier das Französische, modisch verfremdet, so daß man meinen
könnte, es handle sich um einen berühmten Pariser Modeschöpfer.

MICRA

Automobilmodell. Der Name ist eine latinisierte, d. h. zusätzlich
orthographisch aufgemöbelte und mit der Endung «-a» feminisierte Wortform zum griechischen Wort «mikros» «klein». Ohne
Zweifel bildet diese Bedeutung nur einen Aspekt im Sinn des
Namens, auch wenn es sich tatsächlich um einen Kleinwagen
handelt. Ebenso wichtig ist aber die Assoziation an die Mikrotechnologie, z. B. Elektronik, welche in den achtziger Jahren zum Inbegriff technischer Höchstleistungen geworden ist. Mit dem Namen
«Micra» sollen auch Verbindungen zu diesem prestigeträchtigen
Bereich der neuen Technik hergestellt werden. In dieser Hinsicht
und in Bezug auf die Bildungsweise ähnelt der Name Micra dem
Automodellnamen → «Jetta» oder dem Skimodellnamen → «Astro»;
ebenfalls ist er der erste Vertreter einer Gruppe von Automobilnamen, die daneben noch Wörter wie → «Vectra», → «Tempra» usw.
aufweist.

MICROGYNON

Empfängnisverhütungspille; gebildet aus griech. «mikros» «klein»
(damit auf die relative Kleinheit der Dragees anspielend) und
griech. «gynê» «Frau».

MIDO

Uhren. Nach Firmenangaben leitet sich das Wort aus span. «medo»
«ich messe (die Zeit)» ab.

MIGRALEVE

Migränemittel, das die *Migrä*nebeschwerden leichter erträglich
macht (lat. «*lev*is» «leicht, sanft», lat. «levare« «leichter machen»
«befreien»). Der Wortanfang von «Migräne» ist auch sonst sehr
beliebt in Namen für Migränemittel, so z. B. bei «Migrexa» (mit lat.
«ex» «aus, weg»), «Migril», «Migristene», «Sandomigran» (ein Produkt der Firma Sandoz).

MILBONA

Handelsmarke für «gute» (lat. «*bon*us») *Mil*chprodukte.

MILDE SORTE

Zigarette → «Ernte 23».

MILETTE

Wegwerfwindeln der Firma *Mi*gros. Das Wortende «-lette» ist ein typisches Verkleinerungselement, das auf die Babys als «Verbrauchergruppe» hindeutet.

MILKA

Schokolade. Das Wort ist gebildet zu engl. «milk» «Milch» und bezieht sich auf das besondere Qualitätsmerkmal des Produkts, Milchschokolade zu sein.
Eine fast identische Bildung, nur mit einer etwas längeren Endung, ist der Käsename «Milkana».

MILKY WAY

Schokoladeriegel. «Milky way» ist das englische Wort für «Milchstraße». Die dunkelblaue Packung ist tatsächlich wie ein Nachthimmel mit Sternen übersät. Der Produktname spielt damit, ähnlich wie bei → «Heliomalt», ebenso auf die Packung wie auf den Inhalt an. Mit «Milky» wird aber gleichzeitig auch auf den Milchgehalt dieser Milchschokolade hingewiesen. Als ganzes stellt der Name also ein Wortspiel dar, das auf der Doppeldeutigkeit des Wortes Milky in dieser Kombination beruht.

MILROSE

Hautpflegmittel, duftend wie tausend (frz. *mil*le) *Rose*n.

MILUPA

Kindernahrung. Das Wort ist an sich eine Phantasieschöpfung, wobei im ersten Teil *Mi*lch anklingen mag.

MINI GOLF

Zigarren. Der Name ist eine Parallelbildung zur ursprünglichen Marke → «Golf Club» und charakterisiert diese Marke somit als die kleinere Schwester zu «Golf Club».

MINIKAL

Schlankheitsdiät, die *mini*mal *Kal*orien enthält.

MINIL

Waschmittel der Firma *Mi*gros. Die Vorsilbe ist durch das typische
Element «-il» aus der Sprache der Chemie ergänzt (vergleiche
auch «Persil»), was dem ganzen Wort einen wissenschaftlicheren
Anstrich gibt.

MINOLTA

Japanische Kamera. Das Wort ist gebildet aus den Anfangsbuchstaben von «*Ma*shinery and *In*strumental *O*ptical by *Ta*shima»,
wobei Tashima der Name des seinerzeitigen Firmengründers ist.
(Dieser ganze Ausdruck wirkt eher wie eine Art Pseudoenglisch,
mit eigentlich japanischer Grammatik).

MINOU

Katzennahrung. «Minou» ist eigentlich ein französisches Kosewort
bzw. Kinderwort für «Katze», das letztlich auf eine lautmalerische
Nachahmung des Miauens von Katzen zurückgeht.

MINOX

Kleinstkamera. Der Name ist abgeleitet aus lat. «minimus»
«kleinst» mit der Endsilbe «-ox», die, wie z. B. bei → «Xerox», dem
Wort einen technisch-wissenschaftlichen Anstrich gibt.

MINVITIN

Diät zur Reduktion des Übergewichts. Sie vermindert das Gewicht
(lat. «minus» «weniger» oder «diminuere» «vermindern») und
erhält gleichzeitig *vit*al.

MIO-

Vorsilbe, welche die Firma *Mi*gros in einer ganzen Reihe ihrer Produktenamen verwendet, so z. B. bei

MIOBRILL

(Reinigungslappen und -schwämme usw.), zu frz. «briller» «glän-
zen, strahlen»

MIOCAR

(Autozubehör), zu engl. «car» «Automobil»

MIOCASA

(Möbel und Inneneinrichtungsgegenstände)

MIOCOLL

(Klebstoffe), zu frz. «coller» «kleben»

MIODOUCE

(Gewebeveredler), zu frz. «doux, douce» «weich, angenehm»

MIOLECTRIC

(Heimwerkergeräte), zu engl. «electric» «elektrisch»

MIOSTAR

(Elektrogeräte), mit «Star».

MIPOLAM

Kunststoff, ein Mischpolymerisat. Das -a- statt des eigentlich aus -poly- zu erwartenden y ist wohl des besseren Klangs wegen gewählt worden; eine Endung «-ym» wäre ein einmaliger und auch schwieriger Auslaut.

MIRÁCOLI

Teigwaren. Das Wort kommt aus dem Italienischen und heißt «Wunder». Ein Wunder sollen offenbar auch diese Teigwaren sein.

MIRINDA

Limonade. An sich eine reine Phantasiebildung, die mit der Endung «-inda» einen italienischen Klang bekommt, was ein Getränk voll südlicher Sonne verspricht. Im Bestandteil «Mir-» kann möglicherweise noch das ital. Adjektiv «mirabile» «wunderbar» durchklingen.

MITSUBISHI

Japanische Automarke. Das Wort setzt sich zusammen aus den japanischen Wörtern «mitsu» «drei» und «bishi» «Rhombus». Damit bezieht sich der Markenname auf das Firmensignet, das bekanntlich einen aus drei Rhomben zusammengesetzten Stern darstellt. Dieses Firmenzeichen soll vom Firmengründer Yataro Iwasaki selbst im Jahre 1870 gebildet worden sein, und zwar indem er sein eigenes Familienwappen «San-kai-bishi» «dreistöckiger Rhombus» mit dem seines Clan-Verwandten Yamanouchi, «Mitsugashiwa» «drei Eichenblätter», kombinierte.

MIVIT

Kochtöpfe und Bratpfannen der Firma *Mi*gros, mit deren Hilfe ein Essen außergewöhnlich schnell – frz. «vite» – zubereitet ist.

MOBILAT

Salbe zur Anwendung bei Gelenkentzündungen, die bald wieder *mobil* machen soll.

MODIFAST

*Modi*fizierte *Fast*endiät. Nicht unerwünscht ist wohl der Anklang an engl. «fast» «schnell» in dem Sinne, daß die Diät eine schnelle Gewichtsabnahme verspricht.

MODUCREN

Blutdrucksenkendes Medikament, das Bestandteile der Medikamente «*Modu*retic» und «Blocad*ren*» enthält. «Moduretic» seinerseits ist ein Medikament, das aufgrund seiner Zusammensetzung eine *mod*ifizierte di*uret*ische (wassertreibende) Wirkung hat. «Blocadren» wiederum ist ein sog. «Beta-Rezeptoren*bloc*ker» (d. h. ein Mittel, das bestimmte Vorgänge in der Steuerung der Herzmuskelbewegung blockiert).

MOLTEX

Papierwindeln. Der Name ist gebildet aus ital. «*mol*le»/frz. «mou/ *mol*le» «weich» und Textil und soll also andeuten, daß diese Papierwindeln so weich wie Stoffwindeln sind.

MOLTOPREN

Kunstfaser aus Polypropylen. «Molto-» ist die Übersetzung von griech. «poly» «viel» ins Italienische, «-pren» ist zusammengesetzt aus den Anfangs- und Endbuchstaben von *Propylen*.

MONDAMIN

Speisestärke, die aus Mais hergestellt wird. Der Name ist hergeleitet vom Namen Mon-da-min des indianischen Gottes des Maises.
Der Mythos von Mon-da-min ist in Europa bekannt geworden
durch das Epos «Hiawatha» des amerikanischen Dichters H. Long-
fellow. Darin wird erzählt, wie der Indianerhäuptling Hiawatha an
drei Abenden mit einem gelb und grün gekleideten Jüngling
namens Mon-da-min kämpfte, bis er ihn am dritten Abend
bezwang und auf dessen Geheiß in der Erde begrub, worauf aus
dem Grab nach einiger Zeit die heilbringende Pflanze Mais
sproß.

MONDIA

Fahrrad. Der Name leitet sich von frz. «monde» «Welt» bzw. «mon-
dial» «Welt-» ab und kennzeichnet diese Marke als eine Welt-
marke.

MONOTRIM

Antibiotikum → «Bactrim».

MONZA

Automobilmodell (Sportwagen). Der Name ist übernommen vom
Namen einer norditalienischen Stadt in der Nähe von Mailand, in
der regelmäßig bekannte Automobilrennen stattfinden

MORGA

Reformkost. Der Name ist eine Abkürzung aus dem Namen eines
der ursprünglichen Firmengründer, *Morg*enthaler.

MOTILIUM

Medikament zur Belebung der Darmtätigkeit. Der Name ist eine
Kombination aus lat. «*mot*us» «Bewegung» und lat. «mob*ilis*»
«beweglich».

MOULINEX

Haushaltgeräte. Dem Wort liegt frz. «moulin» «Mühle» zugrunde,
das seinerseits in «moulin a viande» «Fleischwolf», «moulin à café»
«Kaffeemühle», «moulin à legumes» «Gemüsepresse» als Bezeichnung verschiedener Küchengeräte gebraucht wird.

MOUSSY

Alkoholfreies Bier. Der Name ist eine Ableitung aus frz. «mousse» «Schaum».

MOVIFLEX

Gel zur Behandlung von Prellungen, das wieder beweglich (lat. «*mov*ere» «sich bewegen») und *flex*ibel macht.

MUCOSOLVON

Tabletten zur Schleimlösung in den Bronchien; zu lat. «*muc*us» «Schleim» und lat. «*sol*vere» «lösen».

MUM

Deodorant. Phantasiewort. Es ist ein typischer sinnloser Einsilbler, wie er bei Körperpflegemitteln häufig geworden ist, vgl. z. B. auch → «Go», → «Bac», → «Fa».

MUSTANG

Name für verschiedene Produkte, u. a. z. B. ein Automodell und Jeans-Bekleidung. Ursprünglich bezeichnet «Mustang» eine Wildpferderasse im Süden der USA und in Mexiko. Blue Jeans mit dem Namen Mustang gibt dieser Kleidung die gewünschte lockere Verbindung zur großen Freiheit des Wilden Westens; im Falle der Automarke steht die direktere Assoziation des Autos mit der Kraft und Schnelligkeit dieses wilden Pferdes im Vordergrund.

MYEPIL

Enthaarungscreme. Das Wort ist abgeleitet aus frz. «épiler» «enthaaren». Die Vorsilbe «My-», sonst in der medizinischen Fachsprache mit griech. «mys» «Muskel» zusammenhängend, scheint hier weiter nichts zu bedeuten.

MYLAR

Kunstfaser → «Dacron».

MY WAY

Zigaretten. «My Way» ist englisch und heißt soviel wie «auf meine Art» – der Raucher dieser Marke kann sich als Individualist fühlen, der sich nicht um die Moden anderer Leute kümmern muß. «My Way» lautet auch der Titel eines bekannten Songs von Frank Sinatra.

VON NAROK BIS NYLON

NAN

Säuglingsnahrung. Der Name soll ein typisches Lallwort eines Säuglings wiedergeben. Das Wort deutet so auf den potentiellen Konsumenten des Produkts hin.

NAROK

Kaffee. Der Name ist übernommen vom Namen eines Flusses, einer Ortschaft und einer Provinz im Hochland Kenias östlich von Nairobi, von woher die Kaffeebohnen für diese Kaffeemarke bezogen werden. «Narok» ist im übrigen ein Suaheliwort für «schwarzer Fluß».

NATABEC

Vitaminpräparat, das während der Schwangerschaft und Stillzeit, also in Zusammenhang mit der Geburt (lat. *natus* «geboren») gebraucht wird. Es enthält u. a. die Vitamine *A*, *B* und *C*, was aneinandergereiht die Endung «-abec» ergibt.

NATREEN

Süßstoff bzw. mit Süßstoff gesüßte Produkte. Der Name «Natreen» (ursprünglich «Natren») wurde seinerzeit als Warenzeichen für pharmazeutische Produkte eingetragen und erst später für Nahrungsmittel verwendet. Vermutlich sollte das Wort an die chemische Substanz «Natrium» anklingen. Natreen ist ein Beispiel (wie z. B. auch → «Madribon» oder → «Aronal») für die Weiterverwendung eines Warenzeichens in ganz anderen Bereichen als ursprünglich vorgesehen, was damit zu erklären ist, daß man ein eingetragenes Warenzeichen weiter ausnützen kann, auch wenn das Wort in seinem ursprünglichen, angestammten Bereich funktionslos geworden ist.

NATÜRLICH LEICHT

Name einer Schlankheitsmahlzeit. Der Name tönt recht unauffällig; auffällig ist höchstens, daß er, anders als etwa → «Minvitin», rein deutsch tönt und keinerlei wissenschaftlichen Anspruch durch unverständliche Anklänge an lateinisch-griechische Wortfetzen zu erheben scheint. Er erzielt eine durchaus erwünschte Werbewirksamkeit auf andere Weise: durch Anklänge an die gegenwärtig aktuelle Natürlichkeitsideologie. Was natürlich ist, ist auch gesund, erstrebenswert; wenn man sich natürlich ernährt, befindet man sich im Einklang mit dem Lebensgesetz, selbst wenn man, wie bei einem Schlankheitsmittel, abnimmt.
Das Wort «natürlich» allein ist heutzutage schon ein «Hochwertwort»; zusammen mit dem Adjektiv «leicht» gewinnt der ganze

Name zusätzlich mehrdeutige oder vage, aber umso wirksamere Anklänge: Man weiß nicht genau, verspricht der Name ein Mittel, mit dem man auf natürliche Weise leicht werden kann, oder ist es ein Schlankheitsmittel, das das Schlankwerden auf eine natürliche Weise leicht macht. Der Werbezweck ist mit beiden Gedankenassoziationen erreicht: Jeder, der schlank werden will, tut dies natürlich gerne auf eine möglichst natürliche und zugleich leicht zu verwirklichende Weise. Und wenn dies sogar mit einer so leichten, angenehmen Mahlzeit geschieht und man am Schluß leicht wie ein Schmetterling oder eine Fee daher schwebt,ist der Gipfel der Träume wohl erreicht. – Kurz, der Name ist in seiner Vieldeutigkeit der Anklänge ein gutes Beispiel dafür, wie gerade die inhaltliche Unbestimmtheit das Werbepotential eines vielleicht auf den ersten Blick unauffälligen Warennamens steigern kann.

NEC

Unterhaltungselektronik. Der Markenname ist zusammengesetzt aus den Anfangsbuchstaben des Firmennamens «*N*ew *E*lectric *C*ompany».

NEDA

Verdauungsförderndes Präparat. Der Name ist aus dem rückwärts gelesenen Wort «Aden» gebildet worden. Das Ausgangswort hat dabei (wie in der Entstehung z. B. des Namens → «Rivella») nur als Unterstützung des brain storming bei der Namenfindung, nicht aber von seiner Bedeutung her eine Rolle gespielt. Wichtiger war jedenfalls, daß das Resultat «Neda» einen einprägsamen Klang hat.

NEOGYNON

Antibabypille. Aus griech. «neos» «neu» und griech. «gynê» «Frau» zusammengesetzt. «Neo» soll wohl dieses Präparat als neuartige Entwicklung charakterisieren.

NESCAFÉ

Sofortlösliches *Café*pulver der Firma *N*estlé. Das Pulver ist offenbar so erfolgreich, daß umgangssprachlich heute vielfach sofortlösliches Kaffeepulver an sich als «Nescafé» bezeichnet wird, auch wenn es sich um eine andere Marke handelt. Die Firma Nestlé schloß in ihrer Namengebung bei diesem Erfolg an und benannte in der Folge auch alle ihre übrigen Sofortgetränkepulver mit der Vorsilbe «Nes-»; so z. B. gibt es «Nescoré» (Kaffeepulver mit Zusatz von Zichorie = frz. «chi*coré*» zur Zubereitung von Milchkaffee nach Schweizer Art), «Nestea» (zur Zubereitung von Tee = engl. «tea») und das Schokoladegetränk «Nesquik»; in diesem letzteren Fall wurde kein Wort angefügt, das den Inhalt charakterisiert, weil offensichtlich so etwas wie «Choco» o.ä. kein geeignetes Wortbild ergeben hätte; dafür wird mit der Übernahme des engl. «quick» «schnell» auf die schnelle Zubereitung eines Getränks angespielt.

NESFIT

*Fit*ness-Nährmittel der Firma *Nest*lé.

NEUDO-VITAL, NEUDOSAN

Gartenprodukte der Firma «*Neudo*rff». Das Originelle am Bestandteil *Neudo* ist, wie durch Weglassen der letzten drei Silben ein völlig deutsch-klingendes Wort ein griechisch-wissenschaftliches Aussehen bekommt.

NEVADA

Automobil. Der Name assoziiert wie → «Sierra» Gebirgszüge in irgendeiner wilden Feriengegend im Süden, wohin Fernweh und Abenteuerlust den Autofahrer abseits des Massentourismus ziehen kann. «Sierra Nevada» («Schneegebirge») ist konkret der Name von Gebirgszügen in Andalusien (Südspanien) und in Kalifornien.

NEVER-KOTZ

Medikament gegen Reisekrankheit aus den fünfziger Jahren. Der Name deutet zwar deutlich genug auf die Indikation hin, allerdings in einer Sprache, die den üblichen Erwartungen an wissenschaftliche Vornehmheit des Wohlklangs zu sehr widerspricht, als daß das Beispiel hätte Schule machen können.

NEXT

Personal-Computer. Das Produkt ist entwickelt worden vom früheren → «Apple»-Mitgründer Steven Jobs. Das Wort «NeXT» stellt wie → «Apple» ein mehrfaches Wortspiel dar: erstens ist es Jobs' «nächstes» Produkt nach den Apple-PC's (engl. «next»); mit der Hervorhebung von XT durch die Orthographie werden im Produktenamen auch geläufige Typenbezeichnungen mit XT zu «Te*xt* (-verarbeitung)» integriert.

NIAXA

Waschmittel. Das Wort klingt mit seiner Lautstruktur eher antikgelehrt; insofern gehört es zur gleichen Namengruppe wie → «Ajax» oder → «Ariel». Im Ursprung ist es aber eine direkte lautliche Abbildung von frz. «(il) n'y a que ça» «Es gibt nur das» (vgl. → «Nur die»).

NICORETTE

Raucherentwöhnungspräparat, das von der Nicotinabhängigkeit befreien soll; es wird in kleinen Kautabletten angeboten, worauf die Verkleinerungssilbe «-ette» hinweist.

NIDINA

Säuglingsnahrung. Das Wort ist abgeleitet aus lat. «nidus» «Nest» mit einer Diminutivsilbe «-ina» und deutet so auf die «Nestpflege» des Säuglings hin, bei der diese Nahrung verwendet wird.

NIKE

Sportbekleidung. Das griech. Wort «nike» heißt «Sieg»; als Warenname verheißt es dem Träger dieser Kleidung Erfolg.

NIKKO

Kinderspielzeug aus Japan. Das Wort ist aus den Anfangssilben des japanischen Firmennamens «*Ni*hon-*Ko*gu-Seisaku» «Japan-Hand-werkszeug-Herstellung» gebildet.

NIKON

Photoapparate aus Japan. Das Wort ist zusammengesetzt aus japan. *Nippon/Ni*hon «Japan» und japan. *Ko*ogaku «Optik»; das -n ist zur Klangverschönerung beigefügt worden.

NIMM ZWEI

Warenbezeichnung eines Lutschbonbons, wenn man hier von einem sprechen kann, denn gemäß Name soll man ja immer zwei davon nehmen. Diese Bezeichnung ist einer jener Gag-Namen, die nicht gewöhnliche Substantive, sondern ganze Redefloskeln zur Basis der Benennung machen (vgl. → «Yes,» → «Nur die»). Hier wird die Aufforderung zum ungehemmten Genuß zum Namen gemacht; Name und Werbeslogan werden identisch.

NIPPON

Kleingebäck mit Reiskörnern. Wer an Reis denkt, denkt heute an den Fernen Osten und speziell an Japan, dessen Name auf japa-nisch «Nippon» lautet.

NIROSTA

Rostfreier Stahl, der *nie rost*et. Das Wort gehört der Bildungsweise nach zur Gruppe der Verfremdung eines deutschen Wortes durch andere Schreibung und/oder Anfügung von lateinischen Vor- und Nachsilben wie etwa → «Nomotta» und → «Vileda».
Die Vorsilbe «Ni-» für «nie» ist auch in manchen anderen, heute weniger bekannten Produktnamen verwendet worden, z. B. in «Nirheuma» für eine Matratze, in «Nigleit» für eine Schuhsohle, in «Nimüd» für Schuhe. Alle diese schon etwas älteren Wörter wirken heute allerdings eher komisch in ihrer biederen Anlehnung an deutsche Alltagswörter.

NIRVANA

Schlankheitsmittel. Der Name spielt an auf das indische Wort Nirwana für die von jeder Begehrlichkeit befreite Existenz in völliger Ruhe. Die Befreiung von der Eßlust ist vielleicht tatsächlich ein Wunsch aller jener, die abnehmen wollen. Angesichts der Tatsache, daß dieses Nirwana nach buddhistischer Anschauung den meisten Menschen erst im Jenseits zuteil wird und daß «ins Nirwana eingehen» im Deutschen deshalb gleichbedeutend ist mit «sterben», mutet dieser Markenname aber doch eher makaber an.

NISSAN

Japanische Automarke. Das Wort ist gebildet aus den Anfangssilben von japan. «*Nippon*»/«*Nihon*» «Japan» und japan. «*Sangyoo*» «Industrie».

NITCHEVO

Parfum. Das Wort stammt aus dem Russischen, wo es soviel wie «nichts», «macht nichts» bedeutet. Als Parfumname soll es einerseits eine gewisse Nonchalance andeuten. Als russisches Wort strömt es im Französischen außerdem eine Art Exotik aus, die gleichzeitig die Aura von Adel, Kunst und Musik mit sich bringt. Viele russische Adlige und Künstler, vor allem Musiker und Ballettänzer, weilten ja zeitweise in Paris, man denke nur an Diaghilew, Nijinski oder Strawinsky. Zu erinnern ist dabei auch an den Parfumnamen → «Pavlova», der den Namen einer russischen Ballettänzerin übernimmt.

NIVEA

Hautcreme. Wörtlich zu lat. «niveus/nivea» «schneeweiß». Ursprünglich, als der Name kreiert wurde – das war um 1905 –, bezog sich diese Bedeutung auf die Haut: Nivea sollte die Haut der Dame weiß wie Schnee machen. Nachdem das Schönheitsideal der vornehmen Blässe seit den zwanziger Jahren durch jenes der sportlichen Bräune abgelöst worden ist, taugt diese Assoziation nicht mehr. Die Nivea-Werbung hat sich denn auch dem neuen Stil angepaßt. Dabei zeigt sich der Vorteil einer fremdsprachigen, ins Unverständliche abgebogenen Namengebung: Da kaum jemand versteht, was der Name eigentlich bedeutet, kann man die damit ursprünglich verbundenen Assoziationen bei Bedarf ignorieren.

NOCTURNE

Parfum. Der Name ist von einer Vielschichtigkeit der Assoziationen, die ihn als sehr gelungene Kreation erscheinen lassen. «Nocturne» bezeichnet heute zunächst eine musikalische Form, die am hervorragendsten in der Klaviermusik von Frédéric Chopin realisiert worden ist. Von daher klingt im Namen die Assoziation an «musikalische Leichtigkeit und Eleganz», «Romantik» an. Auf der anderen Seite leitet sich das Wort «Nocturne» von lat. «nocturnus» «nächtlich» ab; es bezeichnet also ein «Nachtstück». «Nocturne» ist also ein «Parfum der Nacht» mit all den dazu gehörigen Gedankenverbindungen zu Traum und Liebe.

NOMOTTA

Kunstfaser, die mottenbeständig ist bzw. von keiner (engl. «no» «kein») *Mott*e gefressen wird.

NORTH POLE

Zigarette; der Name ist englisch und bedeutet «Nordpol». Diese Zigarettenmarke enthält Menthol, was ein gewisses Kältegefühl im Geschmack bewirkt. Der Name assoziiert ähnlich wie → «Kool» diesen Geschmackseindruck, nur in stärker übertreibender Weise.

NOSCALIN

Hustenmittel, das den Wirkstoff *Nosca*pin enthält.

NOURISSA

Säuglingsnahrung. Der Name ist gebildet zu frz. «nourisson» «Säugling» .

NOVALGIN

Schmerzmittel (griech. *«algos»* «Schmerz») das die Wirksubstanz *Nov*aminsulfonum natricum enthält.

NOVILON

Eine offenbar ganz neue Sorte (lat. «*nov*us» «neu») Kunststoff von
der Art wie Ny*lon*.

NOVOPAN

Kunststoff offenbar ganz neuer Art (lat. «novus» «neu»), der zur
Herstellung von verstärkten Platten, engl. «*pan*el», dient.

NUK

Schnuller. Das Wort ist eine zu einer exotischen Lallform ver-
kürzte Ableitung aus dem umgangssprachlich-mundartlichen
Wort «Nuckel»/schweizerisch «Nuggi» «Schnuller» bzw. zum dazugehörigen Verb «nuckeln» «saugen, lutschen» (von Säuglingen).

NUR DIE

Damenstrümpfe. Ein Name, der insofern einen Gag darstellt, als er
eine Art verkürzten Aussagesatz beinhaltet und damit im Namen
gleichzeitig auch eine Art Werbeslogan mitteilt.

NUTELLA

Brotaufstrich mit Schokolade und Haselnußbutter, abgeleitet aus
engl. «nut» «Nuß» mit der Diminutivsilbe «-ella». An das Bildungsmuster halten sich auch die Konkurrenzprodukte → «Hasella» und
→ «Rastella», die gerade an ihrer Endsilbe als «Nutella-ähnliche»
Produkte erkennbar sind.

NUTROMALT

Zusatz zur Flaschennahrung für Säuglinge (lat. «nutrire» «nähren»),
der Malzzucker (chemisch Malto-Dextrin) enthält. Zu lat. «nutrire»
ist auch der Name «Nutravit» für eine Säuglingsnahrung gebildet, in
diesem Falle durch Zusatz von «-vit» aus lat. «vita» «Leben».

NUXO

Speiseöl. Der Name ist gebildet zu lat. «nux» «Nuß» und spielt damit
auf die Herstellung aus Erdnüssen usw. an.

NYLON

Wie bei anderen besonders bekannten und populären Warenbezeichnungen (z. B. → «Aspirin», → «Perlon») gibt es bei Nylon eine
ganze Reihe von unterschiedlichen Erklärungstheorien für die
Entstehung (siehe V. Sialm-Bossard):

1. «Nylon» soll aus den Anfangsbuchstaben von «*Now You Lousy Old Nippones*» gebildet worden sein; die Wendung mit der Bedeutung «Jetzt, ihr lausigen alten Japaner (wollen wir es euch zeigen)» sollte auf den Zweck der Entwicklung des Nylon hinweisen, der japanischen Seide damit Konkurrenz zu machen. Allerdings ist das Wort «Nippones» für «Japaner» im Englischen so ungewöhnlich, daß diese Erklärung eher zweifelhaft erscheint.

2. «Nylon» soll aus *New York Pylon* gebildet worden sein, als Material, das zum ersten Mal in einer Ausstellung in New York unter dem Symbol der pylontragenden Freiheitsstatue gezeigt worden sei. Auch eine solche Herleitung scheint eher gesucht.

3. Ein weiterer Deutungsvorschlag leitet «Nylon» aus *Nitrogen + lon* (Phantasieendung) ab; Nitrogen kommt aber unter den Ausgangsmaterialien von Nylon nicht vor.

4. Der Name *Nylon* soll ursprünglich von engl. «no run» «keine Laufmasche» abgeleitet worden sein; damit sollte angedeutet werden, daß dieses Material die Produktion laufmaschensicherer Damenstrümpfe ermöglichte. Die endgültige Form ist danach über die Zwischenstationen *Nuron – Nulon* gefunden worden. Diese Erklärung ist nach Sialm-Bossard die offizielle Version der Herstellerfirma Du Pont de Nemours, obwohl auch sie nicht über jeden Zweifel erhaben ist: Gerhard Voigt weist darauf hin, daß Nylon ursprünglich gar nicht für Damenstrümpfe, sondern anstelle der für die Herstellung von Fallschirmen kriegswichtigen Naturseide aus Japan entwickelt worden war (siehe Version Nr. 1). Dazu sind so viele Zwischenstationen für die Entstehung des Namens anzusetzen, daß man diese Entwicklungsgeschichte eher als Erzählung über ein erfolgreiches Brain storming unter Werbefachleuten denn als eine systematische Wortbildungserklärung auffassen muß.

Fazit: Es gibt viele, aber keine eigentlich überzeugenden Erklärungsversuche für die ursprüngliche Bildungsweise von «Nylon». Dieser Aspekt ist allerdings aufs Ganze gesehen ein relativ unwichtiger am Phänomen des Wortes «Nylon» an sich. Keine der Erläuterungen macht das Wort selbst für den Verbraucher durchsichtiger; andererseits ist das Wort so bekannt und selbständig geworden, daß es aussagekräftig ist auch ohne etymologische Herleitung. Wie das bezeichnete Material hat auch das Wort eine Karriere erlebt, die es zu einem der Merkmale einer ganzen historischen Epoche gemacht hat. Die Strahlungskraft des Wortes zeigt sich z. B. auch darin, daß Bestandteile davon in zahlreichen anderen Kunstfaserbezeichnungen wiederverwendet werden; Sialm-Bossard führt z. B. 23 Kunstfasernamen an, die mit «Nyl-» anfangen, dazu kommt «-nyl» auch in zahlreichen Kunstfasernamen als Endsilbe vor. Zu einer eigentlichen Ableitungssilbe ist «-lon» geworden; man findet in Sialm-Bossards Liste von Kunstfasernamen 192 Benennungen, die auf «-lon» enden.

VON ODOL BIS OVOMALTINE

OBLIVON

Beruhigungsmittel, das einen alle Sorgen und Ängste vergessen läßt (zu lat. «obliviosus» «vergeßlich», «sorgenstillend», «oblivio» «Vergessen»).

OCEANO

Badeanzüge. Ausnahmsweise wird hier ein zur Bekleidung passendes Wort in das Spanische oder Italienische (statt ins Englische oder Französische) übertragen; der südliche Ozean lädt ja auch mehr zum Baden ein als die Nordsee um England.

ODOL

1893 erstmals auf den Markt gebrachtes Mundwasser. Der Name kann abgeleitet werden als Zusammensetzung aus griech. «odous» «Zahn» und lat. «oleum» «Öl» oder möglicherweise Alkohol («Odol» ist tatsächlich eine alkoholische Lösung). Gleichzeitig ist der Name aber mehrdeutig in dem Sinne, als er auch anklingt an lat. «odor» «(Wohl)-Geruch». Diese Markennamenbildung, eine eher willkürliche Mischung aus Elementen aus verschiedenen Sprachen, die zu einem inhaltlich mehrdeutigen, aber klangvollen und nicht einer speziellen Sprache angehörenden Wort führt, macht «Odol» als Markenbezeichnung zum Vorläufer der heute vorherrschenden Markennamenbildung, wenigstens in Deutschland. (Der Erfinder und Hersteller K. A. Lingner war mit der Idee der eigenwilligen Form der Odolflasche und einer bis ins letzte ausgeklügelten Inseratenwerbung auch sonst ein Vorläufer heute gebräuchlicher Werbemethoden, die versuchen, ein Produkt durch Schaffung eines unverwechselbaren äußerlichen Images identifizierbar zu machen.)

OFFSHORE

Eau de toilette für Männer. Engl. «off shore» bedeutet soviel wie «auf See», «auf dem Meer», «weg vom Land». Über die Zwischenglieder «Seefahrt», «Fischerei» wird hier die Assoziation «harte Männer», «aufregende sportliche Abenteuer» hergestellt, eine Gedankenverbindung, die ähnlich wie bei Namen wie → «Denim» oder → «Savane» dem Konsumenten die Identifikation mit entsprechenden harten, sportlichen Männern ermöglichen soll.

OHROPAX

Ohrenschutz, der den *Ohr*en Frieden (lat. «pax») vor Lärm verschafft.

OIL OF OLAZ

Hautpflegemittel. Wörtlich heißt der Name «Öl von Olaz»; dabei denkt man an eine ferne Stadt Olaz, die dem Namen nach irgendwo im Orient liegen muß. Das Öl wäre demnach eines jener geheimnisvollen Schönheitsmittel, wie sie in fernen Ländern aufgrund von alten vergessenen Traditionen aus hier unbekannten heilkräftigen Pflanzen hergestellt werden und welche den Frauen aus Tausendundeiner Nacht ihre sprichwörtliche geheimnisvolle Schönheit verleihen. Das Ganze wird relativiert durch den Umstand, daß eine Stadt namens Olaz nicht existiert.

OLD SPICE

Eau de toilette usw. Wörtlich heißt der Name «altes Gewürz». Er soll das Produkt als herb, traditionsreich und damit als vornehm, männlich, zurückhaltend, aber interessant charakterisieren.

OLYMPIA

Name verschiedener Geräte, u .a. für eine Schreibmaschine, früher auch für ein Automodell → «Rekord». Das Wort «Olympia» ist ein typisches Prestigewort, d. h. ein Wort, das etwas bezeichnet, dem allgemein ein hoher Wert zugemessen wird. In diesem Fall gewinnt das Wort sein Prestige aus den Olympischen Spielen, die eine sportliche Veranstaltung von höchstem Ansehen sind. Genauere Zusammenhänge zwischen den Produkten mit Namen «Olympia» und den Olympischen Spielen bestehen gewöhnlich nicht, was aber ebenfalls typisch für die Verwendung von Prestigewörtern bei Warennamen ist; ausgenützt wird gewöhnlich nur das Prestige dieser Wörter an sich. Allenfalls wird bei «Olympia» «Höchstleistung» assoziiert.

OMEGA

Uhren. «Omega» ist der Name des letzten Buchstabens im griechischen Alphabet und damit gleichzeitig ein Symbol für die Vollendung. Das Wort spricht so den Uhren dieser Marke höchste Vollendung zu.

OMO

Waschpulver. Omo oder, in Großbuchstaben, wie auf der Packung, *OMO* ist ein Wort mit perfekter Spiegelbildlichkeit, das von hinten genau so aussieht wie von vorne; die Spiegelachse liegt dabei mitten im *M*. In dieser Hinsicht können es mit Omo nur noch «ATA», «IMI» und → «UHU» aufnehmen, nicht zufälligerweise – mit Ausnahme von UHU – ebenfalls Reinigungsmittel. Namen für Reinigungsmittel fallen dadurch auf, daß sie weniger durch ihren

Gehalt als durch ihren Klang und durch ihr Schriftbild auf sich aufmerksam zu machen suchen. Gerade in deren Wirkung übertrifft «Omo» noch «Ata» und «Imi» mit seinem sowohl vom Klang wie vom Schriftbild her runden, vollen O und seinem weichen, einschmeichelnden M; «Ata» und «Imi» tönen demgegenüber weit weniger sanft. «Uhu» seinerseits weicht etwas von der Gruppe ab, indem es nicht eine bloße, sinnleere Lautkombination darstellt, sondern ein deutsches Wort mit alltäglichem Inhalt ist, der beim Markennamen ebenfalls immer mitspielt, allerdings keine zusätzlichen Informationen beiträgt.

ONKO

Kaffee. Ursprünglich ist es ein Markenname der Firma Kaffee Hag für Kaffee *o(h)ne Ko*ffein. Nachdem die Firma nach dem Zweiten Weltkrieg aber einerseits im Kampf gegen die Konkurrenz auf ihren alten bekannten Namen zurückgreifen mußte und andererseits ihr Angebot auch um einen koffeinhaltigen Kaffee erweitern wollte, um zu überleben, entschied sie sich paradoxerweise dazu, den Namen «Onko» für ihr neues, koffeinhaltiges Produkt zu verwenden.

OPEKTA

Geliermittel (für Konfitüren etc.). Die Grundsubstanz von Geliermitteln für Konfitüren ist *Pek*tin. Das vorangestellte O ist die Initiale des Produzentennamens *O*etker.

OPEN

Eau de toilette. «Êtes-vous open?» fragt ein dazu gehöriger Werbeslogan, «Sind Sie offen?», wohl für moderne Trends, neue Duftnoten, die große weite Welt von heute. Die Turnschuhe in der Werbung deuten aber gleichzeitig auf eine zweite Bedeutung von «open» hin, nämlich jene als Bezeichnung für einen für alle Interessenten ohne Einschränkung ausgeschriebenen sportlichen Wettbewerb; bekannt ist das Wort vor allem im Zusammenhang mit Tennisturnieren wie dem Wimbledon-Turnier. Der Gedanke an Tennis läßt heute an eine Welt der Sport-Stars und sportlich-kraftvoll-jugendlich männliche Eleganz anklingen – vor allem dann, wenn es um ein Eau de toilette für Herren geht.

OPTALIDON

Schmerzmittel; die beste – lat. «*opt*imus» – Gabe – lat. «*don*um» bei Schmerzen aller Art.

OPTIGAL

Brathähnchen. Das Wort ist zusammengesetzt aus lat. «optimus» «der Beste» und lat. «gallus» «Hahn».

OPTILECITH

Nervenstärkungspräparat, enthält in einer *opti*malen Kombination *Lecith*in und andere Wirkstoffe.

OPTIPURGAN

Zäpfchen gegen Verstopfung. Es reinigt – lat. «*purg*are» – den Darm *opti*mal.

OPTISANUR

Regenerationscräme für die Gesichtshaut der Firma «Optisan» (zu lat. «*opti*mus» «(der) Beste», lat. «*san*us» «gesund»). Die Endsilbe -ur weckt Assoziationen an «Nat*ur*».

OPTOVIT-E-SALBE

Hautpflegesalbe mit Vitamin *E*, die *opti*mal die *Vit*alität der Haut fördert.

ORBIT

Kaugummi. Wörtlich bezeichnet das englische Wort «orbit» die Umlaufbahn z. B. eines Satelliten um die Erde. Die Übernahme eines derartigen technisch-wissenschaftlichen Begriffs für ein Konsumgut wie Kaugummi zeigt den Einfluß und das Prestige, das die Raumfahrt in den siebziger und achtziger Jahren in der Öffentlichkeit gewonnen

ORELLA

Frauenzeitschrift, die vom Verlag *Orell* Füssli herausgegeben wird.

ORION

Automobilmodell. Der Name ist, wie → «Scorpio», aus der Himmelsgeographie entnommen: Auch «Orion» ist ein Sternbild. Außer dem vollen Klang, der in der Abfolge von o-r-i auffällig dem Namen «Scorpio» gleicht, und der Ehrfurcht, die die Astronomie beim gewöhnlichen Laien weckt, ist wohl an Inhalten hinter dem Wort nicht viel zu suchen.

ORLON

Kunstfaser → «Dacron».

OSCORNA

Naturdünger. Das Wort ist ursprünglich als Name des ersten Produkts dieser Firma, einem Horn-Knochenmehl-Mischdünger, kreiert worden, und zwar aus lat. «os» «Knochen» und lat. «cornu» «Horn». (Die Endung -u ist aus lautlichen Gründen zu -a geändert worden.)

OSPEN

*Pen*icillin, das oral (lat. *«os»* «Mund»), d. h. über den Mund als Tablette oder Sirup, eingenommen werden kann (und nicht gespritzt werden muß).

OSRAM

Glühbirnen. Der Name ist zusammengesetzt aus *Os*mium und Wolf*ram*, beides Namen von Metallen, die zur Herstellung der Glühfäden in Glühbirnen verwendet werden.

OTALGAN

Medikament gegen Ohrenschmerzen. Das Wort ist aus griech. *«ot-»* «Ohr» und griech. *«alg*os» «Schmerz» gebildet. Der griechische Stamm «ot-» kommt übrigens in zahlreichen andern Ohrenmedikamenten vor, so z. B. auch in «Otipax» (zusätzlich mit «pax» «Friede»), «Otalgyl» (aus den gleichen Wortbestandteilen wie «Otalgan» gebildet, nur mit einer anderen Endsilbe), «Otothricinol» (Ohrentropfen mit dem Wirkstoff Tyrothricin).

OTOWAXOL

Mittel zur Entfernung von Ohrenschmalz. Gebildet aus griech. «ot-» «Ohr» und «wax» – wohl mittels Anlehnung an «Wachs», eine feine Umschreibung für «Schmalz».

OTRIVIN

Nasentropfen. Das Wort enthält die Bestandteile griech. «ot-» «Ohr» und griech. «rhin-» «Nase». (Das Mittel läßt sich prinzipiell auch als Ohrenmedikament verwenden.)

OVOMALTINE

Milchgetränkepulver, das Bestandteile aus Eiern – lat. «ovum» –
und Malz – engl. «malt» – enthält. – Im Volksmund wird der für ein
so beliebtes Produkt etwas lange Name oft zu «Ovo» oder «Ovi»
abgekürzt. (In Großbritannien wurde aus diesem Grund der Name
zum Warennamen «Ovaltine» zusammengezogen.)

OVOSTAT

Antibabypille; zu lat. «ovum» «Ei»/«ovulatio» «Eisprung» und lat.
«stare» «stehen (bleiben)» «stativus» «stehend, feststehend». Der
Name deutet also auf die Wirkung des Mittels hin, die Ovulation zu
unterdrücken. «Ovo-» ist ein auch sonst häufiges Bildungsmittel
bei Antibabypillen; so gibt es auch etwa die Namen «Ovanon»,
«Ovidol», «Ovulex» (hier mit noch direkterem Anschluß an das
Wort «Ovulation»).

VON PAL BIS PUMA

PACIFIC

Seife. Der Name spielt auf den Pazifischen Ozean an, der je nachdem an paradiesische Südseeinseln oder an das ebenso paradiesische Kalifornien, das ja ebenfalls am Pazifik liegt, denken läßt. Auf
jeden Fall werden mit diesem Wort der Seife Assoziationen an ein
Meer mitgegeben, das umgeben ist von traumhaft schönen Land-
strichen.

PAIDOL

Feiner Weizengrieß, der ursprünglich vor allem für schnell zube-
reitete, leicht verdauliche Kinderbreie verwendet wurde; daraus
erklärt sich auch der Name, der aus griech. «paid- « «Kind» abgeleitet wird.

PAJERO

Automobil vom Typ eines Geländefahrzeuges. Das spanische Wort
«pajero» bedeutet wörtlich «Strohhändler»; das Auto ist also
danach vor allem für derartige fahrende Berufe im landwirtschaft-
lichen Bereich geeignet.

PAL

Hundefutter. Im Englischen ist «pal» ein eher umgangssprachlicher Ausdruck für «Kumpel», «guter Freund»; dem Hund, dem
guten Freund, kauft man nur das Beste, eben «Pal».

PALL MALL

Zigarette. Benannt nach einer Straße in Londons Westen (die
ihrerseits den Namen einem Schlagballspiel mit dem ursprünglich
ital. Namen «pallamaglio» verdankt, das früher dort gespielt
wurde). Diese Straße galt lange als eine der vornehmsten und
gesellschaftlich bedeutendsten in London: zahlreiche Schriftsteller des 18. Jh. wohnten dort; im 19. Jh. war sie ein Treffpunkt der
Oberschicht. Dieser Hauch von Weltläufigkeit haftet ihr noch
heute an und hat ihrem Namen wohl dazu verholfen, als einziger
Straßenname zu einer Zigarettenmarke zu werden.

PALMOLIVE

Toilettenseife. Der Name stammt bereits aus dem Jahre 1911 und
leitet sich aus der damaligen Zusammensetzung des Produkts ab:
*Palm*kern- und *Olive*nöl. Der Name (und die Seife) waren so
erfolgreich, daß mit der Zeit die ganze Firma danach benannt
wurde, auch wenn diese Firma heute Produkte herstellt, die weder
Palmkern- noch Olivenöl enthalten.

PALOMA

WC-Papier. Der Name entspricht dem spanischen Wort «paloma» «Taube» (bekannt aus allerlei Schnulzen); seine Verwendung erklärt sich durch die Abbildung einer Taube als Signet auf der Packung. Wie man oft feststellen kann (so z. B. auch bei Marken wie → «Salamander»), spielt irgendeine Beziehung zwischen Produkt und Signet für die Signetwahl meist keine Rolle; das Signet selbst muß lediglich genügend einprägsam sein. Für Hygieneartikel (wie für Parfums) ist dabei offenbar aber von einer gewissen Bedeutung, daß das Signet einen romantischen Anstrich hat, was bei «Taube» sicher der Fall ist. (Ein Signet wie «Puma» für WC-Papiere erschiene im Vergleich dazu eher ungeeignet.)

PAMPERS

Papierwindeln für Säuglinge. Der Name ist zu engl. «to pamper» «verwöhnen, verhätscheln» zu stellen und soll die angenehme Wirkung für den Säugling andeuten, der damit gewickelt wird.

PAN

Haarshampoo. Typischer einsilbiger Phantasiename für Körperpflegemittel.

PANACHITA

Alkoholfreies Bier mit Zitronenaroma. Der Name ist abgeleitet aus frz. «panacher» «mischen» und der spanischen Diminutivendung «-ita». Ein spanischer Anklang scheint eine beliebte Methode zu sein, Getränkenamen einen exotischen Anstrich zu geben, man vergleiche → «Pepita», → «Estanza», → «Junita». Offenbar wird hier Spanien als das Land der Sonne und der reifen Früchte evoziert.

PANASONIC

Marke für elektronische und elektrische Geräte aller Art. Der Name ist zusammengesetzt aus griech. «pan» «alles» und dem lateinischen Stamm «son-» («sonus» «Laut», «sonare» «tönen») und soll wohl darauf hinweisen, daß unter dieser Marke alles, was Laute erzeugt (Fernseher, Radio, Plattenspieler), produziert wird. (Heute werden unter dieser Marke allerdings auch z. B. Staubsauger verkauft, wo der Schall ein eher unerwünschtes Nebenprodukt ist.) Die Wortform «-sonic» klingt gleichzeitig an engl. «supersonic» «Überschall-» an, was dem Wort einen Anklang an modernste Hochtechnologie verleiht.

PANAX

Fieber- und Schmerzmittel. Der Name ist eine leichte Veränderung (aus juristischen Gründen) eines ursprünglichen Namens «Sanax» (zu lat. «sanus» «gesund»). Der Ersatz des Anfangsbuchstabens macht das ursprünglich sinnvolle Wort völlig unkenntlich. Daß solche Prozeduren der Namenbildung möglich und praktisch durchführbar sind, zeigt, wie wenig wichtig allgemein die Erhaltung des Sinns bei Warennamen ist.

PANCROC

Knusprig gebackene Brotscheiben. Das Wort ist zusammengesetzt aus ital./lat. «pane/panis» «Brot» und einer Verkürzung von frz. «croquant» «knusprig».

PANDA

Kleinstwagenmodell. Der Name nützt offensichtlich die Karriere des Pandabären als Modetier aus: ein Auto, putzig und liebenswürdig wie ein Pandabär. Gleichzeitig ist der Pandabär bekanntlich das Wappentier der Naturschutzorganisation WWF. Wer einen Panda fährt, reiht sich also damit in die Gruppe der umweltbewußten Naturschützer ein (und braucht damit nicht einmal aufs Autofahren zu verzichten).

PANTENE/PANTEEN

Haarpflegemittel. Der Name ist eine Verkürzung aus der Bezeichnung «Pantothensäure» bzw. «Panthenol» für einen Wirkstoff aus der Gruppe der B2-Vitamine, der allgemein das Wachstum fördern und vor allem im Haarpflegemittel die Haarpracht des Verbrauchers vermehren helfen soll.

PANTOZYM

Medikament bei Verdauungsbeschwerden, das den Wirkstoff *Pan*kreatin und andere En*zym*e enthält.

PANTY

Höschenwindel. Das Wort ist eine Art familiäre Verkleinerungsform zu engl. «pants» oder «panties» «Unterhosen» («Slips»).

PAPCOL

Leim (frz. «*col*le»), um *Pap*ier und Karton zu kleben.

PARACODIN

Hustenmittel, das Dihydrocodein enthält; die Vorsilbe *Para-* deutet an, daß es sich dabei um eine chemische Ableitung aus *Cod*ein handelt.

PARAGAR

Abführmittel, das *Par*affin und *Agar*-Agar, eine aus Algen gewonnene Quellmasse, enthält.

PARAMONT

Zigarette. Der Name ist aus engl. «paramount» «überragend» abgeleitet.

PARA-PIC

Schutzmittel gegen Insektenstiche. Aus span. «para» «für, gegen», und «picar» «stechen».

PARISIENNE

Zigarette. Wörtlich ein französisches Adjektiv mit der Bedeutung «pariserisch» «Pariserin». Der Name sollte wohl ursprünglich (es ist eine recht alte Marke) an Paris als Zentrum der Eleganz und an seine schönen Frauen erinnern .

PASSAT

Automobilmodell. «Passat» ist eigentlich der Name für eine stetige östliche Luftströmung über den tropischen Meeren. Als solche mag er als Autoname Stetigkeit und Beständigkeit bei der Fahrt assoziieren. Wichtiger ist allerdings wohl die bedeutungsmäßige Verwandtschaft mit den Schwestermodellen → «Golf» und → «Scirocco», welche der Namengebung innerhalb der Modelle eine gewisse Einheitlichkeit verleiht, sowie das leicht aussprechbare und volltönende Klangbild des Wortes.

PATROL

Automobilmodell. Der Name dieses geländegängigen Modells, der auf dem englischen Wort für «Patrouille» basiert, benennt einen möglichen typischen Verwendungszweck des Automobils, wie etwa bei → «Land Rover» oder → «Pajero» ein typischer Benutzerkreis angegeben wird. In all diesen Fällen wird im Namen, im Vergleich zum Gebrauch, den ein normaler Mitteleuropäer von diesen Modellen machen kann, eher übertrieben: So wild geht es hierzulande selten zu.

PATTEX

Klebstoff. Das Wort ist eine reine Phantasieschöpfung. Im Wortanfang «Patt-» wird lautlich-artikulatorisch mit der Zungenbewegung die Klebwirkung des Produkts nachgeahmt; die Endung «-ex» macht aus dem Wort einen chemischen Produktenamen.

PAVLOVA

Parfum. Der Name soll gemäß Werbung an die russische Tänzerin Anna Pavlova (1882–1931) erinnern, «die größte Primaballerina ihrer Zeit», die noch heute den Ballettfreunden als legendäre Künstlerin in Erinnerung ist. Der Name «Pavlova» evoziert damit direkt jene Welt der Eleganz des Theaters, des Balletts und festlicher Premieren, auf die in der Parfumwerbung so häufig angespielt wird als eine Welt, in der schöne Frauen mit Hilfe eines Parfums ihre Erfolge feiern.

P-C-KLEBER

Klebstoff, der aus *P*olivinyl und *C*hlorid hergestellt wird.

PEAUDOUCE

Papierwindeln. Sie halten die Haut – frz. «peau» – des Babys ganz zart – frz. «douce».

PEC-GELFIX

Geliermittel, das *Pec*tin enthält und mit dem die Konfitüre besonders schnell = fix geliert. Die Schreibung mit dem großgeschriebenen «PEC» gibt eine Kompliziertheit der Produktzusammensetzung vor, die gar nicht zutrifft.

PECTOCALMIN

Hustenmittel, das der Brust (lat. «*pect*us» «Brust») Ruhe verschafft (vgl. frz. «*calm*e»/engl. «calm» «ruhig».

PEDIGREE

Fleisch-Snacks für Hunde. Engl. «pedigree» heißt soviel wie «(adlige) Ahnentafel, Herkunft, Ahnenreihe»; dann auch für Zuchttiere «Zuchtstammbaum». Das Futter ist also v. a. für vornehme Hunde mit langem Zuchtstammbaum gedacht – und solche, die gleich gut behandelt werden sollen wie adlige Zuchthunde.

PEDIPEEL

Hornhautentferner. Das Wort ist zusammengesetzt aus lat. «ped-»
«Fuß» und engl. «peel» «enthäuten, schälen».

PEER

Zigarette. Eigentlich ist «Peer» im Englischen die Bezeichnung
eines Mitglieds des englischen Adels oder des Oberhauses. Damit
gehört «Peer» als Markenname in eine Gruppe mit Zigarettenmarken wie → «Lord» oder → «Ambassador», die ebenfalls Bezeichnungen vornehmer Leute aufnehmen, oder «Windsor», wo nicht nur
auf englische Adlige, sondern sogar auf das englische Königshaus
angespielt wird. In «Peer, «Lord» und «Windsor» (neben
→ «Krone»), vielleicht auch → «Winston», spiegelt sich unverhoh-
len das Interesse des deutschen Bürgers für die britische Adels-
welt, wie es auch in der Regenbogenpresse befriedigt wird. Auf der
andern Seite gehört «Peer» auch zu einer anderen Gruppe von
Zigarettennamen, nämlich zu den englisch klingenden Einsilblern
wie → «Kent» (eigentlich englische Grafschaft) oder → «Flint», die
mit ihrer englischen Einsilbigkeit eine Art moderne knappe Effizienz ausstrahlen.

PEKA

Tierfutter der Firma *Peter Kölln*. Dazu auch das Hundefutter
«Pekabello»: *«Peka* für unseren *Bello»*.

PELIFIX

Klebstoff, produziert von der Firma *Peli*kan. Die Endsilbe «-fix»
beinhaltet entweder die Bedeutung «fest, haltbar» oder «schnell»;
beides weist auf erwünschte Qualitäten eines Klebstoffes hin.

PELIKAN

Zeichen- und Schreibwarenmarke. Der Name bezeichnet an sich
einen in Afrika lebenden Vogel, der sich in der antiken Mythologie
dadurch auszeichnet, daß er seine Jungen im Nest mit seinem
eigenen Blut nährt, das er sich mit dem Schnabel aus dem Herz
abzapft. Inhaltlich hat das überhaupt nichts mit der in dieser Firma
hergestellten Warengruppe zu tun; der Name ist vielmehr vom
Wappentier des ursprünglichen Firmenbesitzers Günther Wagner
abgeleitet. Ebenso wichtig wie das Wort ist auch das dazugehörige
Signet für das Firmenimage.

PENADUR

*Pen*icillin mit langer Wirkungsdauer (lat. *«dur*are» «andauern»)

219

PENASOL

Sonnencreme. Das Erzeugnis ist ein Schwesterprodukt zur Produktengruppe mit Namen «Penaten»; die Silbe «-sol» entspricht lat. «sol» «Sonne» und weist auf die Verwendung als Sonnenschutzcreme hin.

PENATEN

Kinderpflegeprodukte. Die Penaten waren in altrömischer Zeit Hausgottheiten, die Haus und Herd beschützten und deren Verehrung der Familie Glück bringen sollte. In vergleichbarer Weise sollen auch die Produkte dieser Firma das Gedeihen der Kinder fördern.

PENBRISTOL

*Pen*icillin-ähnliches Antibiotikum (Ampicillin) der Firma *Bristol*. Gleich aufgebaut ist «Penbritin» (ebenfalls ein Ampicillin-Präparat), dessen zweiter Bestandteil auf die britische Herkunft des Medikaments hinweist.

PENTAX

Kamera. Der Name leitet sich von der Optik dieser Kamera ab, welche mit einem Penta-Prisma (fünfseitiges Prisma) konstruiert ist.

PEPITA

Fruchtsaftgetränk mit Grapefruit. Das Wort ist die weibliche Verkleinerungsform zum spanischen Vornamen «Pepe», seinerseits eine familiäre Rufform zu «José» «Joseph». Das spanische Wort soll, wie z. B. bei → «Junita», die Verbindung zu Spanien als Land der sonnengereiften Früchte herstellen.

PEPSI-COLA

Süßgetränk. Der zweite Teil des Wortes, «Cola», spielt, wie bei «Coca-Cola», auf die ursprünglichen Ingredienzien aus der Cola-Pflanze an. Weniger einfach ist die Erklärung des ersten Teils, «Pepsi». Das einzige Wort, das lautlich eine Beziehung dazu haben kann, ist «Pepsin» (engl. «pepsin»), der Name eines eiweißspaltenden Ferments im Magensaft. Falls «Pepsi» nicht einfach als originelle Lautkombination eingesetzt wurde, könnte ein Hinweis in H.-L. Menckens Buch «The American Language» vielleicht eine Erklärungsmöglichkeit geben. Zum englischen Wort «pep» «Elan, Schwung» (das oft auf «pepper» «Pfeffer» zurückgeführt wird) wird nämlich angemerkt, daß um 1890 in Amerika Pepsin ein richtiges

Modeprodukt war, das als Allerweltsmittel zur Stärkung der Gesundheit galt, und daß um diese Zeit auch das Wort «pep», offenbar als Verkürzung von «pepsin», aufkam. Um 1880–1900 spielte Pepsin in der volkstümlichen Gesundheitsideologie ungefähr die gleiche Rolle als Wundermittel wie später die Vitamine. Es könnte sein, daß diese Modewelle als Vorbild diente und die positiven, damit zusammenhängenden Assoziationen ausgenützt wurden, als 1896 das Getränk «Pepsi-Cola» kreiert wurde.

PEPSODENT

Zahnpasta. Der zweite Teil des Wortes, «-dent», ist auf lat. «dent-» «Zahn» zurückzuführen. Der erste Teil stellt ähnliche oder noch schwierigere Erklärungsprobleme wie das gleiche Element «Peps-» in → «Pepsi Cola». Es könnte auch hier der Fall sein (ist aber noch schwerer zu beweisen), daß die Pepsin-Mode in Amerika um 1880–1900 wie bei «Pepsi Cola» das Motiv für die Verwendung dieses Wortes gegeben hat.

PER

Spülmittel. Wie → «Pril» ein Produkt aus der gleichen Firma, die auch «Persil» herstellt. An den Namen dieses Erfolgsprodukts schließt sich auch der Name «Per» an.

PÈRE DODU

Markenname für Puten aus Frankreich. «dodu» ist ein Adjektiv mit der Bedeutung «wohlgenährt, gut gemästet». Das Ganze könnte man also übersetzen mit «Papa wohlgenährt» und meint sozusagen gleichzeitig den wohlgenährten Franzosen, der sie uns verkauft, wie den wohlgenährten Puter, womit man sich so gut ernähren kann.

PEREMESIN

Lang wirkendes Mittel gegen Übelkeit und Reisekrankheit, gebildet aus griech. «emein» «erbrechen» und lat. «per» «durch», «hindurch» «bis zum Ziel,» «sehr», als Andeutung der Langzeitwirkung.

PERISTALTIN

Mittel zur Förderung der Darmtätigkeit, also der Darmbewegungen, die medizinisch *Peristalt*ik genannt werden.

PERLON

Kunstfaser. Über die Entstehung des Wortes gibt es verschiedene Theorien (siehe G. Voigt).

1. Nach L. Mackensen (Sprache und Technik, 1954) heißt «Perlon» «Perlfaser», ohne daß klar würde, woher die Endung «-lon» kommt und warum diese Faser «Perlfaser» heißen soll.

2. J. Hansen (in einem Bericht «Die Erfindung der Perlonfaser» in der Zeitschrift «Chemie, Faser, Betrieb», 1958) berichtet: In der Zeit vor dem Zweiten Weltkrieg gab man vielen chemischen Produkten Decknamen. Beispielsweise wurde das Cyclohexamon, der Rohstoff für Caprolactam, den man aus Ludwigshafen bezog, nach seinem Herkunftsort und der Zahl seiner Kohlenstoffatome als «Lu 600» bezeichnet, wobei die beiden Nullen sozusagen zur Verzierung angehängt waren. Das Hydroxylamin, das von der Firma Raschig in Ludwigshafen geliefert wurde, hieß «Raschig-Salz» oder abgekürzt RA- Salz. Aus beiden Bezeichnungen ergab sich für das Lactam die Bezeichnung Luram. Zur Andeutung der Polymerisation wurde die Silbe «per» vorgesetzt. So ergab sich für den fertigen Faserrohstoff der Name Perluran. Das war für einen Handelsnamen zu lang. Man dachte daran, es zu «Perlan» zu verkürzen. Das wiederum erinnerte zu sehr an lat. «lana» «Wolle». Darum formte man die Endsilbe zu «lon» um.

3. R. Römer erwähnt eine «Legende», daß man mit Perlon ein Su*perlon* («Supernylon») schaffen wollte.

Die ersten beiden Erklärungen scheinen zweifelhaft und in ihrer Motivation teilweise schwer begründbar. Warum wurde z. B. Polymerisation zu «Per» verkürzt, und warum sollte der Anklang an «lana» unerwünscht sein? Am wahrscheinlichsten scheint doch, daß das 1938 entwickelte Perlon ein Konkurrenzprodukt zum 1935 erfundenen «Nylon» sein sollte, also ein das Nylon übertreffendes (lat. «per» als Vorsilbe «sehr», «übertreffend») Produkt sein sollte, wobei «-lon» durchaus gewollt an das Vorbild «Nylon» erinnern sollte. Die unter 2. gegebene Begründung mutet eher wie ein Versuch an, diese wirtschaftlichen Zusammenhänge zu verschleiern. Die Mutmaßungen über die Entstehung von Perlon erinnern im übrigen an jene über → «Nylon» und zeigen, daß im Bereich der Markennamen sehr oft sehr bald niemand mehr in der Lage oder willens ist, authentisch über die Entwicklung zu berichten. (Eine Zeitlang durfte auch aus Markenschutzgründen nichts über die Hintergründe der Bildung eines Markennamens veröffentlicht werden).

PERPECTOR

Hustentropfen, die Entzündungen in den Bronchien, also der Brust (lat. «pectus, *pector*is»), lindern und bei Keuchhusten (lat. «*per*tussis») nützlich sind.

PERSIL

Waschmittel. Der Name ist gebildet aus Bestandteilen der Bezeichnungen der Wirkstoffgruppen *Per*borat und *Sil*ikat. Der Name
«Persil», so berühmt er ist, ist darin eine Ausnahme unter den
Waschmittelnamen, daß er nach dem Bildungsmuster von Medikamenten und anderen Chemikalienbezeichnungen gebildet ist.
Sonst benutzt man bei Waschmitteln ganz andere Namengebungs-
verfahren (vgl. z. B. → «Ajax», → «Omo»).

PERWOLL

Waschmittel, speziell für Wolle, das von der gleichen Firma hergestellt wird, die auch → «Persil» produziert. Es ist also sozusagen das
*Per*sil für *Wolle*.

PETER STUYVESANT

Zigarettenmarke. Dieser als Personenname ungewöhnliche Markenname ist ursprünglich der Name des Generaldirektors der nie-
derländischen Westindischen Kompagnie im 17. Jh. im heutigen
US-Staat New York mit Sitz in Neu-Amsterdam, der späteren Stadt
New York. Er gilt heute deshalb vielfach als eigentlicher Gründer
der Stadt New York. Im deutschen Sprachraum war der Name
allerdings bis zur Kreierung der Zigarettenmarke so gut wie unbe-
kannt, und man kann auch heute noch sagen, daß er als Name für
eine Zigarettenmarke an sich undeutbar ist. Seine Eigenart
besteht in der ungewöhnlichen Tatsache, daß ein Personenname
zur Zigarettenmarke gemacht wurde.

PEZ

Bonbon. Phantasiename, der auffällt wegen seiner Kürze und seiner originellen Buchstabenkombination.

PFANNI

Schnellgerichte, die direkt in der *Pfann*e warm gemacht werden
können. Die Diminutiv-Endung «-i» ist typisch umgangssprachlich
und stellt eine Art Anbiederungsversuch des Produkts an die Hausfrau dar, indem sich der Produktname der familiären Alltagssprache angleicht.

PHAS

Sonnenschutzcreme. Das Wort «Phas» ist in seiner Einsilbigkeit ein typischer Gagname wie «Mum», «Bac», «Go». Im Unterschied zu diesen letzteren, eher simpel oder kindlich anmutenden Einsilblern verleiht das «Ph-» in «Phas» dem Wort jedoch etwas Griechisch-Antikes (ein griechisches Wort «phas» gibt es allerdings nicht). Der Konsument kann also etwas höhere Ansprüche an das Produkt stellen. In seiner Art bildet das Wort eine originelle Kombination von gelehrter Gehobenheit und modernem Überraschungseffekt.

PHENOPYRIN

Schmerz- und Fiebermittel (griech. «pyr» «Feuer», «Fieber»), das *Pheno*barbital enthält.

PHILÉAS

Eau de toilette/After shave für den Herrn. Der Name spielt auf den englischen Helden Phileas Fogg des Romans «In 80 Tagen um die Erde» von Jules Verne an, der heute vielleicht weniger aus der Lektüre als aus dem entsprechenden Film bekannt ist. Phileas Fogg verkörpert in vorbildlicher Weise eine ideale Kombination von Abenteurer und Gentleman, dem die Durchschnittsmänner im Angestelltenalltag allerdings nur nachträumen können.

PHILISHAVE

Ein Rasierapparat – zu engl. «shave» «rasieren» – der Firma *Phili*ps. Das Bildungsprinzip, Firmenname + Produktebeschreibung, entspricht übrigens genau jenem von → «Nescafé» oder → «Makatussin».

PHOLPRIN

Hustensirup, der u. a. auch *Phol*codinum enthält. Die Endsilbe «-prin» ist ein bedeutungsleeres Wortfüllsel.

PHOTO

Toilettenwasser für Männer. Vom Wort allein ist schwer verständlich, warum ein Toilettenwasser als «Photo» benannt werden soll. Die Bildreklame und der Slogan dazu machen die intendierten Bezüge deutlicher: «A man. A woman. A camera.» spielt auf die zum Traumberuf gewordene Tätigkeit des Modephotographen und auf das vieldeutig-erotische Verhältnis zwischen Photograph und Modell-Objekt an, (wie es als erster der Regisseur Antonioni in einer berühmten Szene seines Films «Blow up» ins Bild gebracht hat.)

PHYTO

Haarpflegemittel. Das Wort ist eine mehr oder weniger phantasie-
volle Weiterbildung zu griech «phyein» «wachsen», dazu «phyton»
«Pflanze» (eigentlich «Gewachsenes»), und deutet also die wachs-
tumsfördernde Wirkung an.

PIERROT

Speiseeis. Der Name bezieht sich auf die Symbolfigur dieses Produkts, eine komische Figur aus der französischen Pantomime; wie
diese Figur soll auch das Produkt Fröhlichkeit vermitteln.

PILFOOD

Haarwuchs- und Stärkungsmittel. Es gibt dem Haar – lat. «pilus» –
Nahrung – engl. «food».

PIL-FOOD

Präparat zur Vitaminernährung des Haares. Der Name ist gebildet
aus lat. *«pilus»* «Haar» und engl. «food» «Nahrung» und stellt insofern eine typische Sprachmischung dar.

PIL PIL

Getreideflocken. Das Wort ist gebildet zu lat. «pilus» «Haar»; motiviert ist es wohl durch die günstige Wirkung auf den Haarwuchs,
die solche Flocken haben können.

PILUNO

Mittel gegen Haarausfall; zu lat. «pilus» «Haar».

PIPTAL

Tropfen gegen Säuglingserbrechen, die die Wirkstoffe *Pip*enzolat
und Phenobarbi*tal* enthalten .

PIXI

Reihe von Miniaturbüchern für Kinder. Ein reines Phantasiewort,
das für Kinder leicht auszusprechen und zu behalten ist und dazu
mit der Endung «-i» auch einen vertraulichen Klang hat. Es verleiht den Büchern und der ganzen Reihe eine gewisse unverwechselbare Identität.

PIZ BUIN

Sonnencreme. Das Wort ist an sich der Name eines markanten
Gipfels in der Silvretta-Gruppe (zwischen dem Unterengadin und
dem Arlbergpaß gelegen). Von all den Tausenden von Bergnamen
in den Alpen, die man als Sonnencremenamen hätte wählen können (in Assoziation zur prächtigen Sonne, die auf Bergtouren zu
scheinen pflegt), bot sich gerade dieser wohl wegen seines einprägsamen, etwas exotischen, vokalreichen und gleichwohl leicht
aussprechbaren Klanges an.

PLACENTUBEX

Hautsalbe, die, gemäß Werbung, *placen*tare Extrakte enthält.

PLANTA

Margarine. Der Name ist abzuleiten von lat. «planta» «Pflanze» und
deutet auf die pflanzliche Herkunft des Produkts hin.

PLANTOS

Fruchtgetränk. Der Name ist wie → «Planta» aus lat. «planta»
«Pflanze» abgeleitet, hier jedoch zusätzlich mit der griech. Endung
-*os* versehen, was dem Wort einen noch exotischeren Klang gibt.
Das Wort «Plantos» zeigt im übrigen drastisch, mit welcher Unbe-
kümmertheit bei der Bildung von Warennamen Sprachen durch-
einander gemischt werden.

PLANTUR

Haarpflegemittel, das aus pflanzlichen Bestandteilen auf natürliche Weise gewonnen wird; das Wort ist gebildet aus lat. «planta»
«Pflanze» und «Natur».

PLASMON

Kinderbiskuits, die «Milcheiweißkonzentrat» enthalten; der Name
«Plasmon» ist abgeleitet vom physiologischen Terminus «Plasma»
«eiweißhaltige Flüssigkeit».

PLAX

Mundspülung gegen Plaque (schädlicher Zahnbelag). Das Wort
«Plax» ist einerseits zu «Plaque» gebildet, unter Anfügung eines
wissenschaftlich aussehenden -x, andererseits kennzeichnet die
Einsilbigkeit das Wort als Markennamen aus jüngerer Zeit (wie
etwa → «Act», → «Bac» usw.)

PLAYCREW

Freizeitbekleidung, Sportartikel usw. Das Wort ist zusammengesetzt aus engl. «play» «spielen» und engl. «crew» « Mannschaft». Das
Ganze ergibt eine Zusammensetzung mit einer eher vagen Bedeutung wie «Spielgruppe», die immerhin Gedankenverbindungen zu
Freizeitbeschäftigungen aller Art ermöglicht.

PLAYMOBIL

Kinderspielzeug. Der Name ist gebildet aus engl. «play» «spielen»
und «mobil», was in diesem Zusammenhang weder auf das Adjektiv «mobil» «beweglich» noch «Automobil» hinweist, sondern eher
eine unklare Assoziation an moderne Technik vermitteln soll.

PLAYSKOOL

Spielzeug für Kleinkinder; der Markenname ist gebildet aus engl.
«play» «spielen» und einer verfremdenden Schreibweise von engl.
«school» «Schule». Beim Spielen mit diesen Spielzeugen lernen
kleine Kinder soviel wie in der Schule.

PLEXIGLAS

*Glas*artiger, hart-biegsamer Kunststoff. «Plexi-» wird gewöhnlich
mit lat. «plectere» «flechten»/lat. «plexus» «Geflecht» in Beziehung
gebracht, ohne daß klar wäre, welches der Zusammenhang mit
dem Material ist. Vielleicht spielt die lautliche Nähe zu lat. «flex-»
«biegsam» eine gewisse Rolle. – Der Bestandteil «Plex-» kommt in
einer ganzen Reihe weiterer Kunststoffbezeichnungen vor, so z.B.
in «Plexidur» (mit «-dur» zu lat. «durus» «hart»), «Plexigum» (mit
engl. «gum» «Gummi»; der Name bezeichnet also einen Kunststoff
mit Eigenschaften wie Gummi) oder «Plexitex» (mit «-tex» zu «textil» «Gewebe).

PLURANGO

Orangensaftgetränk, das mit Fruchtfleisch angereichert ist, also
aus mehr – lat. «pluris» – als nur bloßem *Orang*ensaft besteht.

POLAROID

Sofortbildkamera. Der Name ist zwar aus wohlbekannten technischen Ausdrücken gebildet, die aber selbst wenig mit dem Produkt
zu tun haben. Zugrunde liegt wohl der Ausdruck engl. «polarize»
«polarisieren» bzw. «polarisiertes (Licht)», (d. h. Licht, dessen
Strahlen in eine einzige Schwingungsebene gebracht wurden).
Das griech. Element «-oid» bedeutet gewöhnlich «ähnlich wie»,
«-förmig», z. B. in Wörtern wie «rhomboid» «rhombenförmig»,

«Alkaloid» «alkaliähnliche Verbindung». Beides zusammen ergibt keinen rechten Sinn als Bezeichnung für einen Fotoapparat; es tönt aber eindrucksvoll wissenschaftlich, und das ist wohl der primäre Sinn des Namens.

POLIBOY

Möbel*poli*tur. Die Silbe «-boy», wenn sie überhaupt etwas bedeuten soll, assoziiert engl. «boy» im Sinne von «Diener».

POLIFIX

Schuhcreme, mit der Schuhe «fix» = schnell *poli*ert sind.

POMÍTO

Passierte Tomaten. Das Wort ist die italienische Verkleinerungsform zu ital. «pomo» in der Zusammensetzung «pomo d'oro» «Tomate» (wörtlich «Goldapfel»).

POMME D'API

Körperpflegemittel. Ursprünglich ist «Pomme d'Api» der Titel einer Operette von Jacques Offenbach; der Name kann also als literarische Anspielung verstanden werden. Gleichzeitig ruft das französische Wort «pomme» «Apfel» den Gedanken an frische Fruchtigkeit hervor, besonders in Verbindung mit der hellgrünen Farbe der Verpackung; solche Assoziationen sind heute im Zusammenhang mit der Körperpflege sehr beliebt.

POMPADOUR

Damenwäsche. So benannt in Erinnerung an Madame Pompadour (1721–1764), die luxusliebende Mätresse des französischen Königs Ludwig XV., die eine Zeitlang maßgeblich die Mode am Hof in Versailles bestimmte.

PONAL

Holzleim. Das Wort ist eine reine Phantasieschöpfung, wobei ihm die Endsilbe «-al» einen gewissen Anstrich eines gehobenen chemisch-technischen Produktes gibt. Dies unterscheidet die Bildung z. B. von einem Namen wie → «Pritt».

PONTESA

Kunstfaser, die in Emmenbrücke bei Luzern (frz. *«pont»* «Brücke») hergestellt wird.

PORTOS

Eau de toilette für Männer. Das Wort ist der Name eines der Helden aus Alexandre Dumas' Abenteuerroman «Die drei Musketiere». Der Name gibt dem Benützer den Anstrich einer ebensolchen männlichen Abenteuerlust.

POST-IT

Haft-Notizblätter. Engl. «post it» bedeutet wörtlich «schlag es an!» «Kleb es an» (vor allem für Plakate). Der Name drückt also das aus, was man mit dem Produkt tun soll.

POTZ

Scheuermittel. In seiner Einsilbigkeit ist das Wort «Potz» ein typischer Name für ein Haushaltsreinigungsmittel. Gleichzeitig ist es einer jener Namen von Haushaltsprodukten, in denen ein typischer Ausruf der Hausfrau enthalten ist, wenn sie das Ergebnis erblickt: «Potz tausend, wie das sauber wird!» (Vergl. z. B. auch → «Hui», → «Sofix».)

POWERPLAY

Kraftnahrung. Nach der Reklame ist das ein Präparat, mit dem spielend (engl. «play») mehr Kraft (engl. «power») erworben wird. Eigentlich liegt dem Namen aber ein Fachausdruck aus der Eishockeysprache zugrunde: «Powerplay» bezeichnet das Spiel in Überzahl (das theoretisch mit einem Torerfolg enden sollte). Ebenso gibt dieses Mittel Kraft, um überlegene Erfolge erzielen zu können.

PRAIRIE

Automodell; in der Form «La Prairie» auch Name für ein Hautpflegemittel. Das Wort, die französisch-englische Entsprechung zu «Prärie» «weites, flaches, baumloses Land», spiegelt eine etwas realitätsferne Idealvorstellung von einem naturnahen, gesunden, ursprünglichen Leben, wie es etwa die Cowboys führen, wider. Beim Autonamen wird damit auf die rustikale Ausstattung und Geländegängigkeit des Modells angespielt: Das Auto ist besonders für die Prärie geeignet (was in Europa, wo es keine Prärie gibt, aber ohnehin keine Rolle spielt). Für ein Hautpflegemittel stehen bei diesem Wort wohl eher Assoziationen wie «frisches, gesundes Leben», «gesunde Kräuter» im Vordergrund.

PREDNISON

Hormonpräparat, das entzündungshemmend wirkt; zu griech. «prêdôn» «Brand, Entzündung». Mit oder aus dem Wort «Prednison» sind auch Namen wie «Prednisolon», «Predniflex»(Antirheumatikum mit «*Predni*solon», das die Glieder wieder «flexibel» macht), «Predniphenol» (Medikament mit «Prednisolon» und Chlo-ram*phen*icol) und – «Prednitracin» (Medikament mit Prednisol und Bacitracin) gebildet.

PRELLORAN

Salbe zur Entzündungshemmung bei *Prell*ungen; einer jener relativ seltenen Medikamentennamen, die von deutschen Wörtern Gebrauch machen.

PRÉLUDE

1. Parfum. Der Name ist von einer ähnlichen Mehrdeutigkeit wie → «Nocturne». Zunächst bezeichnet «Prélude» eine bestimmte Art von Musikstücken, wie sie vor allem von Chopin komponiert wurden, was wiederum an eine romantische, elegant-leichte, melancholische Musik denken läßt. Dann aber heißt «Prélude» (bzw. lat. praeludium) ursprünglich auch «Vorspiel»; man kann sich allerlei ausmalen, wozu der Duft eines solchen Parfums ein Vorspiel geben könnte.
2. Automobil → «Quintet».

PREMIÈRE

Parfum. Der Name spielt auf die Welt des Theaters als eines Orts der Festlichkeit, der Eleganz und der gehobenen Stimmung an. Gleichzeitig weckt das Wort «Première» Assoziationen an Ereignisse, die erstmals stattfinden, deren Ausgang man noch nicht kennt, die aber Hoffnungen auf große Erlebnisse wecken. Vielleicht führt auch dieses Parfum solche Premieren herbei.

PRETTA

Gewebeveredler. Der Name ist eine Verkürzung aus «appretieren» «Gewebe veredeln».

PREVIA

Automodell, Großraumlimousine. Der Name kann mit lat. «prae» «vor» und «via» «Weg» in Verbindung gebracht werden und erinnert damit an das Pionier-Bewußtsein, das auch in → «4Runner» enthalten ist.

PRIL

Spülmittel. Ursprünglich ein Defensivwort zu → «Persil», d. h. ein Wort, das die Produktionsfirma juristisch für sich reservieren ließ, ohne eigentlich ein Produkt damit benennen zu wollen; vielmehr wollte sie damit verhindern, daß andere Produzenten ein Konkurrenzprodukt mit sehr ähnlichem Namen benennen könnten. Wenn die gleiche Firma, die auch «Persil» produziert, das Wort hier wieder aufgenommen hat, ist allerdings die lautliche Ähnlichkeit durchaus nicht unerwünscht. Eine solche erwünschte Klangähnlichkeit mit «Persil» weist auch «Per» auf. Sowohl «Pril» wie «Per» sind übrigens in ihrer Lautgestalt, d. h. als einsilbige Wörter, typische Namen für Allesreiniger und Spülmittel, die ja meist möglichst kurz sein sollen (man denke nur etwa an «Viss», «Vif», «Fox», «Flup», «Potz», «Tenn», «Sun».)

PRIMERA

Automodell. Das Wort hängt zusammen mit span. «primera» zu «de primera classe» «erstklassig».

PRINTIL

Deodorant, das den Benutzer so frisch wie den Frühling, frz. «printemps», macht.

PRISMALO

Farbstifte, mit denen man die Farben so fein differenziert *mal*en kann, wie sie bei der Brechung durch ein *Pris*ma in den Regenbogenfarben in Erscheinung treten.

PRISMA

Automobil. Ein Name, der überhaupt nicht für ein Automobil zu passen scheint. In Wirklichkeit ist der Name, wie → «Thema», gewählt worden, weil es sich dabei um ein griechisches Wort handelt und dies auch direkt erkennbar ist. Die Namengebung schließt damit an eine schon länger bestehende Tradition der Verwendung griechischer Wörter wie z. B. → «Delta» zur Modellbenennung bei dieser Firma an.

PRITT

Klebstoff. Das Wort ahmt lautmalerisch und artikulatorisch das schnelle Zusammenkleben zweier Flächen nach besonders das «-tt» kann als taktile Nachbildung des Klebens empfunden werden.

PROGRESS

Haushaltgeräte. Das Wort «Progress», das ursprünglich aus lat. «progressus» stammt, heute aber wohl v. a. aus dem Englischen geläufig ist, bedeutet «Fortschritt».

PRONTOPHOT

Schnellfotoservice. Das Wort ist zusammengesetzt aus ital. «pronto» «schnell bereit» und Phot(ographie).

PRONTOPYRIN

Schmerz- und Fiebermittel, das «rasch» (ital. «pronto») gegen Fieber (griech. «pyr» «Feuer, Fieber») hilft.

PROTECTOR

Phosphatarmes Waschmittel. Das Wort «protector» ist lateinisch und bedeutet «Beschützer»; das Produkt schützt durch seine Phosphatarmut unsere Gewässer. Der Name unterscheidet sich von den meisten anderen geläufigen Waschmittelnamen durch seinen anspruchsvollen Klang, der allerdings in diesem Falle gerade das seinerzeit Wissenschaftlich-Neue an diesem Waschmittel (wenig Phosphatgehalt) unterstreicht.

PROTEDRIN

Nasentropfen, die Silber*protei*nat und Eph*edrin* enthalten.

PROT-O-CAL

Eiweiß-Schlankheitsnahrung, zwar mit den nötigen *Prot*einen (Eiweißstoffen), aber *o*hne die unerwünschten *Cal*orien. Das Wortbild mit dem von Bindestrichen eingerahmten -o- schließt sich dabei an ein älteres amerikanisches Verfahren an, durch diese auffällige und ungewöhnliche Abtrennung eines bedeutungslosen «-o-» zusammengesetzten Warenbezeichnungen einen besonderen, werbeträchtigen Charakter zu geben.

PROTOVIT

*Vit*aminpräparat; der Bestandteil «Proto-» besagt in der Chemie/Physiologie, daß es sich um grundlegende, besonders wichtige Stoffe für die Körperfunktionen handelt.

PTISENBON

Toilettenartikel für die Kleinen. Der Name ist eine phonetische Zusammenziehung aus frz. «Petit sent bon» «(Der) Kleine riecht gut».

PUDA

Puddingpulver. Eine sehr simple Ableitung aus *Pud*ding mit Hilfe der lateinischen Endung «-a».

PULMEX

Salbe, die bei Erkältungen eingerieben wird und so den Beschwerden der Lunge – lat. «pulmo» – abhelfen soll.

PULMOLL

Hustenbonbon, das das Atmen – lat. «pulmo» «Lunge» – angenehmer machen soll – lat. «mollis» «weich, angenehm».

PUMA

Sportbekleidung. Der Name spielt, wie etwa → «Elefant» oder → «Salamander», auf ein zugleich als Signet gebrauchtes Symboltier an, den Puma, eine in Südamerika beheimatete Raubkatze. Das Symboltier soll hier gleichzeitig auch zum Produkt passende Assoziationen wecken wie katzenhafte, elegante Sprungkraft, Schnelligkeit, Gewandtheit, die als Ideale für Sportler dienen könnten. Man kann sich fragen, warum gerade von allen Raubkatzen, die ja die gleichen Eigenschaften besitzen, der relativ unbekannte Puma als Signet ausgewählt wurde und nicht etwa der Jaguar oder der Tiger. Sicher spielt hier einerseits der Klang eine Rolle: «Puma» ist als Wort klangvoller als der Name anderer Raubkatzen. Andererseits werden viele andere, vor allem besser bekannte Raubkatzen, zusätzlich mit Eigenschaften wie «aggressiv» «gefährlich», «brutal» in Verbindung gebracht. Für Automarken wie z. B. «Jaguar» sind solche Gedankenverbindungen nicht unbedingt schädlich, wohl aber für Bekleidungen. Gerade auch dadurch, daß der normale Europäer sich unter einem Puma nichts sehr Konkretes vorstellen kann, eignet sich das Wort als Produktname.

PURQUELL

Mineralwasser aus einer reinen (lat. *pur*us «rein») *Quell*e.

PYRAMIDON

Schmerzmittel; der Name hat nichts mit ägyptischen Pyramiden zu tun (obwohl dieser Anklang sicherlich den Namen leichter im Gedächtnis haften läßt), sondern ist abzuleiten von seiner Wirksubstanz 1-Phenyl-2,3-dimethyl-4-dimethyl*amin*o-*pyr*azol-*on*.

PYREX

Backformen aus feuerfestem Glas. Der Name ist zu griech. «pyr» Feuer» gebildet.

VON QUATTRO BIS QUORUM

QIANA

Kunstfaser. Einer der wenigen Kunstfasernamen, die nicht bewußt und geplant aus bedeutungshaltigen Wörtern abgeleitet oder zusammengesetzt sind. (Die meisten Kunstfasernamen sind sonst, auch wenn sie dem nicht vorbelasteten Laien vollkommen unverständlich und sinnlos erscheinen mögen, von den Namengebern aus irgendwelchen sinnvollen Bestandteilen zusammengestückelt worden.) Der Name ist, wie → «Exxon», mit Hilfe des Computers geschaffen worden, und das sieht man dem Namen auch an, denn eine Buchstabenfolge «Qi» würde einem Sprecher einer westlichen Sprache («Qiana» ist in den USA erfunden worden) kaum in den Sinn kommen, weil in den üblichen Orthographiesystemen des Deutschen, Französischen oder Englischen q nur vor einem u vorkommen darf. Der Computer hat das offensichtlich nicht gewußt und deshalb keine solchen Hemmungen gehabt. Freilich brauchte es den Blick des Werbefachmanns, um das Werbepotential dieses Namens zu erkennen und gerade ihn aus 6500 (!) erzeugten Buchstabenkombinationen auszuwählen; die Qualität dieses Namens liegt nämlich gerade in der Einmaligkeit dieser Buchstabenfolge «Qi», welche das Wortbild unverwechselbar und auffällig macht. Dem widerspricht auch nicht (ja es wird dadurch eher unterstützt), daß der Rest des Namens sich durchaus an das Lautbild leicht exotischer, aber klangvoller (spanisch-italienischer) weiblicher Vornamen anschließt.

QUAKER CRUNCH

Getreideflocken. Die Quäker, engl. «quaker», sind eine amerikanische religiöse Gruppierung, die sich u. a. durch eine besonders einfache und naturverbundene Lebensweise auszeichnet. Zu ihrer typischen Nahrung gehören auch solche Getreideflocken, das Produkt stellt sich also als typische, gesunde, natürliche Quäkernahrung vor. Mit engl. «crunch» «knacken, krachen» werden die Flocken zugleich als knusprig charakterisiert.

QUARTZ

Parfum. Es ist wohl nur in den achtziger Jahren des zwanzigsten
Jahrhunderts möglich, einem Parfum den Namen «Quartz» (die
französische Form zu «Quarz») zu geben, also einen Namen, der
eher an etwas Kantiges, Hartes, Glänzendes als an Fraulichkeit
und Duft denken läßt. Gewöhnlich sind Parfumnamen mit eher
vagen, meist aber romantisch-geheimnisvollen Assoziationen verknüpft. Bei «Quartz» allerdings steht wohl weniger der als
Schmuckstück getragene Edelstein als Verbindungsglied im Vordergrund als die Verwendung des Minerals in Quarzuhren. Die
Anknüpfung an ein charakteristisches, wenn auch leicht banales
Symbol des Fortschritts der achtziger Jahre soll also den kühlen
Hauch der neuesten Modernität mit dem Parfum in Verbindung
bringen.

QUASAR

Handelsmarke für Unterhaltungselektronik. Das Wort ist der
Astronomie entnommen, wo es als Abkürzung für *Quas*istell*are*
Radioquelle» gebräuchlich ist. Unterhaltungselektronik nimmt
allerdings kaum solche Signale auf; das Wort enthält als nur halb
verständlicher Begriff aus der Astronomie eher ein allgemeines
Prestige der Wissenschaftlichkeit.
Zu «Quasar» ist außerdem «Quasatron» als Markenname für
Taschenrechner gebildet (mit «-tron» aus «elektronisch»).

QUATTRO

Automodell. Der Name stammt aus dem Italienischen, wo er ganz
einfach «vier» bedeutet; er nimmt damit Bezug auf den Vierradantrieb des Autos. Bemerkenswert ist an diesem Namen, außer der
Einfachheit seines Gehalts, nur, daß man eine so einfache Aussage
offenbar nicht mit deutschen Wörtern machen kann, sondern ein
fremdsprachiges und, was hier wiederum typisch für deutsche
Autos ist, italienisches Wort braucht. Deutsch scheint eine für
Autonamen denkbar ungeeignete Sprache zu sein. Italiener können dagegen ohne weiteres Italienisch für Automodelle verwenden, denken wir nur an das – ähnlich wie «Quattro» – benannte
Modell → «Uno» (= «eins»).

QUENTY

Hautkosmetikmittel. An sich ist das Wort eine reine Phantasie-schöpfung. Es ruft allerdings verschiedene Assoziationen hervor: Einerseits tönt es sehr englisch und damit modern-erfolgreich, andererseits enthält es eine Anspielung auf «Quentchen», ein altes Maß für sehr kleine Mengen (1/lo Lot), das vor allem von Apothekern gebraucht wurde. Das Wort assoziiert somit «Wirksamkeit bei kleinen Mengen».

QUICK

1. Illustrierte Wochenzeitschrift. Der Name wird ursprünglich eine Art Gagname gewesen sein, der von anderen, ernsthaften Zeitschriftennamen wie «Frau im Leben», «Die Illustrierte», «Brigitte» durch seine spielerische Nonsenswirkung abstach. Immerhin ist im Namen noch das umgangssprachliche «quick» «schnell, lebhaft» enthalten, das eine aktuelle, schnelle und lebendige Berichterstattung verspricht.
2. Fertigteig, mit dem Sie den Kuchen ganz schnell (engl. «quick») zubereitet haben.

QUICK PACK

Alufolie. Der Name ist gebildet aus engl. «quick» «schnell» und engl. «pack» «packen»; er benennt so den Vorteil solcher Folien, damit Speisen usw. besonders schnell einpacken zu können.

QUINTERO

Zigarre. Das spanische Wort «quintero» heißt «Gutspächter», «Bauernbursche». Damit wird also eine Art Charakterisierung der Konsumenten- oder der Produzentengruppe dieser Zigarre gemacht: Sie gehört dem echt bäuerlichen Lebensbereich an.

QUINTET

Automobilmodell. Wörtlich bezeichnet engl. «quintet» eine Musikergruppe, die aus fünf Mitgliedern besteht, bzw. ein Musikstück für eine solche Besetzung. Ein Automobilmodell mit diesem Namen ist somit wohl ein Fünfplätzer. Der Name ist aber auch im Zusammenhang mit der ganzen Modellpalette dieser Marke zu sehen, die mit → «Accord», → «Jazz», «Concerto» und → «Prélude» systematisch Namen aus der Fachsprache der Musik trägt.

QUORUM

Eau de toilette/Badezusätze usw. für Männer. Inhaltlich ist die Namengebung völlig unsinnig; «Quorum» bezeichnet nämlich «Zahl der Anwesenden an einer Versammlung, die zur Beschlußfähigkeit notwendig ist». Was dieser Begriff aus Geschäftsordnungen mit einem Duftwasser zu tun haben könnte, ist unerfindlich. Worauf es aber hier ankommt, ist sicher weniger die eigentliche Bedeutung des Wortes (die ohnehin viele nicht kennen dürften) als der Klang, der mit den Anfangsbuchstaben «qu-» und der Endsilbe «-um» eine vornehm klassische Latinität ausstrahlt und so durch seine Lautassoziationen auf die «eigenwillige und kontrastreiche Eleganz» (so der Hersteller) des Duftes dieses Produktes hinweist.

VON RAGUSA BIS ROWENTA

R 1 / R 6

Zigaretten. Die Marken kennzeichnen die Produkte als Nummer Eins bzw. Nummer Sechs in einer Reihenfolge von Zigaretten der Firma *R*eemtsma.

RADIAL

Ski. Der für eine Skimarke eigenartige Name – der durchschnittliche Konsument kennt «Radial» nur als eine Bezeichnung für eine bestimmte Sorte von Autoreifen – leitet sich von der speziellen Eigenschaft dieses Modells ab, dem Skifahrer beim Schwingen zu einem «natürlichen Drehradius» – engl. «natural turning radius» – zu verhelfen. Die Adjektivableitung «Radial» stellt schon in sich einen Ausdruck dar, der irgend etwas technisch Durchdachtes suggeriert.

RADION

Waschmittel. Der Name soll wohl zunächst vor allem gelehrt klingen und so dem Erzeugnis das Prestige eines wissenschaftlichen Produktes geben. Dem Stamm «Rad-» kann man zugleich aber auch das lateinische Wort «radiare» «strahlen, scheinen« zuordnen; dieses Waschmittel macht also die Wäsche «strahlend weiß».

RADO

Uhren. Die Marke ist eine Phantasiekreation, deren Vorteile sind, daß sie gleichzeitig kurz und einprägsam, in den meisten international geläufigen Sprachen leicht aussprechbar und wiedererkennbar ist. (Es konnte sicher bei der Kreation auch nicht vorausgesehen werden, daß sich später aus dem Sultanat Oman eine Frau namens Barbara Rado als Namensvetterin melden würde.)

RAGULETTO

Tomatensaucen. Das Wort ist eine überblendende Vermischung aus «Ragout» (Saucengericht mit feingeschnittenem Fleisch) und dem Namen «Rigoletto», dem bekannten Titelhelden aus einer Verdi-Oper; letzteres weckt simpel und einfach Assoziationen an Italien, das Land der Tomatensaucen.

RAGUSA

Schokoladenstengel. «Ragusa» ist an sich der Name einer Stadt und einer Provinz auf Sizilien sowie der ital. Name von Dubrovnik. Für

das Verständnis als Schokoladenamen spielen diese Zusammenhänge aber wohl keine Rolle. Wie beim Schokoladenamen
→ «Torino» spielt eher die Klangfülle mit, u. U. auch der italienische Klang, der an sich (wie etwa bei → «Ascona») beim Verbraucher positive Erinnerungen an den Süden weckt.

RAIDER

Schokolade. Wörtlich heißt engl. «to raid» «überfallen, plündern»,
das Substantiv «raider» bezeichnet jemanden, der einen solchen
Überfall macht. Der Name soll also wohl andeuten, daß diese
Schokolade etwas für Plünderer ist, daß die Gestelle mit dieser
Schokolade direkt geplündert werden (so gut ist sie).

RAMA

Margarine, die, wenigstens dem Namen nach, die Qualität von
*Rahm*butter erreicht (oder zumindest diese ersetzen können soll).
Der Ausfall von -h- gibt dem Namen ein etwas vornehmeres lateinisches Aussehen. Vor dem Zweiten Weltkrieg wurde allerdings
der Name noch «Rahma» geschrieben. Das Weglassen des -h- kann
auch damit in Zusammenhang gebracht werden, daß es im
Gefolge einer heftigen Auseinandersetzung zwischen Milchprodu-
zenten und Margarineproduzenten der Margarineindustrie
gesetzlich verboten worden war, «auf Milch, Butter und andere
Milcherzeugnisse hinzuweisen». Das war auch gegen Werbesprü-
che wie die Bezeichnung von «Rahma» als «Butter-Meisterstück»
gerichtet. In solchen Zusammenhängen ist das -h- durchaus
bedeutsam, bzw. beim Verbot solcher Anspielungen das Weglassen des -h- beinahe schon eine juristisch begründete Maßnahme,
welche den allzu nahen Anklang beseitigen helfen kann.

RAMEE

Camembert mit, nach Werbung, typischem *ra(h)m*igem Aroma;
die Endlaute «-ee» verleihen dem Wort ein französisches Aussehen, das wiederum französische Qualität verspricht. Produkt und
Name stammen allerdings aus Deutschland.

RAMONA

Bonbons. «Ramona» ist an sich die weibliche Form des spanischen
Namens «Ramón» (= deutsch «Raimund»). Als Name ist er in
Deutschland vor allem durch Schlager bekannt und modisch
geworden. Von dieser modischen Beliebtheit, zu der auch die spanische Herkunft ihren Teil beiträgt, zehrt die Verwendung als Bon-
bonnamen, wobei natürlich auch der Wohlklang das Wort einprägsam macht.

RANGE ROVER

Automobilmodell, eine Art Luxusgeländefahrzeug. Der Name ist eine verkürzende Zusammenfügung aus engl. «ranger» «Forstaufseher» und engl. «rover» «Wanderer, Pfadfinder»; er umschreibt also die Benützergruppe, für die dieses Automobil besonders geeignet ist. Im Namen wird gleichzeitig auf das weitaus spartanischere Modell → «Land Rover» angespielt.

RAPI

Schuhcreme, mit der das Schuhputzen sehr schnell, frz./engl. «rapid(e)», geht.

RASTELLA

Eine Art → «Nutella», das von der Firma «Rast» produziert wird.

RAVALGEN

Knoblauchpräparat gegen Arterienverkalkung. Der Name ist eine Phantasiebildung, die immerhin in ihrer Dreisilbigkeit, dem -v- in der Mitte und der betonten Endsilbe -en eine typisch medizinisch-pharmazeutische Gestalt hat.

RAVISSA

Körperpflegemittel. Der Name ist eine Verkürzung aus dem französischen Adjektiv «ravissant» «hinreißend»; die Anfügung von -a gibt dem Namen dazu noch das Aussehen eines Mädchennamens (man vergleiche etwa «Larissa»). Beides, die inhaltliche Herleitung wie der formale Anklang, machen das Wort zu einem typischen Namen der Parfumerie.

RAY-BAN

Sonnenbrillen. Abgeleitet aus engl. «ray» «(Licht-)Strahl» und «ban» «abhalten, verbannen».

RAYON

1. Schokolade 2. Kunstseide. Der Name für die Schokolade entspricht wohl dem französischen Wort «rayon» mit der Bedeutung «Lichtstrahl», wobei der Inhalt des Wortes weniger wichtig ist als das in mehreren Sprachen leicht lesbare und aussprechbare Wortbild. Der Verwendung als Name für eine Kunstseide ist dagegen eher das englische Wort «ray» ebenfalls mit der Bedeutung «Lichtstrahl», zugrundezulegen; damit wird ein Stoff aus diesem Material als «glänzend wie ein Lichtstrahl» charakterisiert. Die Endsilbe

«-on» lehnt sich an die gleichlautende Endung von engl. «cotton» «Baumwolle» an, womit eine Verwandtschaft mit diesem Material angedeutet wird. Der Textilfasername hat, ähnlich wie → «Nylon», eine große Bekanntheit erlangt und Bestandteile zur Bildung weiterer Kunstfasernamen geliefert; schon die Endung «-on» in «Nylon» könnte durch das ältere «Rayon» beeinflußt worden sein. In Anlehnung an «Rayon» sind z. B. Kunstfasernamen wie «Rayfil» (mit frz. «fil» «Faden»), «Rayflex» (mit «-flex» «biegsam»), «Raylene» (mit «-lene» zu Polyaethy*len* wie in → «Crimplene») oder «Raysorb» (mit «-sorb» aus engl. «to absorb» «absorbieren, aufsaugen») gebildet worden .

RAYONNANCE

Haarshampoo, das Ihren Haaren strahlende (frz. «rayon» «Strahl, Schimmer») Eleganz (frz. «ele*gance*») verleiht.

REACH

Mundpflegemittel. Diese Mittel erreichen (= engl. «reach») mit ihrer desinfizierenden Wirkung jeden Winkel der Mundhöhle.

RECTOPYRIN

Zäpfchen (mit «*rekt*aler» Einnahme) gegen Fieber (griech. «pyr» «Fieber»).

REDDY

Birchermüeslimischung; mit ihrer Hilfe ist ein Birchermus schnell bereitet (zu engl. «ready», ausgesprochen wie «reddy», «bereit»).

REDOXON

Vitamin-C-Präparat. Vitamin C ist wichtig für *Redox*-Vorgänge im intermediären Stoffwechsel (Redox-Reaktion = Oxydationsreaktion, die mit einer chemischen Reduktion einhergeht); um diese Vorgänge aufrechtzuerhalten, muß im Notfall «Redoxon» eingenommen werden.

REGATA

Automobilmodell. Der Name ist eine leicht verfremdete Form von ital. «regatta» «Regatte, Bootsrennen». Abgesehen von den Assoziationen mit Sport, Wettkampf, Wind, Geschwindigkeit, die einem Automodell natürlich ein ganz bestimmtes Image verleihen, sagt der Name selbst über das Automobil nichts Besonderes aus; wichtig erscheint eher der Klang.

RÉGÉNIUM

Hautpflege, welche die Haut sich *regen*erieren hilft. Die Endung
-ium gibt dem Wort einen vornehm-gelehrten Klang.

REI

*Rei*nigungsmittel. Der Name ist eine einfache Abkürzung aus einer
Art Produktecharakterisierung, ähnlich wie bei → «Bess» oder
→ «Fewa».

REKORD

Automodell. An sich spricht das Wort schon für sich: Es deutet eine
in den Annalen verzeichnenswerte Höchstleistung an. Der Name
«Rekord» ist jedoch eine Verkürzung einer ursprünglichen Modellbezeichnung «Olympia Rekord», was im Sport eine absolute
Topleistung beinhaltet. Der «Olympia Rekord» war seinerseits wiederum ein Nachfolgemodell des alten, altbekannten Modells
→ «Olympia», das schon vor dem Zweiten Weltkrieg produziert
worden war.

REOSAL

Regeneriersalz für Geschirrspülautomaten. Die Vorsilbe «Re-» des
Wortes ist entnommen aus dem Verb «regenerieren», «sal» ist das
lateinische Wort für «Salz».

REPARIL

Abschwellendes Medikament, das die geprellten, verstauchten,
gequetschten Gliedmaßen «wiederherstellt» (= lat. «reparare»).

RESOPAL

Kunststoff. Der Name ist gebildet aus lat. «*res*ina» «Harz» und deutet die Herstellung aus Kunstharz an; «-opal» ist eine Charakterisierung des Aussehens als milchig-halblichtdurchlässig im
Anschluß an den Namen des Halbedelsteins Opal.

RESYDROL

Wasserlöslicher Kunstharzlack. Zu lat. «*res*ina» «Harz» und griech.
«h*ydor*» «Wasser».

REVOX

Tonbandgeräte. Das Wort ist zusammengesetzt aus lat. «re-» «wieder» und lat. «vox» «Stimme». Der Gehalt von «Re-» ist dabei nicht ganz klar; wenn es sich nicht um eine einfache Füllsilbe handelt, könnte darin auch auf Wörter wie «Recorder» «Resonanz» usw. angespielt werden.

REYNO

Zigarettenmarke. Der Name ist eine Verkürzung aus dem Namen des Produzenten *Reyno*lds.

REZI

Silberpflegetuch. Der Name ist aus den Anfangssilben der Produzenten *Rei*ter & *Zi*egler abgeleitet.

RHENANIT

Kunststoff, der hergestellt wird von einer Firma am Rhein, lat. *Rhen*us, bzw. lat «rhenanus» «rheinisch».

RHENOPLAST

Ein Kunststoff bzw. *Plast*ik, der am Rhein (lat. *Rhen*us) produziert wird.

RHINOPRONT

Schnupfenmittel, das in der Nase (griech. «rhin-» «Nase») eine prompte Wirkung (ital. «pronto») entfaltet. Der Bestandteil «rhin-» zu griech. «rhis, rhinos» «Nase» ist sehr beliebt für Schnupfenmittel; zu nennen wären etwa neben «Rhinopront» «Rhinicept», das das Laufen der Nase unterbindet (engl. «inter*cept*»), «Rhiniflux», das ebenfalls das Laufen der Nase verhindern soll (vgl. lat. «fluxus» «das Fließen»), «Rhinipan», ein Schnupfenmittel der Firma *Pan*-pharma, «Rhinospray», ein Schnupfenmittel in einer *Spray*flasche, «Rhinotussal», das nicht nur den Schnupfen, sondern auch den Husten (lat. «tussis») bekämpft, oder «Rhinothricinol», das das Antibiotikum Tyro*thricin* enthält.

RHOVYLON

Kunstfaser, die von der Firma *Rhô*ne-Poulenc produziert wird. Der zweite Teil des Wortes lehnt sich an das Wort «Nylon» an, wo das -v- wohl deshalb eingesetzt worden ist, um eine allzudirekte lautliche Verwandtschaft der beiden Wörter zu vermeiden.

RICE KRISPIES

Frühstücksflocken aus Reis. Das Ausgangsmaterial wird im englischen Wort «rice» «Reis» angegeben; der Bestandteil «Krispies» ist eine orthographisch verfremdete Substantivierung aus dem englischen Adjektiv «crisp» «knusprig».

RICOH

Japanische Kamera. Der Markennamen ist eine Zusammenziehung aus dem früheren (bereits zusammengesetzten) Firmennamen «*Riken-Koo*gaku-Koogyoo», wobei «*-oo*» wohl zu «*-oh*» umgewandelt wurde, um auch in englischsprachigen Ländern die richtige Aussprache zu gewährleisten. «Riken-Koogaku-Koogyoo» seinerseit ist abgeleitet aus japan. «*ri*kagaku» «Naturwissenschaft», «*ken*kynujo» «Institut» «koogaku» «Optik» und «koogyoo» «Industrie».

RICOLA

Kräuterbonbons. Der Name ist gebildet aus *Ri*chterich (Name des Gründers) & *Co*, *La*ufen (Produktionsort).

RICOSTA

Schuhe. Zusammengesetzt aus der Anfangssilbe des Namens der Besitzerfamilie «*Riek*er» und dem Bestandteil «-costa», der außer einem modisch-italienischen Klang keinerlei Bedeutung mitteilen soll.

RIDEX

Mittel gegen Hautfalten. Gebildet aus frz. «ride» «Runzel» und lat. «ex» «aus, weg».

RIFAPRIM

Antibiotikum, das die Stoffe *Rifa*mpicin und Trimeto*prim* enthält. – *Rif*ampicin ist im übrigen auch ein namengebender Bestandteil der Antibiotika «Rimacton» und «Rifoldin».

RIFLE

Jeans. Wörtlich heißt engl. «rifle» «Gewehr». Damit werden Assoziationen an die Szenerie des Wildwestfilms geweckt, zu der ja auch die Blue Jeans gehören.

RIMUSS

Moussierender alkoholfreier Traubensaft. Der Name ist gebildet aus «*Ri*esling» (eine Traubensorte) und «*moussi*erend».

RIO

Ein Wort, das für mehrere, recht unterschiedliche Produkte als Namen dient, nämlich für Stumpen, Kaffeemaschinen und Jeans-Bekleidung. «Rio» ist das spanische Wort für «Fluß, Strom» und als solches hierzulande vor allem bekannt aus amerikanisch-mexikanischen Flußnamen wie Rio Grande. Diese Assoziation an den amerikanischen Südwesten mag, neben dem vollen Klang, das Motiv bei der Benennung von Jeans-Kleidern und wohl auch der Stumpen mit diesem Wort abgegeben haben. Im Falle der Kaffeemaschine dagegen dürfte eher der Name der brasilianischen Stadt Rio de Janeiro im Vordergrund gestanden haben; hier wird auf Brasilien als Kaffeeanbaugebiet angespielt.

RISCO

Schokolade, mit Puffreis gefüllt. Das Wort ist gebildet zu ital. «riso» «Reis»; die Lautkombination «-sco» verleiht dem Wort einen zusätzlichen italienischen Klang und erinnert an ital. «fresco» «frisch».

RITMO

Automobilmodell. Das ital. Wort «ritmo» entspricht dem deutschen «Rhythmus». Damit werden Gedanken an den rhythmisch arbeitenden Motor, aber auch an die heißen Rhythmen moderner Unterhaltungsmusik und damit an das moderne jugendliche Leben geweckt, ohne daß allerdings klar zu sagen wäre, worin die Beziehung des Automodells zum Namen genau bestehen könnte. Es soll mit diesem Namen aber weniger eine Aussage über das Produkt gemacht als eine allgemeine Zeitstimmung angedeutet werden, zu der dieses Modell besonders gut paßt.

RIVE GAUCHE

Bekleidung, Parfum. Der Name spielt an auf die Quartiere am linken Ufer der Seine in Paris mit dem Quartier Latin, dem Boulevard St-Michel, der Sorbonne – also dem Studenten- und Intellektuellenviertel, wo die neuesten Trends ihren Anfang nehmen, wo man lauter originelle Leute trifft und wo immer etwas los ist. Die Bezeichnung schließt sich damit an die Gruppe von Namen an, die vor allem auf Jugendlichkeit und moderne Trends setzen.

RIVELLA

Süßgetränk. Zur Entstehung dieses Wortes berichtet die Firma:
«Bei der Suche nach einem in allen Schweizer Landessprachen gut
aussprechbaren und verständlichen Namen wurde, nach vielen
ergebnislosen Versuchen, ein Verzeichnis der damaligen Ortsnamen konsultiert. Dabei stieß man auf die Ortschaft Riva San Vitale
(TI). Daraus wurde alsdann der Begriff «Rivellazione» («die Offen-
barung») abgeleitet, woraus schlußendlich der heute allseits
bekannte Markenname «Rivella» entstand. Dieser Entstehungs-
bericht gibt ein anschauliches Beispiel für die oft verschlungenen
Wege eines brain storming bei der Suche nach einem erfolgreichen Markennamen. Man sucht Anregungen aus allen möglichen
und anscheinend auch unmöglichen Bereichen. Der Erfolg ist in
diesem Fall in dem Moment erreicht, wo ein Wort den vorgegebenen Anforderungen entspricht, hier ein in allen Schweizer Landessprachen gleich gut aussprechbares und erinnerbares Wort. Letztlich kommt es auch hier auf die Zwischenschritte und möglicherweise beim Erfinder ursprünglich vorhandenen Assoziationen,
wie hier z. B. an das ital. Wort «rivelazione» (in Wirklichkeit mit
einem -l-!) gar nicht mehr an. Das Wort soll aus sich selbst sprechen bzw. klingen.

ROADSTAR

Funkgeräte, Autoradiogeräte. Einerseits enthält das Wort «Roadstar» eine Anspielung auf das englische Wort «roadster» «Pferd,
Automobil, Fahrrad für den Gebrauch auf der Straße», womit in
einem weiteren Sinn die Wertung «robust, erprobt, vielseitig» verbunden ist. Andererseits ist die Endsilbe «-ster» durch das Prestigewort «star» ersetzt worden, was eine zusätzliche Aufbesserung des
Wortgehalts mit sich bringen soll.

ROAMER

Uhrenmarke. Wörtlich abzuleiten von engl. «to roam» «herum-
streifen»; das ist also eine Uhr für Abenteuerlustige, Wanderer,
Herumstreifer mit Fernweh.

ROCEPHIN

Antibiotikum der Firma *Ro*che mit dem Wirkstoff *Ce*phalosporin.

ROHYPNOL

Schlafmittel; der Name ist gebildet aus den Anfangsbuchstaben
der Herstellerfirma *Ro*che und griech. «hypnos» «Schlaf».

ROLLOFIX

Rollpinsel. Das Wort ist, trotz des lateinischen Aussehens, aus den beiden deutschen Wortern «rollen» und «fix» «schnell» zusammengesetzt.

ROMIKA

Schuhe. Der Name ist abgeleitet aus den Anfangsbuchstaben der Namen der Firmengründer *Ro*llmann, *Mi*chael und *Ka*ufmann.

RONDA

Automobilmodell. Ronda ist eine bekannte mittelalterliche Stadt in Andalusien. Der Modellname steht als geographische Bezeichnung somit in einer Reihe mit den Namen der Schwestermodelle → «Ibiza» und → «Malaga» von der gleichen spanischen Marke, die sich ebenfalls auf bekannte Touristenzentren in Spanien beziehen.

RÖSSLI

Stumpen. Der Name bezieht sich auf die Signet-Figur auf der Packung: ein rotes Pferd, das der Firmenbesitzer aus seiner Pferdeleidenschaft heraus wählte. Das schweizerdeutsche Wort «Rössli» vermittelt zugleich Vertraulichkeit, Familiarität und gibt dem Produkt den Charakter eines Genußmittels für den Normalbürger – im Unterschied zu Zigarren mit Namen wie → «Golf Club».

ROVICELLA

Kunstfaser, die in *Ro*rschach/Schweiz hergestellt, aus *Vi*scose produziert wird und Eigenschaften wie *Cell*ulose besitzt.

ROWENTA

Haushaltgeräte. Der Name ist aus einzelnen Buchstaben des Namens des Firmengründers *Ro*bert *Wenta*ub zusammengesetzt. Im Vergleich zu anderen Namen, die auf systematischere Weise, z. B. konsequent Initialen oder Wortanfänge zur Namenbildung verwenden (vgl. z. B. → «Idee», → «Hero» oder → «Romika»), erscheint hier die Buchstabenwahl relativ unsystematisch. Im Vordergrund stand aber offensichtlich das Bestreben, einen sowohl wohlklingenden wie auch an gelehrte lateinische Wörter erinnernden Namen zu schaffen.

RUFIN

Speisestärke, produziert von der Firma *Ruf*.

VON SAAB BIS SWATCH

SAAB

Automobilmarke; Abkürzung aus den Anfangsbuchstaben des Firmennamens «*S*venska *a*eroplan *a*ktie*b*olaget» «Schwedische Flugzeug-Aktiengesellschaft». (Ursprünglich war die Firma auf den Flugzeugbau spezialisiert.)

SABA

Unterhaltungselektronik. Der eher orientalisch klingende Name ist die Abkürzung aus «*S*chwarzwälder *A*pparate*b*au».

SABO

Rasenmäher. Der Name setzt sich zusammen aus den ersten Silben der Namen der Firmengründer *Sa*nner & *Bo*rn.

SACOMAT

Gerät zur Aufnahme von Müllsäcken. Das Wort verspricht einen Automaten für Säcke; diese Verwendung der Endsilbe «-omat» für ein einfaches Gestell erscheint etwas hoch gegriffen. Andererseits zeigt sich daran, wie solche Wortbestandteile, die vielversprechend klingen, deswegen bald inflationär verwendet werden und damit die ursprüngliche, konkrete Bedeutung verlieren.

SAGAMORE

Eau de toilette. Nach der Werbung ist dieses eher keltisch klingende Wort zusammengesetzt aus «Saga» und «amore». «Saga» ist ursprünglich eine altisländische Bezeichnung für die dort verfaßten mittelalterlichen chronikalischen Prosaerzählungen über Familien, die im 20. Jh. dann übertragen wurde auf größere Familien- und Sippengeschichten («Forsyte-Saga»). Für den Hersteller erinnert «Saga» allerdings offenbar eher an eine ferne Kreuzritterromantik, in der Werbung symbolisiert durch eine zerfallene Burg. Damit verbindet sich «amore», die südländisch-romantische Liebe vielleicht der Troubadours. Alles in allem steckt hinter der Zusammensetzung eine sehr unbestimmte Ahnung von einem fernen, romantischen, abenteuerlich-leidenschaftlichen Mittelalter, das von allerlei Klischees bestimmt ist. Aber ahnungsvoll-unbestimmt wie unser Wissen vom Mittelalter sind ja auch die Gefühle, die ein Duftwasser vermitteln soll.

SAIS

Speiseöle und -fette. Der Name leitet sich aus den ersten Anfangsbuchstaben des ursprünglichen französischen bzw. italienischen Firmennamens «*S*ociété *A*nonyme *I*talo-Suisse pour la production des huiles végétables»/«Società *Anonyma Italo-Svizzera* per la produzione degli olii vegetali» («Italo-Schweizerische Aktiengesellschaft zur Fabrikation vegetabilischer Öle») ab.

SALAMANDER

Schuhe. Die Marke ist eine typische Verbindung von Namen mit Symboltier wie etwa → «Pelikan» oder → «Elefant». Durch die Tierfigur, die in der Werbung durch allerlei zusätzliche Mittel, z. B. Bildergeschichten, dem Konsumenten nahegebracht wird, wird die Marke als Ganzes noch besser ins Gedächtnis eingeprägt.

SALEM

Zigarette. Der Name ist eine Verkürzung aus dem arabischen Gruß «Salam aleikum» («Friede sei mit Euch!») Damit spielt diese Marke ebenso wie etwa → «Camel» oder → «Marocaine» auf die arabische Welt als einstige bevorzugte Produktionsregion von Tabak an.

SALVISEPT

Desinfektionsmittel mit Salbeizusätzen. Es ist gebildet aus lat. «salvia» «Salbei» und dem medizinischen Fachausdruck «anti*sept*isch» «keimtötend, desinfizierend».

SAMARKANDE

Hautpflegeartikel für Männer, die das Abenteuer in exotischen Ländern lieben – dies legt jedenfalls die Marke nahe, welche der Name einer uralten Stadt in Usbekistan ist.

SANAGOL

Lutschbonbon. Der Name ist zusammengesetzt aus lat. «sanus» «gesund» und ital. «gola» «Hals». Das ganze Wort bedeutet also etwa «gesund für den Hals».

SANDIMMUN

Medikament der Firma *Sand*oz zur Unterstützung von *Immun*-reaktionen.

SANELLA

Margarine. Der Name ist abgeleitet von lat. «sanus» «gesund» mit der Ableitungssilbe «-ella».

SANHELIOS

Naturheilmittel. Das Wort ist zusammengesetzt aus lat. «sanus» «gesund» und griech. «helios» «Sonne» und soll wohl andeuten, daß diese Naturheilmittel durch die (natürliche) Kraft der Sonne heilend wirken.

SANOR

Instrumente für die Gesundheitspflege. Das Wort ist eine relativ einfache Ableitung aus lat. «sanus» «gesund» mit der lateinischen Ableitungssilbe «-or».

SANOSAN

Babypflegeprodukte. Der Name verdoppelt das Allerweltswort lat. «sanus» «gesund» für Pflegeprodukte.

SANSO

Feinwaschmittel. Im Klang dieses Phantasienamens scheint das Gefühl der Weichheit und Sanftheit vermittelt zu werden, das auch die Wolle gibt, wenn sie mit diesem Mittel gewaschen wird; dagegen soll hinter dem Namen auch die Wendung frz. «sans eau» «ohne Wasser» stehen, (wobei die Motivation nicht ganz klar ist).

SANYO

Japanische Elektronikgeräte. Das Wort ist die erste Hälfte des vollen Firmennamens «Sanyo-Denki»: japan. «san» «drei», «yo» «Ozean», «denki» «elektronische Geräte». Mit den drei Ozeanen in «Sanyo» sind der Pazifik, der Atlantik sowie der Indische Ozean, mithin alle Weltmeere gemeint; damit wird auf die internationale Ausrichtung der Tätigkeit dieser Firma angespielt.

SAPTIL

Spezialwaschmittel. Die erste Silbe dieses Phantasiewortes erinnert (wohl absichtlich) an → «Sapur», ein Reinigungsmittel der gleichen Firma. «-til» ist eine Endung im Stile der gewöhnlichen Chemieproduktenamen, die dem ganzen Wort ein anspruchsvolles Gesicht gibt.

SAPUR

Teppichreiniger. Der Name «Sapur» ist ursprünglich als Konkurrenzwort zu → «Sipuro» gebildet worden. Wie bei diesem klingt im Element «pur» noch ital. «puro», frz. «pur» «sauber» an.

SARABÉ

Eau de toilette. Der Name ist an sich ein Phantasiewort, allerdings von typisch französischem Klang; insofern gehört das Wort in die Gruppe jener Parfumnamen, die durch ihre französische Herkunft ihre Zugehörigkeit zur Welt der Mode und der Eleganz andeuten sollen.

SARATOGA

Amerikanisches Automodell. «Saratoga» ist der Name einer kleinen Ortschaft im Norden des US-Staates New York. Dort ergab sich 1777 im amerikanischen Unabhängigkeitskrieg der englische General Burgogne mit seinen Truppen den amerikanischen Unabhängigkeitskämpfern. Diese englische Niederlage leitete die Wendung des amerikanischen Unabhängigkeitskrieges zugunsten der Unabhängigkeitsbewegung ein. Der Ortsname Saratoga ist so zu einem Symbol des erfolgreichen Kampfs für die Selbständigkeit und Freiheit der USA geworden.

SATINA

Hautpflegemittel, das – so ist das Versprechen – die Haut so weich wie Samt – französisch «satin» – macht.

SATRAP

Haushaltgeräte. Das aus dem Griechischen übernommene, ursprünglich persische Wort «Satrap» bezeichnete eigentlich in der Antike einen Statthalter des Königs in der Provinz; damit verbindet sich heute auch die Bedeutung «dienender Helfer». Diese Assoziation steht wohl auch bei der Verwendung als Name für Haushaltgeräte im Vordergrund.

SAVANE

Eau de toilette. Das Wort ist die französische Form zu «Savanne» «Grasland». Ähnlich wie bei → «Prairie» wird dabei eine Gegend genannt, mit der man warmes Klima, freie Natur, wildes Leben abseits von Stadt und Industrie verbindet. Spezieller Hintergrund solcher Gedankenverbindungen in diesem Fall sind wohl die Safari-Reisen in afrikanischen Wildschutzgebieten, die man entweder selbst unternommen oder aus Prospekten kennengelernt hat und die auch noch Gedanken an großzügige Ferienunternehmungen wecken.

SAVOIR FAIRE

Damenbekleidung. Frz. «savoir faire» (als Substantiv) heißt soviel wie «Geschicklichkeit» «Handfertigkeit», was hier auf die Herstellung der Kleider dieser Marke zu beziehen ist. Bezeichnenderweise handelt es sich dabei um eine Marke aus London: Was in Deutschland oder Frankreich auch in der Mode meist das Englische ist, das ist in England als Fremdsprache für die Mode immer noch das Französische; wichtig ist aber vor allem, daß man einen fremdsprachigen Ausdruck für seine Marke wählt.

SCANIA-VABIS

Lastwagen. Der Name «Scania-Vabis» ist im Zuge eines Firmenzusammenschlußes entstanden. «Scania» ist die latinisierte Form des Namens der schwedischen Landschaft Schonen im Süden Schwedens, wo sich auch die eine Partnerfirma befand, nämlich in Malmö. Der Bestandteil «Vabis» ist zusammengezogen aus dem Namen der anderen Partnerfirma, «*V*agnfabriks *ab. i* Södertälje» («Wagenfabrik AG in Södertälje»).

SCHAUMA

Haarshampoo. Das Wort ist eine ziemlich simple Ableitung aus dem deutschen «Schaum» mittels Anfügung der lat. Endsilbe «-a». Diese Bildungsweise ist allerdings bei Shampoos auch noch bei → «Wella» anzutreffen.

SCHMACKOS

Hundefutter. Der Name ist, ähnlich wie → «Smacks», aus Wörtern wie «Geschmack», «es schmeckt» abgeleitet. Etwas absonderlich wirkt die Anfügung einer fremdsprachigen Silbe «-os» (span./ griech.?) an das sonst so unverwechselbar deutsche Wort, das damit offenbar in eine höhere Sphäre der Fremdartigkeit gehoben werden soll. Die Silbe «-os» ist im Nahrungsmittelbereich auch in anderen Wörtern in ähnlicher Funktion anzutreffen, z. B. in → «Mentos» oder → «Plantos».

SCHWAN

Schreibmaterialien. Die Marke ist aus dem Namen des Firmengründers Schwanhäußer abgekürzt. Damit ergibt sich eine konkrete Bildhaftigkeit durch Assoziation an den Schwimmvogel; gleichzeitig bildet der Name mit → «Pelikan» und → «Uhu» (u. a.) eine Familie von gleichartigen Marken für gleichartige Produkte.

SCHWIP SCHWAP

Süßgetränk. Die Benennung ist eine lautsymbolische Wiedergabe des Geräusches von hin- und herschwappender Flüssigkeit; es handelt sich um einen ausgesprochenen Gagnamen, der einfach das typische Geräusch beim Ausschenken des Getränks bezeichnet (ähnlich wie bei → «Tic Tac» oder → «Ffft» ein Geräusch beim Gebrauch des Produkts den Namen abgibt).

SCIROCCO

Sportliches Automodell. Das Wort stammt aus dem Italienischen und bezeichnet einen kräftigen, warmen Südwind; als solches eignet sich das Wort natürlich gut als Bezeichnung für einen «heißen Ofen». Nicht übersehen sollte man aber die inhaltliche Verwandtschaft dieser Benennung mit dem Modellnamen → «Passat» der gleichen Autofirma.

SCOPODERM

Mittel gegen Reisekrankheit, das den Wirkstoff *Scopo*lamin (zu lat. «scopolia carniolica» «Tollkraut») enthält; seine Eigenart besteht darin, daß es als Pflaster auf der Haut, griech. «derma», angewendet wird.

SCORPIO

Automobilmodell. Engl. «scorpio» bezeichnet das Sternbild des Skorpions, das wohl hier viel eher gemeint ist als das den meisten Menschen nicht ganz geheure stachelbewehrte Lebewesen (das engl. ohnehin «scorpion» heißt). Daß Sternzeichen als Namen von Automodellen verwendet werden, mag einleuchten; fragen kann man sich, warum gerade der Skorpion gewählt wurde. Der Grund mag, wie so oft, darin liegen, daß dies unter allen Sternzeichennamen ein lautlich besonders geeigneter ist: International leicht aussprechbar, kurz, zwei auffallende -o- enthaltend.

SCOUT

Sportartikel und -kleider für Jugendliche. Der Name klingt an engl. «boy scout» «Pfadfinder» an, wobei «scout» allein «Kundschafter» (in einer Wildnis) bedeutet. Damit wird die Abenteuerlust von Jugendlichen angesprochen.

SEAT

Automobilmarke; der Name ist aus den Anfangsbuchstaben des
Firmennamens «Sociedad Española de Automoviles de Turismo»
«Spanische Gesellschaft für Tourenwagen». Der auffällige Anklang
an den Markennamen → «Fiat» ist nicht zufällig, produzierte doch
die Firma ursprünglich hauptsächlich Fiat-Modelle in Lizenz.

SEBORIN

Haarwaschmittel speziell gegen Schuppen, abgeleitet aus «Sebor-
rhoe» «Schuppenbildung» (aus lat. «sebum» «Talg» und griech.
«rhéin» «fließen»). Zum gleichen Wort ist auch der Name des Haar-
waschmittels «Sebamed», zusätzlich mit «-med» aus «medizinisch»,
gebildet.

SEDATON

Beruhigendes (lat. «sedare» «beruhigen) Tonikum.

SEDOTUSSIN

Mittel, das den Husten (= lat. «tussis») beruhigt (lat. «sedare»). Auf
die sedative, d. h. dämpfende Wirkung spielt auch der Name des
Hustenmittels «Sedulon» an.

SEIKO

Japanische Uhrenmarke. Das Wort ist eine für den internationalen
Handel vorgenommene Verkürzung des ursprünglichen Firmennamens «Seikosha», gebildet aus «sei» «fein», «ko» «Fabrik» und
«sha» «Institut».

SEITANES

Zigarette. Der eher spanisch tönende Name ist in Wirklichkeit
eine Ableitung aus dem Namen des französischen Regiebetriebs
S.E.I.T.A. = «Service d'Exportation Industrielle des Tabacs et
Alumettes»; die Endsilbe erinnert an → «Gitanes».

SEKURIT

Sicherheitsglas. Das Wort ist anzuschließen an lat. «securus»
«sicher».

SELECT

Zigarette. Der Name geht auf das englische Verb «to select» «aus-
wählen» zurück und suggeriert, daß für diese Zigarette nur besondere Tabake ausgewählt worden sind oder daß, wer diese Zigarette raucht, zu einer ausgewählten Gruppe von Leuten gehört.

SELGIN

Zahnpasta, die (Meeres-)Salz, frz. «sel» enthält. Bemerkenswert ist,
daß hier ausnahmsweise in einem medizinisch klingenden Wort
nicht ein lateinisches, sondern ein französisches Wort als Aus-
gangsbasis genommen wurde. Dies geschah wohl aus Gründen
des Wohlklangs.

SELIM

Schokolade. Das Wort ist an sich der Name einer Reihe von osmanischen Sultanen und als solches auch in Europa bekannt und mit
dem Flair östlicher Märchenwelt behaftet. Köstlich wie orientali-
sche Süßigkeiten schmeckt auch diese Schokolade.

SENSODYNE

Zahnpasta für empfindliche Zähne. Auf diesen speziellen Anwendungsbereich spielt der erste Bestandteil «Senso» an, der mit «sen-
sibel» (ursprünglich lateinisch) usw. zusammenhängt.

SERAMIS

Granulat als Humusersatz für Topfpflanzen. Das Wort ist eine Vereinfachung aus dem Namen der legendären assyrischen Königin
Semiramis, deren «Hängende Gärten» (Terrassengärten) eines der
sieben Weltwunder der alten Welt waren. Wie in den künstlich
errichteten Gärten der Semiramis werden auch Ihre Blumen in
diesem Topferdenersatz eine Wunderpracht entfalten.

SERENA

Hygieneartikel (z. B. Damenbinden und Kinderwindeln). Der
Name ist aus lat. «serenus» «heiter, zufrieden» übernommen und
verspricht somit Wohlbefinden beim Gebrauch der Produkte.

SERESTA

Beruhigungsmittel, das heiter (= lat. «serenus») macht und gute
Ruhe (engl. «rest») verschafft.

SERVUS 4 X SANFT

Toilettenpapier, 4-lagig. Der Name ist eine jener Zusammensetzungen, in denen gleich noch eine Beschreibung des Produkts geliefert wird, wie z. B. in → «Zewa wisch und weg». Der «Hauptname» «Servus», eine süddeutsche Grußformel, weckt dagegen eher alberne Assoziationen.

SEVILLE

Automodell. Der Name erinnert an die südspanische Stadt Sevilla. → «Sierra».

SHAM-TU

Haartöner/Haarpflegemittel. Im ersten Teil dieses ziemlich ostasiatisch aussehenden Namens ist *sham*poo enthalten, im zweiten eine abgewandelte Form von *tön*en.

SHE

Modebekleidung für «sie», engl. «*she*». In der Kürze liegt die Würze.

SHEBA

Katzenfutter. Wie bei → «Felix», → «Bonzo» und anderen Tierfutternamen wird auch bei «Sheba» ein charakteristischer Tiername als Tierfutterbezeichnung verwendet. Hier wird mit der Wortform die Katze als östliches, geheimnisvolles Wesen charakterisiert. Die stilisierte Katzenabbildung auf der Packung unterstützt diese Vorstellung.

SHERPA (TENSING)

Sonnenschutzcreme. Das Wort ist ursprünglich der Name jenes berühmten nepalesischen Helfers Sherpa Tensing, der den Neuseeländer Hillary 1956 bei der Erstbesteigung des Mount Everest begleitete. Wie etwa bei → «Piz Buin» wird auch hier die Assoziation «Hochgebirge» zum verbindenden Glied in der Namengebung für eine Sonnencreme.

SIBONET

Seife. Im Wort ist frz. «si bon» «so gut» und frz. «net» «sauber, rein» versteckt.

SICOMATIC

Schnellkochtopf der Firma → *Si*lit-Werke GmbH & *Co.* Wie bei Schnellkochtopfnamen wie → «Duromatic» soll die Endung «-matic» lediglich darauf hindeuten, daß es sich um ein technisch etwas aufwendiger ausgerüstetes Kochgerät handelt, als es ein gewöhnlicher Kochtopf ist.

SIDROGA

Heilkräuter-Produkte der Firma *Sie*gfried für *Drog*erieartikel.

SIERRA

l) Automodell, 2) Sportbekleidung. Der Name ist die ursprünglich spanische Bezeichnung eines Gebirges mit tiefen Taleinschnitten, die auch in Südamerika und im ursprünglich spanisch-mexikanischen Südwesten der USA gebräuchlich geworden ist (Sierra Nevada, Sierra Madre). Dieser spanische Name eines ursprünglich amerikanischen Automodells spiegelt gewisse Assoziationen, die Amerikaner und Engländer mit Lateinamerika und Spanien verbinden, nämlich Freiheit, Abenteuer, Exotik, Folklore. Solche Assoziationen begründen sicherlich auch Automodellnamen wie → «Fiesta» (span. für «Fest») oder → «Granada» und → «Seville» (spanische Städtenamen). Lateinamerika und Spanien sind die Zielorte einer englisch-amerikanischen Sehnsucht nach dem warmen und fröhlichen Süden, so wie es für die Europäer Italien ist (was sich in italienischen Modellnamen wie → «Ascona» oder → «Capri» ausdrückt). Autos in dieser Weise mit Namen von Ferienorten und Ferienerlebnissen zu verbinden, charakterisiert Autos als Beförderungsmittel in die Ferien oder das Autofahren als Ferienerlebnis. Diese Assoziation ist auch verantwortlich für die Wahl von «Sierra» als Name für Sportbekleidung. Sie wird ganz deutlich gemacht im dazugehörigen Werbespruch «Sierra – a touch of freedom».

SIGNAL

Zahnpasta. In ihrer ursprünglichen Form trat die Zahnpasta rot-weiß gestreift aus der Tube, also in den Farben von Verkehrssignalen, was denn auch den Namen motivierte. Die Idee, Zahnpasta gestreift zu machen, war natürlich in sich selbst vor allem ein Werbetrick, auf den der Name gebührend hinweisen sollte.

SIGOLIN

Reinigungsmittel der Firma *Siegel* (heute Thompson-Siegel). Die latinisierte Form mit der Endung «-in» gibt dem Namen das Aussehen eines chemischen Präparates, was das Vertrauen in die Wirksamkeit stärken soll.

SILAN

Weichspüler. Das Wort ist eine Kombination aus dem Markenzeichen «Sil» (siehe → «Liz») (zu → «Persil») und lat. «lana» «Wolle».

SILENTAN

Mittel, das Kopfschmerzen zum Schweigen (= lat. «silere» «schweigen», «silentium» «Ruhe») bringt.

SILIT

Kochgeschirr. Die Firma stellt vornehmlich emaillierte Kochtöpfe her. Ein wichtiger Bestandteil dieses Emails ist *Sili*zium-Dioxid. Aus dieser Besonderheit ist auch der Name «Silit» abgeleitet.

SILK CUT

Zigarettenmarke. Der englische Ausdruck «silk cut» bedeutet wörtlich «Seidenschnitt», was in sich selbst gewisse paradox unvereinbare Assoziationen zwischen Sanftheit und Schärfe (des Geschmacks) weckt, auf der anderen Seite aber auch konkret auch als Anspielung auf den feinen Schnitt des Tabaks verstanden werden kann.

SILKEPIL

Haarentfernungsmittel. Aus engl. «silk» «Seide» und frz. «épiler» «enthaaren». Dieses Gerät macht die Haut auf eine seidenweiche Art seidenzart.

SILK FEELING

Gewebeveredler, welche jedem Gewebe ein Gefühl – engl. «feeling» – wie von Seide – engl. «silk» – verleiht.

SILKIENCE

Haarshampoo. Im Wortanfang versteckt sich engl. «silk» «Seide»; der Name verspricht also seidenweiches Haar. Der zweite Teil «-(i)ence» entspricht einer häufigen französischen Abstraktaendung (z. B. in «patience», «essence»); so betrachtet könnte man den Namen als eine gemischtsprachliche Abstraktbildung mit der Bedeutung «Seidenhaftigkeit» interpretieren. Der französische Klang gehört hier ebenfalls wesentlich zum Produkt, weil er als charakteristisch für Schönheitspflegemittel gelten kann.

SILOMAT

Hustenmittel. Nach Angaben der Herstellerfirma ist der Name eine reine Phantasiebildung. Trotzdem könnte man vermuten, daß ursprünglich an einen Zusammenhang mit lat. «silere» «schweigen» «zum Schweigen bringen» gedacht worden war, daß dahinter also so etwas wie «den Husten zum Schweigen bringen» stecken könnte. Eigenartig und ungewöhnlich für ein Medikament ist die Endsilbe «-omat», die sonst eher in Namen für Maschinen («Automaten») in Anwendung kommt.

SILVERSTON

Kunststoffbeschichtung aus Teflon. Das Wort ist zusammengesetzt aus engl. «silver» «Silber» und einer Verkürzung von engl. «stone» «Stein». Einerseits wird damit auf die Silberfarbe der Teflonbeschichtung angespielt, andererseits wird dem Material eine große Härte zugeschrieben.

SILVIA

Automobilmodell. Der Name stellt eine jener Modellbezeichnungen dar, die das Auto als (attraktives) weibliches Wesen ansprechen.

SIMILASAN

Homöopathisches Heilmittel. Der Name setzt sich zusammen aus lat. «similis» «ähnlich» und lat. «sanus» «gesund». Er spielt auf das Prinzip der Homöopathie an («similia similibus curentur» «Ähnliches soll mit Ähnlichem geheilt werden»).

SIMPLICOL

Textilfarben für den Do-it-yourself-Gebrauch. Es ist ganz *simpel*, seine Stoffe selber zu färben – lat. «*col*or» «Farbe».

SINALCO

Fruchtsaftgetränk ohne Alkohol, lat. «*sine*» («ohne») *alco*hol».

SINCO COLA

Süßgetränk. Der Name deutet offensichtlich auf ein Konkurrenzgetränk zu →«Coca-Cola» hin und ist gleichzeitig in Anlehnung an →«Sinalco» gebildet worden, was aber hier im Unterschied zu «Sinalco» keinen rechten inhaltlichen Sinn ergibt, denn wenn «Sinco» andeuten soll, daß dieses Getränk kein Cocain enthält (lat. «sine» «ohne»), dann ist dies kein Unterschied zu «Coca-Cola», das ebensowenig diesen Stoff enthält.

SINDY

Puppen. Das Wort ist eine verfremdete Abkürzung zu engl. «Cinderella» «Aschenputtel». Diese Märchenfigur steht ganz einfach für die Kinderwelt als eine Welt der Phantasie, des Märchenerzählens, des Geschichtenspielens.

SINECOD

Hustenmittel, das im Unterschied zu anderen Hustenmitteln ohne (lat. *«sine»)* Cod ein ist.

SIPURO

Reinigungsmittel. Der Name ist wohl aus ital. «si puro» «so sauber» gebildet worden.

SKINCLAIR

Körperpflegemittel, das die Haut – engl. «skin» – rein und klar – frz. «clair» – macht.

SKINETIK

Skimodell. Im Namen ist das Wort «kinetisch» in einer englisch klingenden Form enthalten. «Kinetisch» ist ein Fachausdruck aus der Physik für «Bewegung-» z. B. in «kinetische Energie» «Bewegungsenergie». Das Skimodell wird also auf wissenschaftlich klingende Weise mit Bewegung, Schwung in Beziehung gebracht. Das S am Wortanfang stellt eine lautliche Gleichheit mit «Ski» her und schafft so in einer Art Wortspiel eine direkte Beziehung zwischen «Ski» und «kinetisch» ein und demselben Wortkörper.

SKINY

Damenunterwäsche. Das Wort *skiny* klingt an engl. *«skin»* «Haut» an. Das englische Adjektiv müßte allerdings «skinny» geschrieben werden und bedeutete dann eher «mager». Solche eher abwertenden Assoziationen soll aber *Skiny* sicher nicht wecken, eher sollte man den Eindruck bekommen, diese Wäsche sei «schön wie die eigene Haut», «schmiegt sich an» usw.

SKIP

Umweltschonende Waschmittel nach Baukastensystem. Man kann bei deren Gebrauch eine ganze Reihe umweltschädlicher Waschmittelbeigaben weglassen – engl «skip».

SLIM LINE

Zigaretten. «Slim», engl. für «schlank», ist bekanntlich als Schönheitsideal in; die Zigarette empfiehlt sich mit ihrem Namen also als die Marke heutiger junger schönheitsbewußter Damen. Das wird mit «line» unterstrichen, was heutzutage soviel wie «Stilrichtung», «Modetrend», beinhaltet.

SLOGGY

Damenunterwäsche. Das Wort tönt englisch, kann aber wohl nicht so gemeint sein, denn engl. «slog» bedeutet unpassenderweise «dreschen, verprügeln». Eher soll das Klangbild, das den Eindruck von Lockerheit vermittelt, an die Bequemlichkeit dieser Unterwäsche denken lassen.

SMACKS

Getreideflocken. Der Name ist angelehnt an engl. «smack» das u. a. bedeuten kann «schmatzen» (beim Anblick von gutem Essen), «schnalzen» aber auch «Geschmack». Auf jeden Fall spielt im Englischen der Name auf die geräuschvollen Laute an, die man beim Essen so guter Speisen wie dieser Flocken unwillkürlich hervorbringt.

SMIG

Gebiß-Haftkissen. Es «schmiegt» sich weich an den Gaumen an. Das Wort *smig* ist eine englisch aussehende Laut-Schrift-Variation zu *schmiegen*, (der allerdings nichts Englisches entspricht.)

SNICKERS

Schokoriegel. Im Wort klingt an engl. «snack» «leichte Mahlzeit» an; der Ersatz des -a- durch ein -i- ergibt einer Art Verkleinerungseffekt.

SNIPP

Enthaarungsspray. Das Wort ahmt lautmalerisch nach, wie schnell die Haare mit diesem Spray weg sind.

SNUGLI

Kindertragsack. Das englische Adjektiv «snug» bezeichnet das Gefühl, das dieser Tragsack vermitteln soll, nämlich «wohlige Geborgenheit». Die süddeutsche Endsilbe «-li» verstärkt noch diesen Eindruck der Gemütlichkeit.

SOFIX

Haushalt-Reinigungsmittel. Das mit der Endsilbe «-ix» und der Anfangssilbe «So-» so gelehrt klingende Wort ist in Wahrheit einfach aus dem umgangssprachlichen «so fix» («so schnell») zusammengezogen: «Mit Sofix geht das Putzen so fix».

SOFTLAN

Weichspüler, der Wolle besonders weich macht; zu engl. «soft» «weich» und ital./lat. «lan(a)» «Wolle».

SOJAMALT

Kraftnahrung, die u. a. Sojaeiweiß und Malzextrakt enthält, vgl. engl. «malt» «Malt».

SOLAGUTTAE

Naturheilmittel. Der Name ist zusammengesetzt aus lat. «solus» «allein» und lat. «gutta» «Tropfen». Die Bedeutung «Tropfen» bezieht sich auf die Tropfenform, in der die entsprechenden Präparate dargeboten werden. Der Name besagt also damit ungefähr «allein mit diesen Tropfen (wirst du gesund)».

SOLARA

Automobilmodell. Der Name ist wörtlich abzuleiten aus lat. «solaris» «Sonnen-» ohne daß eine klare Beziehung zum Produkt erkennbar wäre. Typisch für unsere Zeit ist der Name trotzdem, wo die Sonne zu einem der wichtigsten Elemente in Alltagsideologien geworden ist, in denen die Sonne ganz allgemein für «Ferien, Süden, Wärme, glückliches Leben» steht.

SOLARIA

Sommerschuhe, also Schuhe für die Zeit der Sonne, woraus sich auch der Name ableitet: er ist in Beziehung zu bringen zu lat. «sol» «Sonne»/«solaris» «sonnen-» (Adjektiv) .

SOLIS

Elektrogeräte (besonders Haartrockner). Das Wort ist eine mit der Endung «-is» erweiterte Ableitung zu lat. «sol» «Sonne». Die Sonne wird hier als letzter Ursprung und als Spenderin aller Energie und Wärme, einschließlich jener aus dem Strom, genannt.

SOMAT

Geschirrspülautomatenmittel. An sich eine Phantasiebildung, deutet der Name mit der Endsilbe «-mat» doch die Verwendung in Spülautomaten an. Die erste Silbe erinnert an das Reinigungsmittel → «Sofix» der gleichen Firma und deutet so eine Produktegruppenbildung an.

SONAREX

Tropfen gegen das Schnarchen. Der Name setzt sich zusammen aus lat. «sonus» «Geräusch, Klang» bzw. lat. «sonare» «schallen, tönen» und lat. «ex» «aus, weg».

SONY

Unterhaltungselektronik. Der Name ist aus lat. «*son*us» «Klang, Ton» gebildet; die Endsilbe -y gibt dem Wort ein angemessenes international-amerikanisches Aussehen.

SPACE WAGON

Großraumlimousine. Engl. «space» bedeutet «Raum». Der Name nimmt die doppelte Assoziation von «Raum» mit «viel Platz» und «Weltraum» des ersten Vertreters dieses Fahrzeugtyps, → «Espace», in englischer Sprache wieder auf.

SPIC

Allzweckreiniger. Das Wort ist ein bedeutungsloser Einsilber, damit aber auch ein typischer Name für ein Haushaltsprodukt. Das -c am Wortende gibt dem Wortkörper einen leicht fremdsprachigen Anstrich. Andererseits hat das Wort eine stark klangmalerische Ausstrahlung, die an die Schnelligkeit der Wirkung denken läßt.

SPIDI

Reinigungsmittel. Das Wort ist eine in die deutsche Orthographie umgesetzte phonetische Schreibung von engl. «speedy» «schnell» und soll die Schnelligkeit andeuten, mit der mit diesem Mittel alles sauber wird. Die Endung «-i» ist im Deutschen gleichzeitig eine umgangssprachliche Verkleinerungssilbe und gibt dem Wort einen familiären Klang (wie das auch in Wörtern wie → «Spüli» oder → «Pfanni» der Fall ist).

DER SPIEGEL

Nachrichtenmagazin, das einen «Spiegel der Welt» bieten will.
Wenige Zeitgenossen dürften realisieren, daß der Name «Spiegel»
eine uralte Tradition im Schrifttum hat; allerdings wurden als
«Spiegel» im Mittelalter weniger aktuelle Zeitschriften als enzyklo-
pädische Zusammenfassungen des Wissens bezeichnet, die einen
Spiegel der Welt in einem allgemeineren Sinn bieten wollten.
Auch Eulenspiegel zeigt den Zeitgenossen den Spiegel; er jedoch
hält ihn seinen Lesern in moralischer Absicht vors Gesicht, um sie
zur Selbsterkenntnis zu bringen.

SPIRELLA

Vorhänge. Dieser Firmen- und Produktename ist entstanden im
Zusammenhang mit dem ersten Produkt dieser Firma, einer
Duschvorhangstange, die sich einspannen läßt und sich durch
Federkraft selbst an die Wand drückt. Das Wort «Spirella» ist mit
der Silbe «-ella» abgeleitet aus lat. «spira» «Schneckenlinie, Spi-
rale», was auf die Spiralfeder in der Vorhangstange hinweist.

SPONTEX

Haushaltsschwamm/tuch. Das Wort ist zusammengesetzt aus lat.
«*spong*ia» «Schwamm» und «-tex» für «textil» was wohl die Ähnlichkeit dieses Kunststoffschwammes mit Textillappen andeuten soll.

SPORTLEIF

«Fitnessdrink». Die Silbe «-leif» ist die lautlich getreue Widergabe
von engl. «life» «Leben». Das Ganze bedeutet also «Sportleben»;
dabei leistet dieses Getränk gute Dienste.

SPRITE

Süßgetränk. Das Wort kombiniert lautlich den zweiten Teil des
englischen Wortes «light» («leicht») mit der Lautkombination «spr-»
in engl. «sprinkle» «spritzen» und suggeriert so eine leichte, erfrischende Spritzigkeit des Getränks.

SPRUZIT

Sprays gegen Insekten. Eine eher absonderliche Bildung, die
Anklänge an «spritzen» mit der chemischen Endung «-it» kombiniert. Eine andere Ableitungsmöglichkeit wäre die Herleitung aus
«sprühen» und «Insektizid». Auch dies ergibt ein seltsam deutsch-
lateinisch gemischtes Wortbild.

SPÜLI

Geschirrspülmittel. Eine direkte Ableitung aus «spülen» mit Hilfe der umgangssprachlichen Ableitungssilbe «-i». Entsprechend wirkt das ganze Wort ausgesprochen familiär, was ja auch zum Produkt paßt.

STANZA

Automobilmodell. Das ital. Wort «stanza» kann einerseits «Zimmer» bedeuten, andererseits bezeichnet es in der Lyrik auch eine bestimmte Strophenform. Beide Bedeutungen besitzen keinen erkennbaren Zusammenhang mit dem Produkt, dem Automobil. Im Vordergrund der Wortwahl steht denn auch weniger der Wortinhalt als der Klang und das Aussehen, die beide auf das Italienische hinweisen und so das Wort in die Reihe jener spanischen und italienischen Autonamen einfügen, die mit ihrer Herkunft das Auto als etwas Ferienhaftes, als Vehikel zum Süden kennzeichnen.

STARION

Automobilmodell. «Starion» ist an sich ein reines Phantasiewort. Die Vermutung drängt sich immerhin auf, daß mit der Endung «-ion» auf die Sternzeichenbenennung → «Orion» eines Konkurrenzprodukts angespielt werden soll. Diese Endung wurde etwas phantasielos an das Allerweltswort «Star» angefügt.

STAS

Hustenlösendes Medikament; nach der Werbung der Herstellerfirma *St*ada ihr *As* in der Produktepalette. Der für ein Medikament ungewöhnlich kurze Name suggeriert allerdings nicht unbedingt besondere pharmazeutische Eigenschaften, sondern tönt eher populär.

STELLA

Zigarette. Ital. «Stella» bedeutet «Stern», und ein solcher ziert auch die Packung.

STÉPHANIE

Parfum. Der Name ist von der Prinzessin Stéphanie von Monaco geliehen worden. Der Werbeslogan sagt es: «Pour se sentir princesse» – «Um sich als Prinzessin fühlen zu können.» Die Marke macht sich den Namen einer Traumfrau aus der Regenbogenpresse zunutze wie etwa → «Gabriela Sabatini».

STERN

Illustrierte Wochenzeitschrift. Der Name hat direkt nichts mit dem Charakter des Inhalts zu tun, sondern bezieht sich auf das Titelsignet, einen charakteristischen, modernistisch stilisierten Stern.

STEWI

Wäschehänger der Firma *Ste*iner in *Wi*nterthur.

STIMOROL

Kaugummi, der *stim*ulieren soll. Die Endung «-orol» gibt dem Wort für einen Kaugummi etwas ungewöhnlich den Anstrich eines medizinischen Präparats.

STOCKI

Pulver zur Schnellzubereitung von Kartoffelpüree. Das Produkt ist ursprünglich eine Erfindung aus der Schweiz, wo man statt Kartoffelpüree usw. Kartoffel*stock* sagt.

STORIT

Faltbare Mehrzweckboxen. Das Wort ist zu engl. «store it» «bewahre es auf» gebildet (vgl. das bauverwandte → «Post-it»).

STYROPOR

Ein Poly*styro*l-Kunststoff, der besonders *por*ös ist.

SUBSTRAL

Pflanzendüngungsmittel. Der Name leitet sich ab von «Substrat» «nährstoffhaltiger Untergrund für Pflanzen usw. «Substral» soll also durch seine Substanzen die Pflanzenerde zu einem wachstumsfördernden Substrat machen.

SUGUS

Bonbon. Der (an sich bedeutungslose) Name ist eine lautsymbolische Nachahmung des Lutschens eines Bonbons; das doppelte -u- gibt die gespitzten Lippen wieder, die man unwillkürlich beim besonderen Genießen eines Leckerbissens macht. Gleichzeitig handelt es sich um eine Symmetriebildung, indem das Wortende die Spiegelung des Wortanfangs ist. Schließlich wird in der Anfangssilbe «Su» auch auf die Herstellerfirma Suchard angespielt.

SULFRIN

Haarwaschmittel, das eine Schwefelverbindung (lat. «*sulf*ur» «Schwefel») als Wirkstoff enthält.

SUMMERFEELING

Badeanzüge. Der Name ist englisch und heißt zu deutsch «Sommergefühl»; diese Gefühle verbindet jeder Europäer mit dem Gedanken «Schwimmen».

SUN

Spülmittel. Der Name ist, wie → «Sunil», abgeleitet aus dem Firmennamen «*Sun*light». In der Einsilbigkeit ergibt sich ein typischer Spülmittelname, vgl. z. B. → «Pril» und die dort angegebenen weiteren Beispiele.

SUNALP

Milchprodukte, die von den sonnigen (engl. «sun» «Sonne») *Alp*en kommen. Für so einheimische Produkte wie Milch und Käse ist es etwas seltsam, daß auf die englische Sprache zurückgegriffen wird. Aber der internationale Klang mag immerhin beim Export dieser Produkte nützlich sein. (Vielleicht wird aber auch in «Sun» nicht das engl. «sun», sondern das schweizerdeutsche «Sunne» verwendet.)

SUNBOL

Aufbaugetränk. Der Name ist zusammengesetzt aus engl. «sun» «Sonne» und frz. «bol» (zu engl. «bowl») «Trinkgefäß». Wer «Sunbol» trinkt, trinkt also sozusagen eine «Tasse voll Sonne».

SUN GLOW

Zigarren. Engl. «sun glow» heißt zu deutsch «Sonnenglühen». Damit wird auf die Kraft der Sonne angespielt, die zur Reife des Tabaks beigetragen hat.

SUNIL

Waschpulver. Dem Namen nach handelt es sich dabei um ein Konkurrenzprodukt der Firma «*Sun*light» zur Marke → «Persil». Ohne daß es der Verbraucher deutlich merkt, wird mit dem «-il» der Gedanke an das seinerzeit den Markt fast konkurrenzlos dominierende «Persil» geweckt und damit dieses Produkt mit dem Konkurrenzprodukt in Beziehung gebracht (wenn nicht sogar verwechselbar gemacht). Trotzdem kann aber bei der Gleichheit von nur zwei Buchstaben niemand von unlauterer Konkurrenz oder Verwechslungsabsicht sprechen.

Die Parallele von «Persil» und «Sunil» zeigt übrigens an einem einfachen Fall die Entwicklung, wie aus erfolgreichen Namen durch Übernahme einzelner Bestandteile universal verwendbare Markennamenbestandteile entstehen können. Ein ähnlicher Fall stellt die Marke → «Nylon» dar.

SUNKIST

Früchtekonserven und Fruchtsäfte. Das Wort ist eine leicht verfremdete Schreibung von engl. «sun kissed» «sonnengeküßt», was auf die besondere Liebe hinweist, mit der die Sonne die Früchte für diese Produkte angestrahlt hat.

SUNLUX

Glühbirnen. Das Wort ist zusammengesetzt aus engl. «sun» «Sonne» und lat. «lux» «Licht». Der Name verspricht ein so helles Licht, wie die Sonne gibt.

SUNNY

Automobilmodell. Engl. «sunny» bedeutet «sonnig». Der Name soll wohl nichts Besonderes ausdrücken, sondern über die Gedankenverbindung zur Sonne nur allgemein positive Gefühle wecken – ähnlich wie der etwas weniger familiär, gebildeter klingende Automobilname → «Solara».

SUPRADYN

Polyvitaminpräparat, das bei Anwendung *superdyn*amisch macht.

SUPRENKA

Kunstfaser → «Crylenka».

SUPROL

Schmerzmittel, das den Wirkstoff *Supro*fen enthält.

SURE

Deodorant. Im Namen wird das englische Adjektiv «sure» «sicher» übernommen und damit dem Benutzer dieses Produkts Sicherheit versprochen. In seiner Kürze fügt sich das Wort aber auch in die Gruppe von einsilbigen Namen für Körperpflegemittel und Deodorants wie → «Mum» oder → «Bac» ein.

SURELLI

Tafelgetränk mit Milchsäure. Auf die Milchsäure spielt auch die erste Silbe «Sur-» des Namens an: Sie ist übernommen aus schweizerdeutsch «suur» «sauer». Die Endung «-elli» verleiht dem Wort einen italienisch-exotischen Klang.

SUWA

Ein *Wa*schmittel der Firma *Sun*light.

SWATCH

Uhr. Der Name ist eine Fügung aus *Sw*iss *W*atch. Die Bildung überzeugt durch die Art und Weise, wie in ihr die zwei Ausgangswörter zu einer kurzen, prägnanten neuen Kombination verdichtet worden sind.

SWIRL

Staubbeutel und anderes Zubehör für Staubsauger. Engl. «swirl» bedeutet «wirbeln»; der Name spielt also auf den wirbelnden Luftstrom des Staubsaugers an.

SYNÉRGIE

Hautpflegemittel. Mit «Synergie(effekt)» bezeichnet man gemeinhin den Umstand, daß die Kombination zweier Einflußgrößen, z. B. zweier verschiedener Produktionsfirmen, eine bessere Effizienz der Mittel ergibt, als wenn jede einzeln operieren würde. Bei diesem Hautpflegemittel wird mit «Synergie» auf die «Verbindung von Wissenschaft und Natur» im Präparat angespielt.

SYNTHOPHAN

→ «Cellophan».

VON TAMPAX BIS TUNGSRAM

TA-BOU

Badekleider. Die Marke stellt eine orthographische Verfremdung von «Tabu» («verbotener Gegenstand, verbotenes Gesprächsthema») dar, was dem Wort eine Art Südsee-Anstrich gibt. (Originellerweise sagt die Marke wohl das Gegenteil von dem, was ihr Produkt eigentlich bewirken soll – nämlich Tabus brechen.)

TAFT

Haarspray. Dem Wortsinn nach ist Taft ein Futterstoff für Kleider. Die Verbindung mit dem Produkt Haarspray scheint eher locker; sie geschieht durch die Eigenschaften «sanfter Glanz» und «gibt Halt». Darüber hinaus ahmt «Taft» das Geräusch beim Sprühen nach «tffft».

TAG-HEUER

Sportuhren. Der Name ist das Resultat einer Vereinigung der Firmen TAG (=«*Techniques d'Avant-Garde*») und Heuer (Eigenname).

TAHITI

Duschshampoo. Das Wort ist, wie etwa auch → «Fidji», der Name einer pazifischen Insel. Solche Inseln wecken hierzulande Gedanken an ein paradiesisch glückliches Ferienleben; mit solchen Gedanken soll auch dieses Shampoo verknüpft werden.

TAMANGO

Parfum. Das Wort ist eine reine Phantasiebildung. Anders als bei anderen Phantasienamen für Parfums wie → «Kéora» oder → «Sarabé» wird bei diesem Wort allerdings nicht der Eindruck des Griechischen oder Französischen zu wecken versucht, sondern eher die Assoziation an Wörter asiatischen oder afrikanischen Ursprungs geweckt. (Ein ähnlich klingendes Wort ist etwa «Tamarinde».) Damit werden Phantasien über ferne Ferienparadiese, exotische Pflanzen usw. geweckt.

TAMPAX

*Tamp*on (ursprünglich ein französisches Wort mit der Bedeutung «Pfropfen», «(Watte)bausch»). Die Endsilbe «-ax» gibt dem Wort einen medizinischen Anstrich.

TANNACOMP

Medikament gegen Durchfall, das *Tann*in als durchfallhemmenden Bestandteil enthält. Der Bestandteil «-comp» ist abgeleitet aus frz. «*comp*rime» «Tablette».

TAO

Sonnencreme. Eigentlich bezeichnet das chines. Wort «Tao» (wörtlich «Weg, Bahn») in der Religion des Taoismus die der Natur inne-
wohnenden Gesetze oder den Urgrund der Natur. Von diesem phi-
losophischen Hintergrund ist bei der Sonnencreme nur noch die
Erinnerung geblieben, daß Tao etwas Östliches ist, was auf der
orange-braunen Packung mit Hilfe eines exotischen Sonnenunter-
gangs vor abstrakten Palmenwipfeln angedeutet wird; dabei wird
aus der Abbildung nicht klar, ob man an Indien, Japan oder die
Fidji-Inseln denken soll (an China denkt man wohl zuletzt). Wort
und Packung suggerieren fernöstliche Schönheit und Seligkeit,
wobei der Name Tao ohnehin nur dann die «richtigen» Assoziationen vermittelt, wenn man nicht genau weiß, was er eigentlich
bedeutet. Immerhin ist der Name in seiner klangvollen Kürze – er
besteht aus nur drei Buchstaben, davon zwei volltönenden Vokalen – eine durchaus wirkungsvolle und einprägsame Markenbezeichnung.

TAPI (FLECK WEG)

Teppichreinigungsmittel; zu frz. «tapis» «Teppich». Der Zusatz
«fleck weg», an sich durchaus ein Bestandteil des Namens, gibt
gleich noch in der Form eines maximal kurzen Slogans eine Werbung für das Produkt ab.

TAPIFLEX

Kunststoff, offenbar geeignet zur Herstellung von Teppichen/
*Tap*eten (frz. «tapis» «Teppich/Tapete»); «-flex» deutet die Bieg-
samkeit an (lat. /frz./engl. «flexible» «biegsam»).

TAPSY

Hundefutter. Das Wort sieht englisch aus, ist aber eine ganz einfache Ableitung von «tapsig». Damit wird auf eine Verhaltensweise
vor allem von jungen Hunden angespielt, die im Menschen Zärt-
lichkeitsregungen weckt. Der Hund wird in diesem Namen so als
geliebtes Wesen ins Spiel gebracht wie etwa auch in einem Hundefutternamen wie → «Pal».

TARDYFERON

Präparat zur Behandlung von Eisenmangel (lat. «ferrum» «Eisen»)
das langsam und langandauernd (lat. «tardus» «langandauernd,
langsam») wirkt.

TARTEX

Vegetarische Nahrungsmittel, ursprünglich v. a. Brotaufstriche. Zu frz. «tartine» («bestrichene) Brotschnitte, Stulle».

TAUNUS

Automodell. Der Name ist übernommen vom gleichen Namen des Mittelgebirges nördlich von Frankfurt/Main. Das Modell ist ein Nachfolger eines früheren Modells «Eifel», das als erstes einen Namen eines deutschen Mittelgebirges bekam.

TAURUS

Automodell. Wie bei den Schwestermodellen → «Orion» und → «Scorpio» wird bei diesem Modell die englische Bezeichnung eines Sternzeichens verwendet, in diesem Fall jenes des Stiers.

TCHIBO

Kaffee. Der Name entstand bei der Gründung der Firma 1949; der Gründer M. Herz schloß sich zusammen mit einem Armenier namens *Tchi*llinghyrian. Die erste Silbe dieses Namens wurde kombiniert mit der ersten Silbe des Wortes (Kaffee)*bo*hne zum Wort «Tchibo». Mit der Buchstabenkombination «Tch-» am Wortanfang hat dieses Wort eine im Deutschen und überhaupt in allen geläufigen europäischen Sprachen völlig ungewöhnliche Buchstabenstruktur. Umso charakteristischer und unverwechselbarer ist das Wort, das im übrigen durchaus leicht im Gedächtnis zu behalten ist.

TEEFIX

Teebeutel. Der an das Wort «Tee» angefügte Bestandteil «fix» gibt dem Namen ein leicht fremdartig klingendes Gepräge; bei «fix» handelt es sich jedoch, wie etwa bei → «Fixbutte» oder → «Sofix», um das umgangssprachliche Wort «fix» «schnell».

TEFAL

Teflonbeschichtete Pfannen. «Tefal» ist eine direkte Ableitung zu → «Teflon».

TEFLON

Kunststoff, der aus dem Ausgangsstoff *Te*tra*fl*uoraethyle*n* hergestellt wird. Zu Fragen kann bei diesem Wort der Umstand Anlaß geben, daß hier nicht, wie in ähnlichen Fällen, die Endsilbe «-len(e)» aus -aethylen übernommen worden ist (vgl. → «Crimplene», → «Hostalen» usw.). Vermutlich waren lautliche Gründe ausschlaggebend; «Teflen» hätte nicht besonders gut getönt; mit der Endung «-lon» ergab sich zudem eine Anschlußmöglichkeit an das Lautbild von → «Nylon».

Das Wort «Teflon» bzw. Bestandteile davon sind für gleichartige Produkte wieder zur Namensbildung verwendet worden, so z. B. in «Hostaflon» («Hosta-» wie in → «Hostalen», beides Produkte der Firma Hoechst), «Synthaflon» (Syntheseprodukt), → «Tefal».

TELA

Papierprodukte für den Haushalt. Lat. «tela» bedeutet «Gewebe». Der Name soll also diese Produkte – Papierservietten und -taschentücher – in Verbindung bringen mit den entsprechenden Stoffprodukten bzw. ihre konkurrenzfähige Qualität unterstreichen.

TEMPO

Papiertaschentücher, die immer schnell zur Verfügung stehen; der Name ist aus «Tempo» «Geschwindigkeit» gebildet. Es ist eine jener erfolgreichen Marken, die so bekannt geworden ist, daß man den Markennamen oder wenigstens die Fügung «Tempo-Taschentuch» in der Alltagssprache als allgemeine Dingbezeichnung für «Papiertaschentuch» verwendet, auch wenn es sich um eine andere Marke handelt. Auch heute noch ist aber Tempo ein geschützter, einer Firma zugehöriger Markenname.

TEMPRA

Automodell. Der Name «Tempra» läßt sich in eine Reihe mit → «Calibra» und → «Vectra» bringen: Ein Bestandteil eines physikalisch-technischen Begriffs – hier jedoch dem *Temp*o oder der *Temp*eratur – wird mit der Endung -*ra* als Femininzeichen versehen. (Auch «Temperament» kann damit in Verbindung gebracht werden.)

TENAX

Haarfixiergel, zu lat. «tenere» «halten», «tenax» «festhaltend».

TENN

Geschirrspülmittel. Leicht absurd klingender Name, dessen Kürze typisch für Spülmittelnamen ist.

TENUATE

Appetitzügler, der den Appetit dämpft (lat. «tenere» «zurückhalten») und damit den Hungernden schlank macht (lat. «tenuis» «schlank, mager»).

TERYLENE

Polyester-Faser; «-ylene» ist aus Aeth*ylen* entnommen. Statt oder neben der Herleitung aus dem Wort «Polyester» wird z. B. von Sialm-Bossart auch eine Verbindung zu einem der benötigten Ausgangsmaterialien, der *Ter*ephtalsäure hergestellt.

TESA

Kunststoffklebeband. Das Wort wurde im Zuge eines firmeninternen Wettbewerbs aus dem Namen einer Mitarbeiterin – El*sa Tes*mer – hergestellt (nach Mundt, 1981, S. 132). Der Name bräuchte allerdings diese Entstehungsgeschichte nicht, um als glücklich gewähltes, klangvolles und einprägsames Markenzeichen gelten zu können; der Ursprung zeigt nur, daß man auch bei sinnlosen Wörtern ein urtümliches Bedürfnis nach einer Schöpfungsgeschichte und Bedeutung hat. – Zu «Tesa» sind nachträglich auch die Markenwörter «Tesaband», «Tesafilm», «Tesakrepp» (Kreppband) und «Tesamoll» («weiches» Band, frz. «mol(le)» «weich») gebildet worden.

TETRAPAK

Markenname für Kartonverpackungen für Getränke. Der Bestandteil «Tetra» rührt aus den Anfangszeiten dieser Verpackungsform in den sechziger Jahren her, als die Grundform der Behälter tetraederförmig war (aus vier Dreiecken zusammengesetzte Pyramide).

THANX

Lutschbonbon → «Yes».

THEMA

Automobil. «Thema» ist ein Wort, das an sich als Autoname keinen rechten Sinn ergibt. Erst im Zusammenhang mit den anderen Modellnamen der selben Autofirma wie z. B. → «Delta», → «Prisma» wird das Motiv dieser Namenwahl erkennbar: Diese Firma pflegt offenbar, ausgehend von der Kennzeichnung mit den griechischen Buchstabennamen «Beta» und «Delta», ihren Modellen mit Vorliebe griechische Wörter als Namen zuzulegen. «Thema» ist also überhaupt nicht wegen seiner Bedeutung als Name gewählt worden, sondern weil es mit dem «Th-» am Wortanfang und dem «-ma» am Wortende (vgl. «Schema», «Trauma») besonders griechisch tönt.

THERA-MED

Zahnpasta, die eine besondere *thera*peutisch/*med*izinische Wirkung entfaltet.

THERMOPAN

Unter Hitzeeinwirkung (griech. «thermos» «Hitze») meist mit Spanplatten verstärkte Kunststoffplatte (engl. «panel» «Platte»).

THERMOS

Am bekanntesten als Name für Warmhalteflaschen und -krüge; üblich aber auch für alle möglichen anderen Wärmespendeapparate wie Heizkissen, Öfen usw. Der Name ist abgeleitet vom griechischen Adjektiv «thermos» «warm, heiß». Als Bezeichnung für Warmhaltekrüge war «Thermos»(-flasche) ursprünglich ein juristisch geschützter Markenname für die Produkte einer bestimmten amerikanischen Firma. Der Erfolg dieser Firma mit ihren Produkten war aber so durchschlagend, daß mit der Zeit jedermann unter «Thermos(-flasche/-krug)» nicht mehr das Produkt einer bestimmten Firma verstand, sondern damit einfach die Beschreibung als «Warmhalte (-flasche/krug)» verband. Das ging so weit, daß in den USA 1953 sogar gerichtlich festgestellt wurde, daß der ursprüngliche Markenzeichencharakter im Sprachgebrauch nicht mehr vorhanden sei und so das Wort «Thermos» von allen Herstellern von solchen Gegenständen als Bezeichnung dafür verwendet werden dürfe. Damit war der Firma, die den Namen ursprünglich für ihre Produkte geschaffen hatte und schützen ließ, ihr Markenschutz entzogen; ihr sprachliches Monopol war durch das Monopol selbst ausgehöhlt worden.

THOMAPYRIN

Schmerzmittel auch gegen Fieber (griech. «*pyr*») der Firma *Thomae*.

THYMODERM

Hautcreme (griech. «derma» «Haut») mit Thymus-Extrakt (Thymusdrüse = innere Brustdrüse, Bries).

TICTAC

Tabletten zur Verbesserung des Mundgeruchs. Der Name ahmt das Geräusch beim Öffnen und Schließen des Deckels der Schachtel nach. Insofern handelt es sich hier um eine Art Gagbildung wie bei → «Ffft», nur daß «Tic Tac» trotz allem der Lautstruktur gewöhnlicher Wörter einigermaßen entspricht.

TIGRA

Fahrrad. Der Name ist eine Ableitung aus «Tiger». Wie bei
→ «Puma» wird damit auf die Gewandtheit und Schnelligkeit des
Tieres angespielt und diese Assoziation auf das Produkt übertra-
gen.

TIMBERLAND

Schuhe. Engl. «timber» bezeichnet Bauholz, z. B. Balken für den
Blockbau; «timberland» ist in Amerika der Wald, wo man sich solches Nutzholz holt. Damit wird das freie robuste Leben in urwüch-
siger Natur assoziiert. Schuhe für das «timberland» sind natur-
nahe, robust, für naturverbundene Leute.

TIME

Zigarette. Das englische Wort «time» bedeutet «Zeit». Als solches
mag es für einen Zigarettennamen etwas allzu allgemein und vage
erscheinen; man fragt sich, was überhaupt ein solches Wort zur
Charakterisierung einer Zigarette beitragen könnte. Man mag
vielleicht an die berühmte amerikanische Zeitschrift «Time» denken. Ähnliche Assoziationen liegen auch bei dem ebenso allgemeinen, unspezifischen Zigarettennamen → «Life» vor, der ebenfalls
daneben der Name einer ebenso berühmten Zeitschrift ist. Man
reiht sich als «Time-» bzw. «Life-»Raucher in die Welt der internationalen Menschen ein, die up to date sind. Vielleicht aber soll einfach auf eine moderne englisch-amerikanische Art suggeriert werden, daß man mit dieser Zigarette mehr von der Zeit bzw. vom
Leben hat.

TINA

Frauenzeitschrift. Wie → «Annabelle» und → «Brigitte» gibt auch
bei «Tina» ein modischer Frauenname den Titel dieser Zeitschrift
ab. Im Gegensatz zu «Annabelle» ist jedoch «Tina» ein eher familiä-
rer, populärerer Name, was auch dem Inhalt dieser Zeitschrift entspricht.

TIP

Zigarillo mit Filterspitze. Im Namen wird direkt das englische
Wort für «(Filter)spitze», nämlich «tip», verwendet.

TIPP-EX

Korrekturhilfsmittel, mit dem man, wenn man beim *Tipp*en einen
Fehler gemacht hat, diesen wieder auslöschen kann (lat. «ex» «aus,
weg»).

TOBLERONE

Schokolade mit Nougat. Diese Schokolade wurde vom Schokolade-hersteller Tobler erfunden; die Endung «-one» entnahm er dem italienischen Wort «torr*one*» für eine bestimme Sorte Nougat.

TOFINO

Bonbons. Das Wort stellt eine Art italienische Verkleinerungsform zu engl. «toffee» «Sahnebonbon» dar. Dieser italienische Anklang verleiht dem Produkt eine zusätzliche gastronomische Qualität.

TOKALON

Hautpflegemittel. Das Wort enthält eine Anspielung auf griech. «tok-» «zeugen, nähren, fruchtbar sein», was auf die Nähr- und Pflegekraft des Pflegemittels hinweisen soll.

TOKO

Skiwachs, fabriziert durch die Firma *Tobler & Co*. Das Wort ist ein eindrückliches Beispiel für eine optimale Verbindung von Kürze, Einprägsamkeit und Unverwechselbarkeit des Wortbildes, die durch die Verwendung von vier einfachen, leicht auszusprechen-den, aber sonst nie in einer derartigen Verbindung anzutreffenden Buchstaben erreicht wird.

TONI

Milchprodukte. Wie das dazugehörige Signet, eine Sennengestalt mit einem Milchtraggefäß, demonstriert, ist hier «Toni» als Män-nername zu verstehen. Es ist dies eine familiäre, leicht bäuerliche Namensform, und man verbindet damit am ehesten die Vorstel-lung eines wackeren, biederen Kuhhirten oder Bauern, der nur fri-sche Milchprodukte herstellt.

TOPAS

Haarshampoo. «Topas» ist der Name eines Edelsteins, mit dem die-ses Haarshampo an sich direkt nichts zu tun hat. Das Wort wurde wohl hauptsächlich als Name gewählt, weil es einen edlen Klang mit einer edlen Bedeutung kombiniert und so dem Produkt einen gehobenen Anstrich gibt.

TOPPY

Kinderautositze. Der Name ist eine Art familiäre Verkleinerungs-form zu engl. «top» «Spitze», was in Wörtern wie «Tophit», «Topmanager» usw. auch «Spitzenleistung» bedeutet; das soll wohl auch in

diesem Fall angedeutet werden. Eine weitere Diminutivbildung ist
«Toppino», der Name für das kleinere Schwestermodell von
«Toppy».

TOQUILONE NAPA

Fieber- und Schmerzmittel. Der Name ist abgeleitet aus den
Namen der Bestandteile Me*thaqualon* und *N-a*cetyl*p*ara-amino-
phenol (= Paracetamol).

TORINETTI

Schokoriegel. Verkleinerungsform zu → «Torino».

TORINO

Schokolade. An sich ist «Torino» der italienische Name der Stadt
Turin. Einen sachlichen Bezug zur Stadt gibt es bei dieser Schokolade nicht. Entscheidend für die Wahl des Namens war vielmehr
der volle Klang, in dem jedermann sogleich die italienische Sprache erkennt und der an Italien als ein Land der Lebenskunst erinnert.

TORMATIC

Auto*matik*-Antriebe für Garagen*tore*.

TORO

Suppen und Suppeneinlagen. Ursprünglich war «Toro» nur die
Bezeichnung für Fleischextrakt aus Rindfleisch. Der Name ist dementsprechend aus span. «toro» «Stier» übernommen. Mit der Zeit
wurden jedoch auch andere Suppenprodukte, z. B. Hühnerbrühe
und Teigwareneinlagen für Suppen, mit diesem Namen versehen,
der damit seinen ursprünglichen Sinn weitgehend verloren hat.

TOSCA

Parfum. Der Name leitet sich von Puccinis beliebter gleichnamiger
Oper ab. Wie im Fall von → «Pavlova», → «Première» weckt dieses
Wort als Parfumname Gedanken an festliche Opern und Ballette,
an elegante Kleidung und an galante Männerbegleitung.

TOSHIBA

Japanische Elektronik- und Computermarke. Das Wort ist zusammengezogen aus dem Firmennamen «*To*kyo-*Shiba*ura-Electric»;
«*Shiba*ura» ist der Name eines Stadtteils von Tokio.

TOSSAMIN

Hustenmittel; der Name ist gebildet zu lat. «tussis» «Husten» und «Diphenhyrd*amin*» (Wirksubstanz).

TOTAL

Waschmittel. «Total» ist ein typischer Waschmittelname, vergleichbar mit dem bedeutungsähnlichen → «All»: Das Wort verspricht sozusagen alles und nichts Konkretes. Zwar erhofft sich die Hausfrau natürlich totale Sauberkeit von diesem Waschmittel, der Name selbst enthält aber kein verbindliches Versprechen, sondern nur unbestimmte Anklänge.

TRAK

Langlaufskis; Schneeketten. Das Wort läßt an engl. «*track*» «Spur» und – im Falle von Schneeketten – an Wörter wie «Traktor» oder «Traktion» «Zugkraft» denken.

TRAMAL

Schmerzmittel mit dem Wirkstoff *Trama*dol*hydrochlorid.

TRANS SPORT

Automodell; Großraumlimousine. Der Name ergibt ein Wortspiel zwischen «Transport» und «Sport(lich)»; dieses Modell erfüllt also gegensätzliche Ansprüche in gleicher Weise.

TRAWELL

Mittel gegen die Reisekrankheit, das dazu verhilft, daß auch Leute, die zur Reisekrankheit neigen, gut reisen können (engl. «to travel well»).

TREDIA

Automobilmodell. Der Name ist eine Phantasieschöpfung, die als Variationsbildung zu → «Cordia» zu verstehen ist und also ein Parallelmodell zu diesem bezeichnen soll.

TREET

Schokoladekugeln. Der Name ist eine orthographische Verfremdung des englischen Substantives «treat», das u. a. auch «(Extra)-Vergnügen, Verwöhnung» bedeuten kann. Wer sich ein «Treet» leistet, verwöhnt sich damit mit einem Extravergnügen

TREMALTO

Schokoladestengel mit sehr – frz. «très» – malzigem – engl. «malt» – Geschmack und Inhalt. Dieses Sprachgemisch wurde noch mit der ital. Endung «-o» versehen, was die sprachliche Internationalität zusätzlich steigert.

TREUPEL

Schmerz- und Fiebermittel der Firma *Treup*ha.

TREVI

Automobilmodell. Der Name spielt auf den berühmten römischen Barockbrunnen Fontana di Trevi an. Damit verbindet sich dieser Name mit anderen Modellnamen der gleichen Marke, bei denen ebenfalls bekannte Kunstdenkmäler Roms Verwendung gefunden haben, so z. B. bei «Aurelia», «Appia» und «Flaminia», wo auf altrömische Stadttore bzw. Straßen, also die Aurelianische Mauer und die Via Appia und die Via Flaminia, Bezug genommen wird.

TREVIRA

Kunststoffaser. Der Name ist einem firmeninternen Vorschlag eines Mitarbeiters eines Werks in Bobingen bei Augsburg zu verdanken. Er leitete das Wort aus dem lateinischen Städtenamen «Augusta Treverorum» ab, den er irrtümlich als römischen Gründungsnamen der Stadt Augsburg ansah. Die Firmenleitung erkannte wohl, daß «Augusta Treverorum» nicht der Name von Augsburg, sondern Trier ist; des guten Klangs wegen wurde das Wort trotzdem zum Markennamen auserkoren.

TRIAMINIC

Schnupfenmittel, das drei (griech. «tri-» «dreifach») Substanzen enthält, die *Amin*-Ableitungen sind, nämlich Phenylpropanolamin, Pheniramin und Mepyramin.

TRICEL

Kunstfaser; der Name ist gebildet aus Teilen des Namens des Ausgangsstoffes *Tri*acetat und des Wortes *Cell*ulose.

TRICODEIN

Ein *codein*haltiges Hustenmittel, das seine Wirkung in drei Phasen (griech. «tri-» «dreifach») entfaltet.

TRICOFLEX

Gartenschlauch. → «Bicoflex».

TRIDENT

Name verschiedener Produkte. Wörtlich bezeichnet «trident» im Englischen den Dreizack, wie er vor allem in der antiken Bildkunst als Attribut des römischen Meeresgottes Neptun bekannt ist; daran anlehnend hält ihn auf manchen englischen Münzen auch Britannia, die Verkörperung Englands, in der Hand, um so ihre Herrschaft über die Weltmeere zu demonstrieren. Als Markenname verwendbar und populär wurde das Wort «Trident» wohl über die Benennung eines englischen Flugzeugmodells als «Trident» (sicherlich ebenfalls in Anlehnung an die dreizackbewehrte Britannia), so genannt, weil es als besondere Neuerung drei (statt der bisher üblichen zwei oder vier) Strahltriebwerke hatte. Heute ist «Trident» ein Markenname u. a. für ein Skimodell und für Kaugummi. Bei Skinamen wird «Trident» als Prestigewort mit Hinweis auf den Jet verwendet; die inhaltliche Verbindung zum Kaugummi geschieht über den Bestandteil «-dent», der im Lateinischen wörtlich «Zahn» bedeutet; es ist also ein Kaugummi, der auch die Zähne schützen soll.

TRILL

Vogelfutter, so gesund und bekömmlich, daß die Vögel den ganzen Tag *trill*ern.

TRIM

Hundefutter. Das englische Wort «trim» kann u. a. heißen «ordentlich machen», dann aber auch «ordentlich, gut aufgelegt, schmuck und sauber». Wer seinem Hund dieses Futter gibt, wird somit ein ordentliches, adrettes Tier besitzen .

TRINK 10

Multivitaminsaft, der angereichert ist mit zehn Vitaminen. Die Benennung ist eine jener zum Namen verwandelten Aufforderungen wie → «Nimm zwei» oder → «Nur die».

TRISA

Bürsten, die in *Tri*engen (Kanton Luzern) hergestellt werden.

TRIUMPH

«Triumph» bedeutet wörtlich «Siegesfeier», heute oft auch «über-
wältigender, strahlender Sieg». Das Wort ist zu einem der
gebräuchlichsten, damit aber auch nichtssagendsten Hochwert-
wörter in der heutigen Markennamengebung geworden, die einfach an sich irgend etwas Wertvolles andeuten sollen, ohne daß
klar würde, was genau gemeint ist. Dementsprechend breit ist die
Palette der Produkte, die mit dem Wort belegt worden sind; sie
reicht vom Büstenhalter über Büromaschinen bis zu Sportwagen .

TROPF-BLUMAT

Auto*mat*isches Bewässerungssystem, das Topf*blu*men *Tropf*en für
Tropfen befeuchtet.

TROPIC

Badeanzüge. Wenn der Europäer an das Schwimmen und Baden
denkt, denkt er stereotyp auch an «Ferien», «Wärme» und verbindet damit schließlich Traumvorstellungen von «Südsee», «Tropen»,
«traumhaft reiche Natur». «Tropic» bezieht sich also auf das Ende
einer recht langen Assoziationskette, an deren Anfang ganz einfach das Baden steht.

TRYBOL

Zahnpasta. Das Produkt wurde seinerzeit von einem Zahnarzt
namens Trüb entwickelt. Er hat seinen Namen in orthographisch
leicht verfremdeter, wissenschaftlich aussehender Weise umge-
modelt; der Klang ist dabei erhalten geblieben und lebt so in seinem Produkt weiter.

TUBBLE GUM

«Bubble Gum» (Kaugummi, der sich besonders eignet, um Blasen,
engl. «bubbles», zu machen), der aus einer *Tube* gedrückt werden
kann.

TUNGSRAM

Glühbirnen. Der Name ist zusammengesetzt aus *Tungs*ten und
Wolf*ram*; dabei ist «Tungsten» die englische Bezeichnung für Wolfram. In «Tungsram» wird also sozusagen zweimal das Gleiche
genannt. Die Beziehung des Namens zu Glühbirnen besteht darin,
daß die Glühfäden u. a. aus Wolfram hergestellt werden.

TURMIX

Haushaltgeräte. Ursprünglich war das Wort «Turmix» nur eine Bezeichnung für ein elektrisches Rührgerät, das rührt – frz. «*tourner*» «drehen» – und *mix*t.

TUSCANY

Eau de toilette für Männer. Der Name ist eigentlich die englische Bezeichnung der Toscana, der italienischen Region, in der Florenz liegt und wo die Renaissance ihren Höhepunkt erlebte; gemäß Parfumwerbung ist dies «die Urheimat des zivilisierten Europäers». Zu diesen zivilisierten Europäern darf sich der Herr, der dieses Duftwasser verwendet, offenbar ebenfalls zählen.

TUSSAFUG

Hustenmittel, das den Husten (lat. «tussis») in die Flucht treibt. (lat. «fuga» «Flucht», «fugare» «in die Flucht treiben»).

TWENTY LIGHTS

Zigarette. Eine Art Gagname, denn wörtlich bedeutet er lediglich «zwanzig Leichte (Zigaretten)». Ein Gag ist dieser Name insofern, als er nur anzugeben scheint, was die Packung enthält, nämlich zwanzig leichte Zigaretten, im Unterschied zu den vielen anderen Zigarettenmarken, die Supergefühle aller Art zu vermitteln versuchen.

TYLENOL

Schmerz- und Fiebermittel. Phantasiename.

TYPAR

Kunstfaser → «Dacron».

TYVEK

Kunstfaser → «Dacron».

VON UHU BIS UNO

UHU

Klebstoffe. August Fischer, der Erfinder des ersten Kunstharzallesklebers, benannte 1932 sein Produkt «Uhu» nach dem Vorbild anderer Markennamen von Schreib- und Büromaterialienhersteller, unter denen damals Vogelnamen beliebt waren, z. B. → «Pelikan», → «Schwan», «Marabu» u. a. «Uhu» hat gegenüber diesen Wörtern zusätzlich den Vorteil der klanglichen Einfachheit und Einprägsamkeit und der perfekten spiegelbildlichen Wortsymmetrie (das Wort, in der Mitte des -u gespiegelt, hat von vorne und von hinten her gesehen genau die gleiche Form).

UNCLE BEN'S RICE

Reis. Der Name ist im Zusammenhang mit der Abbildung eines freundlichen weißhaarigen Schwarzen auf der Packung zu interpretieren, offenbar dem «Onkel Ben», der dem Produkt den Namen gegeben hat, ein symbolischer Reispflanzer aus den amerikanischen Südstaaten, der über eine besondere Herstellungsmethode für diese speziell gute Reissorte verfügt.

UNIMOG

Nutzfahrzeug. Der Name ist eine Zusammenziehung aus *Universal*mo*torgerät*.

UNO

Automobilmodell. Ital. «uno» bedeutet «eins», was hier zwei unterschiedliche Assoziationen wecken kann: Entweder handelt es sich hier um das Modell Nummer eins, also das kleinste Modell einer Modellreihe (was es tatsächlich ist), oder es ist unter seinesgleichen die Nummer eins, das beste Produkt (was der Produzent sicher nicht ausschließen würde). Darüber hinaus ist «Uno» eine optimale Kombination von Kürze und Klangfülle.

UTELAN

Holzschutzmittel. Der Name setzt sich zusammen aus der Abkürzung «U-T» des Firmennamens «Ultrament» und «-lan», das «Lanolin» als Pflegekomponente assoziieren soll. (Die Bedeutung des Namens «Ultrament» selbst ist nicht mehr eruierbar.)

UVEX

(Sonnen-)Brillen(-gläser). Das Wort bezieht sich auf einen speziellen Zweck von Brillen(-gläsern), nämlich den, *UV*-Strahlen (ultraviolette Strahlen) abzuhalten (lateinisch «*ex*» «aus, weg»).

VON VALIUM BIS VOLTAREN

VALENSINA

Orangensaft. Der Name spielt auf die Stadt Valencia an der Spanischen Ostküste, einem Zentrum des Zitrusfrüchtanbaus, an.

VALFLORA

Milchprodukte. Der Name ist gebildet aus dem Element «val» «Tal», bekannt vor allem aus französischen und italienischen Ortsnamen, und lat. «flos, floris» «Blume» bzw. lat. «flora» «Blumenbewuchs» (eig. Göttin der Blumen). Der Name suggeriert für diese Produkte die Herkunft aus prächtigen blumenreichen Alpentälern, so wie wir sie aus der Fremdenverkehrswerbung kennen. Was aus diesen schönen Gegenden kommt, muß auch von erstklassiger Qualität sein. Die Bezeichnung enthält ganz ähnliche Assoziationen wie auch etwa der Name → «Floralp».

VALIUM

Beruhigungsmittel. Der Name scheint eine Phantasieschöpfung zu sein, wobei bei der Herstellerfirma aufgrund der zuerst vorgeschlagenen Wortform «Vallium» vermutet wird, daß ursprünglich an «(Schutz)wall» o. ä. gedacht wurde. «Valium» in der heutigen Form besitzt demgegenüber im Klang des langen «-al-» eine beruhigende Ausstrahlung. Lateinkundige mögen sich zusätzlich durch das Wort an lat. «valere» «sich wohl befinden» erinnert fühlen.

VANETTE

Automobilmodell (Kastenwagen). Das Wort ist eine französische Verkleinerungsform zu engl. «van» «Lastwagen».

VECTRA

Automodell. Wie → «Tempra» oder → «Calibra »setzt sich das Wort aus einem physikalisch-technischen Begriff – nämlich «Vector» («gerichtete Maßgröße») und einer an sich grammatisch unsinnigen weiblichen Endung «-(r)a», (weil Autos vielfach als weiblich angesehen werden, vor allem in anderen Sprachen als dem Deutschen), zusammen.

VEET

Enthaarungscreme. Das Wort ist an sich eine Phantasiebildung. Dabei mag allerdings auch noch frz. «vite» «schnell» anklingen, wenn man das Wort englisch liest, sowie gleichzeitig in lautsymbolischer Weise die Geschwindigkeit angedeutet werden, mit der mit Hilfe dieser Creme die Haare zu entfernen sind.

298

VÉGUMINE

Kindernahrung, die Gemüse, engl. *veg*etables, frz. lé*gum*es, enthält.

VEL

Spülmittel. In seiner Einsilbigkeit ist dieses Phantasiewort ein typischer Name für Haushaltartikel wie «Fox», → «Tenn», → «Coin»,
→ «Vif».

VELUX

Kippfenster. Der Name setzt sich aus «Ve(-ntilation)» und lat. «lux»
«Licht» zusammen, womit auf die Grundfunktionen dieser Fenster
angespielt wird.

VENORUTON

*Ven*enbehandlungsmittel, das den Wirkstoff O-(ß-hydroxyäthyl)-
*rut*osidea enthält (seinerseits eine Bildung mit lat. «ruta»
«Raute»).

VENT VERT

Parfum. Die Marke – zu deutsch «Grüner Wind(-hauch)» – wurde
1947 kreiert und ist 1991 wieder auf den Markt gebracht worden;
«grün» ist offensichtlich auch in der Luxuswelt von Mode und
Schönheitspflege ein prestigeträchtiges Adjektiv.

VERBATIM

Computer-Disketten. Sie speichern die Daten ohne Fehler wortge-
treu – lat. «verbatim» «wörtlich».

VERMUSS

Traubensaft mit Vermouth. Der Name ist eine Abwandlung zu
→ «Rimuss», wobei der erste Bestandteil «Ri-» durch «Ver(mouth)»
ersetzt worden ist.

VERONAL

Schlafmittel. Die Namengebung dieses Medikaments wird eher anekdotisch dadurch erklärt, daß der Erfinder Emil Fischer zufällig in Verona weilte und dort auf den Namen verfallen sei oder daß er Beratungen über den Namen deswegen abbrechen mußte, weil er sonst einen Zug nach Verona verpaßt hätte, und, um nicht ohne Ergebnis zu bleiben, kurzerhand diesen Städtenamen zur Basis der Bezeichnung nahm. Eine solche Anekdote über Entstehung und Motivation eines Medikamentennamens ist unterhaltsam und sogar bezeichnend für die zuweilen nicht sehr planmäßige Kreation von Warennamen; sie steht aber ziemlich einzig da in der Menge der Medikamentennamen, die überwiegend aus Hinweisen auf Stoffnamen, Herstellernamen, Anwendungszweck oder Anwendungsbereich gebildet werden.

VESPA

Motorroller aus Italien, mit dem man wie eine «Wespe» (ital. «vespa») im Verkehr herumschwirren kann.

VESTAN

Kunstfaser, die besonders für Kleider – lat. «vestis» «Kleid» – geeignet ist.

VICKS VAPORUB,

in Deutschland

WICK VAPO RUB

Salbe gegen Erkältungskrankheiten, die entweder in kochendem Wasser verdampft (lat. «vapor» «Dampf») oder eingerieben werden kann – engl. «to rub» «reiben». «Vicks» ist der Name der ursprünglichen Herstellerfirma. Wie bei → «Koral» wurde auch «Vicks» in Deutschland mit «Wick» zu einer dem deutschen Schreibsystem mehr entsprechenden Form ungewandelt, anscheinend im Bestreben, weniger Leseschwierigkeiten zu bereiten.

VICTORINOX

Taschenmesser. Der Name ist zusammengesetzt aus lat. *«victor»* «Sieger» und frz. *«inox*ydable» «rostfrei».

VI-DAYLIN

*Vi*taminpräparat, das Kindern täglich (engl. «daily») verabreicht werden soll.

VIF

Scheuermittel. Wörtlich bedeutet frz. «vif» «lebhaft». Vielleicht soll damit auf die schnelle Wirkung des Putzmittels angespielt werden. Ebenso deutlich besteht aber auch ein Zusammenhang mit Scheuermittelnamen wie «Vim» und «Viss». Die Namensähnlichkeit soll eine Produkteverwandtschaft anzeigen. «Viss», «Vif» (aber auch «Jif» und «Cif») sind Namen in verschiedenen Ländern für das gleiche Produkt. Als Wörter sind alle diese Markennamen typische bedeutungslose einsilbige Namen für Reinigungsmittel.

VIGORAN

Aufbaupräparat, das einem wieder Kraft und Energie – lat. «vigor» – verleiht.

VIGORAN

Stärkungsmittel. Der Name ist aus lat. «vigor» «Kraft» gebildet.

VIGRAVIT

Mundspülmittel. Ursprünglich bezeichnete der Markenname ein *Vi*tamin*gra*nulat, das die *Vit*alität erhöhen sollte.

VILEDA

Reinigungstuch, das so gut «wie Leder» ist. Der Markenname ist eine verfremdete, aber möglichst genaue Wiedergabe der umgangssprachlichen Aussprache von «wie Leder», welche der gut deutschen Wendung einen lateinisch-wissenschaftlichen Anstrich gibt.

VIM

Scheuermittel → «Vif».

VIRGINIA

Zigarette. An sich fügt sich diese Marke in die Reihe jener Namen ein, die auf weiblichen Vornamen basieren. Bei näherem Zusehen spielt der Name aber auch auf ein bevorzugtes Herkunftsgebiet von Tabak, nämlich auf den Staat Virginia in den USA, an.

VISA

Name für eine Kreditkarte, für ein Automodell und für einen Fön. An sich ist «visa» das englische und französische Wort für «Visum» (Sichtvermerk im Paß zur Einreise in ein Land). Die Bedeutung gibt aber nur bei der Kreditkarte einen Sinn, die mit dem Namen «Visa» als «Zutrittsmittel zu sonst verschlossenen Bereichen» charakterisiert wird. Beim Automodell und beim Fön bleibt als Verwendungsmotiv nur die Tatsache, daß «Visa» als Wort einfach zu schreiben und zu behalten ist.

VISCOLAN

*Visco*se-Faser, die qualitativ wie Wolle ist (lat. «*lan*a» «Wolle»). Eine Viscose-Faser (zu lat. «viscum» «Vogelleim, zähflüssig-klebrige Substanz») ist eine Faser, die mittels eines speziellen Verfahrens aus Zellulose hergestellt wird. Mit dem Bestandteil «Visc-» sind auch zahlreiche andere Kunstfasernamen gebildet; als Beispiele seien nur genannt «Viscolen» (mit «-len» zu Äthylen), «Viscord» (mit engl. «cord» «Schnurseil»), «Viscosuisse» (in der Schweiz, frz. «Suisse» produziert).

VISOMAT

Blutdruckmeßgerät, elektronisch und automatisch funktionierend, auf dem man das Resultat direkt sehen kann (lat. «videre», Partizip «visus» «sehen»).

VISS

Scheuermittel → *Vif.*

VISTRA

Alter Markenname für Zellwolle, angeblich abgeleitet aus einer Kombination aus dem Wahlspruch der Herstellerfirma (IG Farben) «Si *vis* pacem, para bellum» «Willst du Frieden, bereite den Krieg vor») und der Telegrammadresse «A*stra*» .

VITAMOL

Hautcreme, gemäß Werbung «*Vita*min-Kosmetik»; im zweiten Teil des Wortes ist der Name des Herstellers, der Firma Ha*mol*, angedeutet.

VIVIANE

Kosmetikmarke. Wörtlich ist Viviane ein französischer Mädchenname (ursprünglich der Name einer Fee aus der keltischen Artussage); der unverkennbar französische Klang strahlt eine gewisse Eleganz und Jugendlichkeit aus. Gleichzeitig klingt der Name auch an die lateinische Wurzel «vi(v)-» (lat. «vivere» «leben», «vital» «lebenskräftig») an und weckt so zusätzliche positive Assoziationen.

VIZIR

Waschmittel. Das Wort entspricht dem englisch-französischen Wort «vizir» «Wesir», dem Titel eines Ministers im Osmanischen Reich. Von seiner Schreibung her und besonders mit der eher seltenen Kombination von v und z und der Endung «-ir» besitzt das Wort eine schwer definierbare Exotik. An sich läßt sich zwischen der Bedeutung «Minister» und einem Waschmittel kaum eine Verbindung herstellen. Von daher handelt es sich um einen jener Waschmittelnamen wie → «Ariel» oder → «Genie», in denen ein wohltönendes Wort nur um seines Klanges willen und unter völliger Vernachlässigung des ursprünglichen Sinnes übernommen wird. Vielleicht verknüpft dazu aber auch mancher, der nicht so genau weiß, was «Wesir» eigentlich bedeutet, mit dem Wort Assoziationen an irgendwelche hilfreiche Weise oder Zauberer aus dem Osten und verbindet diesen Gedanken mit der Wirkung des Waschmittels.

VOLTAREN

Schmerz- und Rheumamittel. Das Wort ist eine reine Phantasieschöpfung, die in ihrer Lautstruktur allerdings typisch «pharmazeutisch» tönt. Dem Vernehmen nach gilt das Wort in der Branche sprachlich als Supereinfall. Derart einzigartig und originell scheint die Bildung allerdings nicht zu sein, obwohl sie die nötigen Qualitäten für einen Medikamentennamen durchaus aufweist: Sie ist leicht zu schreiben und auszusprechen, und zwar in allen westlichen Sprachen ungefähr gleich gut, ebenfalls leicht im Gedächtnis zu behalten und leicht von anderen Wörtern zu unterscheiden. Es könnte sich hier um einen jener Fälle handeln, in denen man ein Wort deswegen für erfolgreich hält, weil das Produkt erfolgreich ist; in Tat und Wahrheit ist hier der Produkteerfolg wohl in den Qualitäten des Produkts begründet.

VOLVO

Automobilfirma. 1927 gab der Firmengründer Gustaf Larson seinen Autos diesen Namen, eine lateinische Verbform mit der Bedeutung «ich rolle». Der Name ist sozusagen ein früher, gelehrter Vorläufer des Slogans «Und er fährt und fährt...».

VON WASA BIS WUXAL

WACOLUX

Kunstharzfarben. Das Wort ist in seinem ersten Teil aus dem Namen des Produzenten *Wag*ner & *Co* abgeleitet. Der zweite Teil entspricht lat. «lux» «Licht» und deutet auf die Leuchtkraft dieser Farben hin.

WALDORF

Zigarette → «Astor».

WASA

Knäckebrot aus Schweden. In dieser Marke ist der Name einer der wichtigsten Königsdynastien Schwedens aufgenommen worden, der z. B. Gustav Wasa, der Schöpfer des heutigen schwedischen Reichs, und Gustav Adolf angehörten. Der Name weckt damit Gedanken an einen wichtigen Bestandteil des schwedischen Nationalgefühls, so wie ja auch Knäckebrot als etwas typisch Schwedisches gilt.

WC-ENTE

WC-Reinigungsmittel. Wie bei → «Elefant» ist der Name aus der Form des Behälters, einer Flasche mit langem, gebogenem Hals, zu erklären.

WEBSTAR

Cigarillo. Das Wort ist aus dem Anfang des Firmennamens *Web*er und dem Wort *Star* zusammengesetzt und stellt damit eine jener häufigen «Star-»bildungen wie z. B. auch → «Roadstar», → «Alustar», → «Isostar» dar.

WEEKEND

Zigarren. Der Name verbindet Zigarrenrauchen mit Freizeit- und Wochenendvergnügen und -entspannung.

WEGA

Haushaltreinigungsmittel. Der Name ist hergeleitet vom Stern Wega im Sternbild der Leier. Es handelt sich um eine Übernahme eines Sternennamens als Signet wie etwa bei → «Alkor» oder → «Scorpio».

WELEDA

Naturheilmittel. Der Name ist eine verdeutschende Variation zu Veleda, dem Namen einer auch politisch einflußreichen Seherin des germanischen Stammes der Bructerer (seßhaft an der Ems), die römischen Berichten zufolge im 1. Jh. n. Chr. (zur Zeit Vespasians) lebte. Der Name Weleda wurde von Rudolf Steiner, dem Begründer der Anthroposophie, die auch den Hintergrund dieser Firma bildet, 1924 als neuer Firmenname für die damalige «Internationale Laboratorium AG» vorgeschlagen. Der Grundgedanke Steiners war dabei, daß Veleda als germanische Seherin auch Einsichten in die Heilkräfte der Natur hatte.

WELLA

Haarpflegeprodukte. Das Wort ist eine relativ einfache Ableitung aus «Welle» und bezieht sich auf die Sorge jeder gutfrisierten Frau um ihre Haarwellen bzw. ihre Dauerwellen. Das Shampoo will sie offensichtlich in diesem Bemühen unterstützen.

WEST

Zigarette. Was bei den meisten anderen Zigarettenmarken nur in der begleitenden Werbung durchgeführt wird, nämlich die Assoziation des Zigarettenrauchens an Freiheit und Abenteuer im Wilden Westen, das wird hier direkt im Namen angedeutet. Gleichzeitig finden wir hier im Verein mit dem Werbespruch «Let's go West» eine ähnliche Verbindung von Name und Werbeslogan wie im Falle von → «Flint» und dem ursprünglich dazugehörigen Werbespruch «Let's strike a Flint».

WETROK

Gebäudereinigungsprodukte. Das Wort stellt eine verfremdende Sprachmischung aus engl. «wet» «nass» und deutsch «trocken» dar; diese Firma beherrscht also sowohl Nass- wie Trockenreinigungsverfahren.

WHISKAS

Katzenfutter. Der Name ist abgeleitet durch eine leicht verfremdende Schreibung aus dem engl. «whiskers» «Schnurrbart (von Katzen usw.)».

WICK

Erkältungssalben → Vicks.

WIESENHOF

Speisekonserve. Der Allerweltsname mit seiner eher allgemeinen Bedeutung – welcher Bauernhof befindet sich nicht in Wiesen – soll wohl suggerieren, daß das Gemüse in diesen Konserven direkt auf dem Bauernhof gewachsen ist, liebevoll gepflegt von der Bauersfrau, so natürlich wie im eigenen Garten und so individuell abgefüllt wie im eigenen Sterilisierglas. Er verbirgt damit, was offenbar weniger gerne akzeptiert wird, aber natürliche Voraussetzung jeder Massenproduktion von Konserven ist, daß der Anbau ebenfalls massenhaft und maschinell und unter Einsatz von Dünge- und Schädlingsbekämpfungsmitteln erfolgen muß.

WINSTON

Zigarette. Der Name sollte ursprünglich an den englischen Staatsmann Sir Winston Churchill erinnern (obwohl Winston Churchill bekanntlich ein leidenschaftlicher Zigarrenraucher, nicht Zigarettenraucher war).

WISA GLORIA

Holzspielwaren und Kindermöbel. Der Bestandteil «Wisa» ist abgeleitet aus den Anfangssilben der Firmengründer *Wi*dmer und *Sa*ndmeier. Das Wort «Gloria», an sich zu lat. «gloria» «Ruhm, Ehre», bzw. ein klangvoller Frauenname, ist ein Phantasiezusatz, ein typisches Hochwertwort wie «Triumph» oder «Rekord», der aber lautlich den ersten Bestandteil «Wisa» hervorragend ergänzt: Die beiden -a ergeben eine Art Reim, das -o- von «Gloria» bringt gleichzeitig eine ästhetisch befriedigende Vokalvariation in die Abfolge von i und a.

WISSOLL

Süßigkeiten der Firma *Wi*lhelm Schmitz-Sch*oll*.

WOLLANA

Wollwaschmittel. Die Endung «-(l)ana» gehört zu lat. «lana» «Wolle», verdoppelt also in gelehrter Weise die Information aus dem ersten Teil.

WOLY

Schuhcreme. Woly ist der Name der Titelheldin des Romans
«Woly, Sommer im Süden» des Schweizer Autors Hans Morgentha-
ler («Hamo») (erschienen 1924). Wie gerade diese vertrackte Liebesgeschichte mit ihrem resignierten Ausgang zur Übernahme
eines Namens für eine Schuhcreme führen konnte, bleibt unklar.
Entscheidend war wahrscheinlich der Wohlklang des Wortes (und
des Romantitels); vorauszusetzen ist ebenso, daß der Titel seinerzeit bekannter war als der Inhalt des Romans.

WOOLYTE

Waschmittel besonders für Wolle; zu engl. «wool» «Wolle». Die
Endung «-yte» lehnt sich einerseits an die in chemischen und
medizinischen Namen verbreitete Endung «-it(e)» an, andererseits
klingt darin sicherlich auch das englische Wort «light» «leicht»,
(mit gleicher Aussprache wie «-lyte») an, womit auf die sanfte Rei-
nigungswirkung und die Flauschigkeit der Wolle nach dem
Waschen hingedeutet werden soll.

WUXAL

Pflanzendünger, der den Pflanzen guten Wuchs (gesprochen wie
«Wux») verleiht. Bei diesem Warennamen wurde aus einem ortho-
graphisch leicht verfremdeten deutschen Stamm durch Anfügung
einer Fremdwortsilbe ein wissenschaftlich-lateinisch klingendes
Wort geschaffen. Auch das -x- sieht weit gelehrter aus als das deut-
sche -chs-, das es ersetzt. Als Zusammenfügung von deutschem
Wort und lateinischer Endung erinnert dieses Wort an Namen wie
→ «Magenal» oder → «Darmol».

VON XA BIS 4711

X A

Hungerreduzierende Tabletten. Der Name ist ein ausgesproche-
nes Gagwort, das im Vergleich zu ähnlichen Kurznamen wie etwa
→ «Go», → «Bac» oder → «Fa» sich zusätzlich durch eine außergewöhnlich exotische Lautstruktur auszeichnet.

X E R O X

Kopiergeräte. Der Name ist hergeleitet aus «Xerographie» bzw.
«xerographische Kopie»; «Xerographie» seinerseits ist zusammengesetzt aus griech. «xeros» «trocken» und griech. «graphein»
«schreiben» und bezeichnet also ein «Trockenschreibeverfahren»
Die Originalität und Ausdruckskraft des Wortes «Xerox» besteht in
der Anfügung der nicht ungeläufigen Endsilbe -ox an die Anfangssilbe «Xer-», wodurch ein mit zwei «x» relativ exotisches, aber
umso auffallenderes Wort entsteht, das gleichzeitig nur zwei Silben enthält und so leicht zu behalten ist; dadurch, daß die beiden
«x» am Anfang und am Ende stehen, ergibt sich zudem eine spie-
gelbildliche Symmetrie des Schriftbildes, die noch dadurch unterstützt wird, daß auch X selbst ein spiegelbildlich-symmetrischer
Buchstabe ist.

X Y L A D E C O R

Holzanstrich. Das Wort ist gebildet aus griech. «xylos» «Holz» und
«dekorieren».

Y

Parfum; Automodell. Der Buchstabe Y als Produktename ist in den
beiden Fällen unterschiedlich gut begründbar. Im Falle des Parfums handelt es sich einfach um die Initiale des Vornamens des
Modeschöpfers Yves Saint-Laurent. Bei der Automarke mag allgemein der griechische Charakter der Namengebung dieser Automarke (mit Namen wie → «Delta» oder → «Thema») eine Rolle
gespielt haben. In beiden Fällen ist allerdings wohl neben dem
griechisch-fremdartigen Flair des Buchstabens Y (vgl. → «Byo»,
→ «Byblos») vor allem seine graphisch einprägsame symmetrische
Form für die Wahl mitentscheidend gewesen.

Y E S

Kleingebäck. Der Name wirkt sicherlich auf den Konsumenten als
Gag und ist insofern schon werbeträchtig: Üblicherweise stellt
man sich unter einem Produktenamen eher ein Substantiv vor;
hier aber wird eine Gesprächsfloskel, die einer Interjektion nahe
kommt, als Name verwendet. Raffiniert ist natürlich auch der
Zusammenhang mit der ursprünglichen Bedeutung dieses Wortes:

Es signalisiert kurz und bündig (bündiger geht's nicht mehr!)
Zustimmung. Wer eine Packung dieses Gebäcks im Gestell des
Supermarkts sieht oder offeriert bekommt, hat beim Denken,
Lesen oder Sagen des Namens schon «ja» zum Kaufen oder Essen
gesagt. Erkennen und Konsumierenwollen fallen zusammen. Daß
«Yes» eigentlich englisch ist, stört sicherlich nicht, das verleiht
dem Produkt vielmehr den heute erwünschten anglo-internationa-
len Touch.

«Yes» ist übrigens nicht die einzige Warenbezeichnung, die sich
solcher Gesprächsfloskeln bedient. Eine deutsche Lebensmittel-
marke trägt den Namen → «Ja!» mit Ausrufezeichen, was selbst
wieder als Zusatz-Gag die Wirkung der Bezeichnung verstärkt,
und ein Lutschbonbon heißt → «Thanx», eine leicht verfremdete
Form von englisch «thanks» «dankeschön « .

YESSICA

Damenbekleidung. Der Name kombiniert mehrere Anspielungen:
Einmal jene an den modischen Frauennamen «Jessica»; durch den
Ersatz des Anfangs-J durch Y wird die erste Silbe zu engl. «Yes»
«Ja», was an die positive Grundstimmung der Käuferin appelliert;
und drittens wird damit auch die Werbewirkung der ästhetisch
auffälligen Form des Buchstabens «Y» ausgenützt (→ «Y»).

YSATIS

Parfum. Theoretisch könnte dieses Wort Anspielungen auf verschiedene andere Wörter enthalten, so z. B. an den Pflanzennamen
Isatis, deutsch Waid, ein Kreuzblütler, der früher zum Blaufärben
verwendet wurde, oder an «Ysat», was einen nach besonderem
Verfahren hergestellten Auszug aus Pflanzen bezeichnet. Es ist
allerdings kaum anzunehmen, daß jemand, der das Parfum kauft,
diese Wörter kennt. Im Vordergrund stehen deshalb für die Wirkung viel eher Klang und Schreibung, die an einen griechisch-
ägyptischen Namen von Göttinnen denken läßt; vor allem das «Y-»
und die Endung «-is» wecken solche Assoziationen. Damit ist das
Wort einer jener Parfumnamen, die irgendwelche unklare Verbindungen zu einer geheimnisvollen antiken Welt der Schönheit und
Weiblichkeit herstellen.

YVETTE

Feinwaschmittel. «Yvette» ist als Frauenname eher unüblich für
ein Waschmittel. Er suggeriert aber, was modisch-französische
Frauennamen (und «Yvette» ist ein solcher Name) als Warenbezeichnungen anderswo (z. B. Zigaretten, Zeitschriften, Kleider)
auch andeuten, nämlich Eleganz, Attraktivität, Gepflegtheit.

ZAUN

Koffeinfreier Kaffee. Der Name ist eine Abwandlung aus dem Namen des Vorbildes → «Kaffee Hag» mittels Ersatz von «Hag» durch das bedeutungsgleiche «Zaun» – fast ein Kalauer.

ZELLULOID

Kunststoff, der Ähnlichkeit mit Zellulose besitzt; die griechische Ableitungssilbe «-oid» heißt «ähnlich mit».

ZENITH

Uhr. Das (ursprünglich arabische) Wort «Zenit(h)» bezeichnet den imaginären höchsten Punkt im Himmelsgewölbe, übertragen auch den höchsten Punkt einer Entwicklung, einer Lebenskurve, einer Laufbahn. «Zenith» bezieht sich damit einerseits auf die Zeitmessung mit Hilfe des Sonnenstands, andererseits deutet es die angestrebte technische Höchstleistung an, die in dieser Uhr verwirklicht ist.

ZEPHYR

Rasierschaum. Das Wort ist herzuleiten vom griechisch-lateinischen Namen «zephyros» für einen warmen Westwind, der in der barocken Sprachtradition zum Inbegriff eines sanften, lauwarmen Windes wurde. Wer sich also mit «Zephyr-»Rasierschaum rasiert, für den wird Rasieren zum feinen Streicheln wie durch einen linden Wind.

«Zephyr» diente einst auch als Name für ein englisches Automobilmodell. Auch hier ist der Sinn der Verknüpfung klar: Das Fahren in einem «Zephyr» sollte so leicht und angenehm sein wie das leise Wehen des Zephyrs.

ZEWA

Papierprodukte, z. B. Haushaltspapier. Der Name ist aus einer Abkürzung aus *Ze*llstoff-Fabrik *Wa*ldhof (Mannheim) entstanden. Das Haushaltspapier «Zewa Wisch und Weg» ist ein Musterbeispiel für einen Mehrwortnamen, in dem gleichzeitig auch noch ein Werbespruch eingebaut ist. Vergleichbare Bildungen sind etwa → «Servus 4 x sanft» oder → «Ata sanft & sauber».

ZIEL

Zahnpasta. Niemand würde hinter dem Wort «Ziel» einen Zahnpastanamen vermuten. «Ziel» ist ein ganz gewöhnliches, banales deutsches Wort; Zahnpasten tragen aber gewöhnlich eher medizinisch tönende Namen (man denke etwa an → «Aronal», → «Dentagard» oder → «Selgin»). Darüber hinaus hat «Ziel» auch von der Bedeutung her überhaupt nichts mit Inhalt oder Zweck einer Zahnpasta zu tun. In dieser völlig ungewöhnlichen, um nicht zu sagen abstrusen Namengebung liegt aber auch das Besondere und damit der Werbegag dieses Namens, der hierin in gewisser Weise an denjenigen von → «Badedas» erinnert.

ZP¹¹ FORMULA

Haarshampoo gegen Schuppen. Die Phantasiekombination von Buchstaben und Zahlen soll, zusammen mit dem Wort «formula» (engl. für «chemische Formel») suggerieren, daß das Produkt auf einer Substanz mit einer geheimnisvollen, besonders wirksamen chemischen Formel basiert.

ZUCRITAM

Künstlicher Süßstoff – «*Zuc*kerersatz» – mit dem Süßmittel Aspar*tam*.

ZYLISS

Haushaltsgeräte. Die Marke ist gebildet aus dem Namen des Firmengründers Charles *Zys*set und dem Namen des Firmenstandorts *Lyss*. Das zweite -y- wurde aus lautlichen und optischen Gründen durch -i- ersetzt. (So attraktiv ein «Y» in einem Firmennamen ist – vgl. → «Trybol», → «Byo», → «Krystle», → «Brylcreem» –, zwei sind doch zuviel).

4 RUNNER

Geländegängiges Personenauto. Der Name versteckt ein Wortspiel: Die Zahl 4 spielt auf den Vierradantrieb an; laut gelesen tönt «4Runner» außerdem wie engl. «fore-runner» «Vorläufer, Pionier».

8 x 4

Deodorant (ursprünglich desodorierende Seife). Der Name 8 x 4 ist eine rechnerische Auflösung aus dem Wirkstoffnamen B 32 (Vitamin).

1001

Hautpflegemittel. Die Zahl 1001 ist der orientalischen Geschichten-
sammlung Tausendundeine Nacht entnommen. Mit dieser
Geschichtenwelt verbindet der durchschnittliche Europäer ver-
führerische Frauen, Liebesgeschichten, Abenteuer. An diese exotischen Gedankenassoziationen schließen sich auch diese Hautpflegemittel an.

4711

Kölnisch Wasser. Der seltsame Markenname leitet sich davon ab,
daß ein Hersteller von Kölnisch Wasser, Wilhelm Mülken, um 1800
als Firmenadresse «Eau de Cologne- & Parfumerie-Fabrik Glok-
kengasse No 4711 gegenüber der Pferdepost von Ferd. Mülken»
angab. Die Hausnummer 4711 hatte das Haus im Jahre 1794 bekommen, als auf Anordnung der französischen Besatzung alle Häuser
in Köln durchnumeriert werden mußten. Der Markenname «4711»
ist im übrigen ein einzigartiger Fall insofern, als er, neben der
Zahl 4001 beim Markennamen → «Pelikan», die einzige Zahlen-
kombination ist, die in Deutschland als Markenzeichen rechtlich
geschützt ist; Zahlen sind sonst nach deutschem Recht nicht als
Warenzeichen eintragbar und schützbar. Es ist nur durch die
Weltgeltung dieser Marke und die feste Verbindung der Zahl 4711
mit dem entsprechenden Produkt begründet, daß in diesem Falle
von der Regel abgewichen worden ist.

Die folgende Illustration zur Entstehung eines Produktenamens
ist entnommen aus:
Sempé, La grande panique, 1965.

1

2

3

4

5

6

7

8

9

DIE SPRACHE DER

WARENNAMEN

Markennamen – die Exotik im Alltag

In wenigen Bereichen unserer Sprache spiegelt sich unsere Zivilisation so direkt wider wie in den Warennamen. Mancher mag zwar bezweifeln, ob all diese Wörter, angefangen bei Autonamen wie *Celica* und *Corsa*, über Waschpulverbezeichnungen wie *Ariel* und *Dash* bis zu Sportartikelmarken wie *Adidas* und *Nike,* wirklich zu «unserer Sprache», dem Deutschen, gehören. Sprache scheint dieses unverständliche Buchstabengeklimper kaum zu sein, geschweige denn Deutsch. Als Sprachkritik noch höher im Kurs stand als in unserer eher normenfeindlichen Zeit, wurde denn auch nicht mit Spott und Kritik an der Erscheinung der Warennamen gespart. In Wustmanns (allerdings ziemlich pedantischem) Buch «Allerlei Sprachdummheiten» wird z. B. über mehrere Auflagen zwischen 1903 und 1923 vermerkt: «Ein Kapitel, das von Jahr zu Jahr beschämender für unser Volk wird, bilden die Warennamen, die, wohl meist von den Fabrikanten der Waren oder von ebenso unfähigen Helfern ersonnen, uns täglich in Zeitungen und Wochenblättern anschreien». Daran anschließend wird die Hoffnung geäußert, «daß der ganze Blödsinn schließlich einmal an sich selber zugrunde gehen werde», eine Hoffnung, die sich offenbar auch nach achtzig Jahren noch nicht erfüllt hat – im Gegenteil. Aber noch 1961 wird im Buch «Schlechtes Deutsch» von E. Wasserzieher die Bildung von Markennamen als «törichtes Tun» bezeichnet, «gegen das jeder Sprachfreund mit allen Mitteln ... ankämpfen sollte». Dieser Unsinn von Warennamenbildungen wird sogar in satirischen Spottgedichten aufs Korn genommen; 1910 erschienen z. B. in der «Zeitschrift des Allgemeinen deutschen Sprachvereins» folgende Strophen:

Das 20. Jahrhundert, ein Gedicht in
neudeutscher Mundart

Dalli, Solo, Wuk, Usona,
Cobu, Sahna, Tet, Urbin,
Automors, Palmin, Palmona,
Kalodont, Kaol, Kosmin.

Kios, Barbolin, Sanella,
Rizinol, Laxin, Odol,

Puro, Agfa, Ray, Kombella,
Hag, Hapag, Mal-Kah, Javol.

Minimax, Manoli, Milka,
Rino, Protex, Pixavon,
Glättolin, Vitelli, Gilka,
Kaloderma, Syt, Birkon.

Bedag, Dermophil, Chasalla,
Byrolin, Benzol, Bovril,
Pli, Pneumatador, Penkala,
Oxo, Koh-i-noor, Persil.

Si-Si, Ni-one, Aurora,
Velotrap, Purgen, Dextrin,
Mondamin, Sinalco, Mohra,
Lüttitin und Meschuggin.

Eine Reprise fand diese Idee in inhaltlich leicht modernisierter
Form in einem zweiten Gedicht, das 1968 von H. Jelinek veröffentlicht wurde:

Nachtgesang

badedas placentubex
tai-ginseng panteen
thermofax wipp dentofix
anti-svet palmin

mondamin elastofix
fewa fa feh vlot
seiblank presto caro lux
maggi pez blett pott

alka-seltzer seborin
mem pitrell grill-fix
tempo mampe aspirin
tampax atrix drix

hormocenta kukident
knorr pfaff tarr darmol
odorono chlorodont
fuß-frisch bac odol

mezzo-slabil wazzaba
abba dabba wabbada
f-x k2r T2
$E = mc^2$

(Beide «Gedichte» sind auch im Buch von G. Voigt [s. Literaturver-
zeichnis] S. 56 enthalten.)

Auch wer etwas toleranter ist und die heutigen Moden von
Warennamenbildungen nicht pauschal als törichte Sprachverwil-
derung abtun möchte, dürfte seine Zweifel haben, ob alle diese
ausgefallenen und meist bedeutungslosen Wörter noch «Sprache»
seien wie etwa unser normales Deutsch.

Umgekehrt kann aber auch der schärfste Kritiker nicht bestreiten,
daß wenige Arten von Wörtern uns so häufig und in so aufdringli-
cher Form begegnen wie Warennamen. In Straßen, an Häusern, in
Zeitungen, an den Produkten, überall werden wir von Warennamen sozusagen überfallen. Warennamen begegnen wir, auch
wenn wir sie nicht suchen, und es ist mehr als ein zufälliges Bon-
mot, wenn in den fünfziger Jahren ein deutscher Bundesminister
in einer Bundestagsdebatte bemerkte, ein unwissender Reisender
könnte im Bahnhof Karlsruhe ohne weiteres auf die Idee kommen,
in einer Stadt namens Kaloderma angekommen zu sein. Warennamen sind also ein wichtiger, allgegenwärtiger Teil unserer alltäglichen Sprachumgebung.

Natürlich gehören diese Wörter nicht zu der deutschen Sprache,
die unsere Ahnen uns überliefert haben, es sind Neuschöpfungen
unseres eigenen Zeitalters, und das sieht man ihnen auch an. Selten zeigt sich aber so deutlich wie bei diesen Wörtern, wie Sprache
sich im Zusammenhang mit gesellschaftlichen Veränderungen
wandelt und wie sprachliche Neuerungen dazu dienen, konkrete
gesellschaftliche Erfordernisse zu bewältigen. Um so eher müßte
eigentlich die Welt der Warennamen als Spiegel unserer gegen-
wärtigen gesellschaftlichen Umgangsformen unsere Aufmerksamkeit wecken.

Diese Betrachtungsweise – Warennamen als Teil unseres Alltags,
als Ausdruck bestimmter Verkehrsformen und Vorstellungswelten
– soll auch das Interesse in unseren nachfolgenden Betrachtungen
leiten. Wir wollen dabei all diese skurrilen und fremdartigen Wortbilder ganz unbefangen betrachten und ihre Hintergründe auszu-
leuchten versuchen und dabei zunächst die erwähnte negative
Kritik unbeachtet lassen. Die Bildungen von Warennamen kurzerhand als «Blödsinn» abzutun, ginge ja auch an der Realität vorbei.

Denn eines ist klar: Produzenten von Massenartikeln wollen ihren
Produkten sicher nicht Namen geben, die nur «blödsinnig» wirken
und so eher vom Kauf abschrecken – im Gegenteil: Diese Namen
sollen den Konsumenten immer irgendwie ansprechen, ihn beein-
drucken, Erwartungen wecken. Wenn ein Warenname ein frem-
des Wort ist, dann soll er auch fremd wirken, und man trifft das
Wesentliche nicht, wenn man diese Fremdartigkeit kritisiert.

Der Konsument verlangt ja z. B. nach Produkten, die mit wissenschaftlichen Methoden hergestellt werden, und glaubt, diese hinter wissenschaftlich klingenden Namen zu finden. Er hofft, mit
einem Artikel den Duft der großen weiten Welt einfangen zu können, einen Hauch von Ferne in die eigene Stube zu bringen, und
erwartet, dies mit einem Produkt, das einen exotischen Namen

trägt, zu erhalten. Er sucht das Außergewöhnliche, Spezielle, Individuelle, und das Produkt, das diesen Wunsch erfüllen soll, muß auch einen entsprechend außergewöhnlichen Namen tragen. Was Sprachkritiker auch immer einwenden mögen – hinter all diesen seltsamen wissenschaftlich, exotisch oder snobistisch klingenden Namen verbirgt sich ein geheimes Einverständnis zwischen Warenproduzent und Warenkonsument, Ware als Vehikel zu einer dem banalen Alltag entrückten Existenz zu gebrauchen. Im Ungewöhnlichen, Gesuchten liegt gerade der Sinn dieser Namen. Wer fordert, von den heutigen weitgehend unverständlichen Wortbildungen wieder zu guten alten deutschen oder zumindest verständlichen Wörtern zurückzukehren, der verkennt, daß dies geradezu dem Sinn und Zweck von Markennamen in der heutigen Konsumgesellschaft widerspricht.

Zum Teil ist die Exotik der Markennamen allerdings nicht immer nur werbetechnisch motiviert, sondern auch durch ganz konkrete Gründe der internationalen Verflechtung der heutigen Produktionsgesellschaften bedingt. Der überwiegende Teil von Massenprodukten wird ja nicht nur in einem einzelnen Land produziert und gekauft, sondern in ganzen Kontinenten oder sogar in der ganzen Welt; und es ist für eine Firma durchaus erstrebenswert, ein Produkt international immer unter dem gleichen Namen verkaufen zu können. Sehr viele fremdklingende Markennamen müssen so klingen (und sind so konstruiert worden), weil sie in Ländern mit verschiedenen Sprachen verwendbar (schreibbar und irgendwie aussprechbar) sein müssen; oder sie klingen bei uns fremdsprachig, weil sie ursprünglich aus einem anderssprachigen Land stammen – denken wir nur an Namen wie *Escort*, *Moulinex*, *Mustang* oder *Läkerol*.

Auch dieser Aspekt – die internationale Verbreitung von Warennamen – ist natürlich ein Kennzeichen der heutigen Warenwelt und nicht nur dieser Warenwelt, sondern auch weiterer kultureller Bereiche wie Popmusik, Fernsehserien, bildende Kunst, Wissenschaft und Technik. Internationalismen dieser Art sind denn auch nicht nur charakteristisch für Warennamen, sondern auch für Fach- und Sondersprachen in all diesen Bereichen. Warennamen und Fachsprachen berühren sich gerade auch in dieser Internationalität.

Die praktische Notwendigkeit, Warennamen mit internationaler Verwendbarkeit zu prägen, trifft sich dabei aber gut mit dem ästhetischen Bedürfnis nach exotischen, ausgefallenen Namen. Beide Anforderungen ermöglichen es, Wörter zu prägen, die jenseits einer konkreten Sprache angesiedelt sind. Auf diese Weise hat sich fast wie von selbst in den letzten Jahrzehnten eine Art internationale «Niemandssprache – Jedermannssprache» für Warennamen herausgebildet, die für Menschen aller Völker gleicherweise halb fremd und ganz geläufig ist. Und gerade diese Eigenschaft, niemandem unvertraut, aber für alle nicht ganz heimisch zu sein, gehört auch wieder zur heutigen Zivilisation. Daß das Englisch-Amerikanische für die Bildung neuer Wörter – neben dem Latein – die wichtigste Quelle von Bestandteilen ist, paßt gut zu diesem Phänomen, denn auch sonst besteht unsere internationale Zivilisation weitgehend aus amerikanischen Moden. Warennamen sind so vielleicht im Reich unserer Sprache das Gleiche wie «Dallas» und «Bonanza» am Fernsehen: Zeugnisse jener eigentümlichen Kultur in einem Niemandsland, das manchmal seltsam gewissen Bildern aus den USA gleicht. Damit wäre doch noch ein Stichwort für eine Kritik an dieser Sprache geliefert. Es wäre aber sicherlich nutzlos, die Sprache isoliert zu kritisieren, ohne zu erkennen, daß sie ein Reflex ganz bestimmter gesellschaftlicher Bedingungen ist. Man kann diesen Bereich der Sprache auch nicht einfach abschaffen; denn daran kommt man wohl nicht vorbei, daß die Sprache der Warennamen ein unabtrennbarer Teil unserer Sprache für unsere Welt ist, der genau zur Bewältigung dieser Welt entstanden ist. Wenn es nicht gerade reines Deutsch ist, was diese Wörter darstellen, dann deshalb, weil auch unsere Welt nicht eine rein deutsche ist.

Der Massenproduzent als Poet

Man mag die oft unglaublichen Erfindungen bei den Warennamen kritisieren, wie man will – oft sind sie auch zu bewundern ob des Erfindungsreichtums und der Phantasie, die in ihnen stecken. Sind nicht Schöpfungen wie *Omo, Ajax* oder *Flup* Erzeugnisse echter Sprachspielfreude? Die Welt der Warennamen ist in Tat und Wahrheit einer der schöpferischsten und produktivsten Bereiche im heutigen Sprachleben. Täglich bemühen sich Hunderte von Leuten, neue, noch nie gehörte, originelle Wörter zu erfinden. Damit schleicht sich in die Welt des Zweckdenkens, des harten Geschäfts, wo an sich nur die Maschinen funktionieren und der Umsatz stimmen müssen, auf leisen Sohlen etwas Spielerisches im Umgang mit der Ware ein: Techniker und Marketingfachleute werden plötzlich dichterisch gestimmt, zu sprachschöpferischem Tun inspiriert, wenn es darum geht, einen möglichst gelungenen Namen für das mit großem Entwicklungsaufwand geschaffene Produkt zu finden. Der französische Karikaturist Sempé hat diesen heimlichen Durchbruch kindlicher Sprachexperimentierlust im Gewande tierisch ernster Marketingarbeit unübertrefflich in seiner Bilderfolge «Zgrouitch» dargestellt. Das fast Paradoxe an seiner äußerlich absurden Verulkung des Entstehungsprozesses von Markennamen besteht darin, daß seine Darstellung gar nicht so weit weg von der Realität ist. Es mag zwar selten sein, daß ein Gremium von der Würde eines Verwaltungsrats oder eines Direktoriums sich um die Namengebung eines Produktes müht – sehr oft werden Namen über firmeninterne Wettbewerbe gesucht und gefunden; manchmal sind auch speziell dafür eingerichtete Arbeitsgruppen für das Finden von Namen zuständig –, aber der eigentliche Namenfindungsprozeß läuft in all diesen Fällen wohl nicht viel anders ab als in Sempés Bilderfolge: Eine Gruppe von Leuten läßt sich möglichst spontan und intuitiv irgendwelche Wörter einfallen, bis ein bestimmter Vorschlag als besonders überzeugend erscheint. Das Spielerische und gleichzeitig Poetische an diesem Findungsprozeß besteht darin, daß man dabei nicht «logisch» nach bestimmten systematischen Prinzipien vorgehen kann, sondern seine Einfallsgabe möglichst frei und ungebunden walten lassen muß; man muß sich also genau umgekehrt verhalten wie im harten Geschäftsalltag.

Man kann einen Warennamen auch nicht einfach «ausrechnen»; wichtig sind vielmehr Sprachgefühl, Klanggefühl, Bildassoziationen, kurz: ästhetische Qualitäten und Erwägungen, die gewöhnlich nur sehr schwer in Regeln umsetzbar sind. Man kann zwar im Einzelfall durchaus begründen, warum man einen Vorschlag nicht gut findet, aber man kann daraus keine Prinzipien ableiten, wie man einen besseren Namen finden könnte: Dieser muß einem zunächst einfach einfallen.

Auch bei aller Anwendung wissenschaftlicher Testmethoden kommt man nicht um die Tatsache herum, daß Markennamen Erzeugnisse menschlicher Phantasie sind und Menschen mit Phantasie und einem Gefühl für Bild und Wortklang ansprechen sollen. Menschen ohne Sprachgefühl, ohne Sinn für originelle Spracherfindungen können auch keinen Sinn für die Originalität und das Spielerische von Markennamen haben. Es ist dieser Aspekt, der letztlich nicht nur das Erfinden, sondern auch das Aufnehmen von Markennamen – und seien es augenscheinlich so einfache Wörter wie *Fa*, *Pritt* oder *Flup* – zu einem poetischen Prozeß macht, in dem Sprache nicht vor allem zum Übermitteln von Sachinformation dient, sondern zu einem ästhetischen Medium wird, wo wir Vergnügen finden am Klang der Sprache, am Bild, das im Wort vermittelt wird, am Vergleich, der mit Worten gemacht werden kann. Und so, wie wohl jeder Mensch in einem gewissen Maß musikalisch ist, ist auch jeder in einem gewissen Maß poetisch veranlagt; sonst könnte man ihn nicht durch die Originalität von Wortschöpfungen ansprechen.

Der Name aus dem Computer

Der Behauptung, daß Warennamen (meist) poetische Schöpfungen seien, scheint zu widersprechen, daß seit einigen Jahren Warennamen auch mit Computern konstruiert werden. Was kann ein Computer als Maschine schon Poetisches erschaffen? Nur der Mensch kann doch dichterisch-schöpferisch tätig sein! Aber so leicht ist die Poesie nicht aus der Sprache zu vertreiben. Das zu behaupten wäre etwa das gleiche wie die Behauptung, ein Gedicht von Goethe oder Rilke hätte keinen dichterischen Wert, weil der Autor einen bestimmten Reim aus einem Reimlexikon gefunden habe. Ein Reimlexikon zu verwenden und daraus den richtigen Reim zu wählen, sind zweierlei Dinge; auch wird ein Reim erst im Zusammenhang des Gedichts zum dichterischen Ausdrucksmittel – im Grab des Reimlexikons ist er nur Lautgeklingel. Das Gleiche kann man für computergeschaffene Warennamen sagen. Was ein Computer machen kann, ist allenfalls, eine Liste von Wörtern zu konstruieren, die bestimmte vorgegebene Eigenschaften haben müssen: Der Programmierer muß z. B. festlegen, daß ein Wort zweisilbig sein soll, in der Mitte zwei gleiche Konsonanten haben muß, mit einem P, T oder C beginnen soll usw. Auf solche Befehle wird der Computer eine Unmenge verschiedenster Buchstaben-kombinationen ausspucken; er kann aber nicht entscheiden, welche dieser Buchstabenkombinationen nun «gute» Warennamen sind. Dies bleibt weiterhin Aufgabe des Menschen, denn nur er kann alle Faktoren erkennen oder besser spüren, die eine bestimmte Buchstabenkombination als reizvoll und wirkungsvoll erscheinen lassen. Letztlich sind also auch solche Computerkrea-tionen menschliche Erzeugnisse. Der Computer liefert nur Zulie-ferdienste; er ersetzt sozusagen das «brainstorming», wobei para-doxerweise durch die Systematik des Suchens durch den Compu-ter dem Zufall jener erwünschte weitere Spielraum gelassen wird, der im «brainstorming» vom Menschen durch unbewußte Vorur-teile, die die Phantasie einengen, oft eingeschränkt wird. Und schließlich entsteht die Wirkung eines Wortes ja auch nicht von «Computer zu Computer», sondern beim Menschen als sprachbe-gabtem Wesen, in dem die Sprachfähigkeit eine tiefverwurzelte Anlage ist, die mit allen seinen anderen Fähigkeiten wie Hören, Sehen, Schmecken durch feinste Verbindungen zusammenhängt.

Warennamen – Retortenwörter

In einem entscheidenden Punkt tragen allerdings die meisten Warennamen, trotz aller Ähnlichkeit in der Funktion mit alten Gegenstandsnamen, das Siegel der heutigen Retortenzeit: Es sind eigentlich keine «gewachsenen» Wörter, die aus dem Schoß der Muttersprache entstanden sind und noch in ihrem spezialisierten Gebrauch den Zusammenhang mit der Gemeinsprache spüren lassen.
Mit Ausnahme des allerdings recht häufigen Falles, daß ein Produ-zent sein Erzeugnis mit seinem eigenen Namen benennt – wie etwa *Opel* für Autos oder *Waldemar* für Fischkonserven oder *Maggi* für Suppenwürfel usw. –, werden bei Warennamen Wörter, die den Ursprung in der Alltagssprache noch erkennen lassen, sogar prinzipiell vermieden; es werden allerlei Verfremdungs-

techniken wie Schreibvariationen – z. B. bei – *Kleenex, – Nirosta* – oder Verkleidungen mit fremden Endungen – z. B. bei – *Darmol, – Wuxal usw.* – verwendet. Auch werden bei der Bildung von Warennamen die geläufigsten Wortbildungsregeln z. B. des Deutschen oder Englischen nicht beachtet; es herrscht anscheinend eine große Freiheit, um nicht zu sagen Willkür darin, wie man neue Wörter bildet. Dadurch erhalten Warennamen den Charakter einer gewissen Künstlichkeit. Das ist etwa der Fall, wenn ganz verschiedene Sprachen miteinander kombiniert werden – wie z. B. in – *Handsan, – Lattoflex* – oder wenn willkürliche Bruchstücke verschiedener Wörter auf eine Weise zusammengesetzt werden, daß die Herkunft der einzelnen Teile nicht mehr ohne genaue Kenntnis der Entstehung identifizierbar ist, wie z. B. bei – *Lupolen* oder – *Sagamore.*

Bei der Bildung von Warennamen kommt es kaum auf die Beachtung herkömmlicher und in der Alltagssprache gültiger Wortbildungsregeln an – man kann vielmehr mit den Wörtern und Buchstaben umgehen, wie man will –, entscheidend ist, daß das Resultat stimmt. Kurz: Warennamen sind gewöhnlich «Retortenwörter». Man produziert Wörter in diesem Bereich wie Kunststoffe oder Medikamente: Durch Synthese gewinnt man Stoffe, die so in der Natur nie vorkommen. (Es scheint symptomatisch, daß die ersten, die Wörter auf diese Weise zu bilden begonnen haben, Chemiker waren; z. B. ist das Wort «Ester» ursprünglich aus «*Essigäther*» zusammengezogen worden, was sehr an die Bildung von Wörtern wie – *Eduscho* erinnert.)

Aber sogar diese Kunstsprache teilt das Schicksal jeder Sprache, Gemeinschaftsgut einer Gesellschaft zu sein, Traditionen zu bilden und historisch gewachsenen Konventionen zu unterliegen. Wir werden später noch auf solche Traditionsbildungen eingehen; an dieser Stelle soll nur angedeutet werden, daß, so künstlich das einzelne Wort auch gebildet sein mag, es dennoch an allgemeineren Assoziationsnetzen teilhat, lautliche und formale Zusammenhänge mit anderen Wörtern besitzt und, wenn es ein erfolgreiches Wort ist, Anlaß und Baustein für ähnliche Bildungen wird. Ein eindrückliches Beispiel dafür ist das ursprünglich reine Kunstwort – *Nylon*, dessen Endsilbe *-lon* heute zum allgemein gebräuchlichen und verwendbaren Bestandteil zahlloser anderer Kunstfasernamen geworden ist. Aus der Fülle der Retortenwörter entsteht sozusagen wieder fast eine naturwüchsige «Sprachkultur», eine gesellschaftlich gewachsene geschichtliche Erscheinung, die in ihren Traditionen mehr darstellt als die private Schöpfung eines Einzelnen. Auch dieser seltsame Zwischenzustand der Warennamensprache zwischen willkürlicher Retortenexistenz und «künstlicher Tradition» scheint typisch für unsere Gegenwartskultur, welche die ständige Neuproduktion des noch nie Dagewesenen fordert und damit in sich selbst geschlossene artistische Rituale erzeugt.

Die Juristen greifen ein

Die gigantische Entwicklung einer Massenkonsumgesellschaft, die ihre Bedürfnisse prinzipiell mit Massenprodukten stillt, die allmählich die ganze Erde mit ihren Produkten überschwemmt, wo jedes erfolgreiche Produkt gleich mehrere Konkurrenzprodukte auf den Plan ruft, wo Massenhaftigkeit zum Wesen des Wirtschaftslebens gehört – dieser massenhafte Überfluß hat auch dem poetischen Spiel der Markennamenerfindung die Unbefangenheit geraubt. Wie überall im Wettbewerbswesen haben auch im Markenwesen die Juristen die Probleme in die Hand genommen und durch Gesetze und Verordnungen zu regeln versucht. Markennamen sind juristisch wie Patente oder Bücher als Besitz einer Person oder einer Gesellschaft schützbar, d. h., wenn sie bei der zuständigen Behörde (dem Patentamt) angemeldet und eingetragen worden sind, darf sie kein Dritter mehr für seine Zwecke gebrauchen; sie sind reserviert für die Verwendung, die der Inhaber des Benützungsrechts davon machen will. Die häufig hinter Warennamen anzutreffenden Zeichen ¿ (= registriertes «Markenzeichen») oder (= Trade Mark, engl. für «Markenzeichen») oder das Zeichen Wz (= Warenzeichen) im Duden-Rechtschreibewörterbuch geben dem Leser an, daß das betreffende Zeichen ein registriertes und geschütztes Markenzeichen ist. (Übrigens können auch Schriftzüge wie jener von *Coca-Cola* oder Signete und Bildsymbole gesetzlich geschützt werden.)

Es ist klar, daß es bei der Unzahl an Markennamen, die für die Mengen an Massengütern in einem Land registriert werden, für einen einzelnen potentiellen Markennamenschöpfer fast unmöglich ist, den Überblick zu behalten, was überhaupt noch ein freier Name sein könnte. Gleichzeitig schränkt sich die Möglichkeit neuer Bildungen erheblich ein. «Naming a product used to be fun» – «Einen Produktenamen zu finden, war früher ein Vergnügen», zitiert der Warennamenforscher Praninskas einen amerikanischen Industriellen; heute aber ist das Vergnügen vor lauter Überfluß, vor lauter Massenproduktion an Namen und vor lauter reglementiertem Konkurrenzkampf, vor lauter Vorsichtsmaßnahmen und juristischen Bestimmungen verschwunden.

Dazu kommt, daß das Markenrecht gewisse Einschränkungen darin macht, wie man überhaupt einen Markennamen bilden darf. Vor allem wird darauf geachtet, daß zwischen Name einerseits und Beschreibung und Werbung andererseits ein Unterschied gemacht wird. Ein Name sollte an sich sozusagen eine reine Unterscheidungsetikette sein, so wie ein Personenname heute keine Personenbeschreibung vermittelt: Vom Namen Otto Schmidt oder Karl Weber kann man nicht auf den Charakter einer Person schließen. Ebenso sollte ein Markenname, der geschützt werden soll, keinerlei direkt beschreibende Aussage darüber enthalten, was z. B. der Inhalt eines Produkts ist. Diese Regelung ist natürlich wohlbegründet. Wer einen Markennamen als Eigenbesitz registrieren läßt, der «nimmt» ihn sozusagen anderen Leuten als frei verfügbares Wort «weg», sie dürfen ihn nicht mehr für ihre eigene Warenbeschreibung verwenden. Gesetzt den (absurden) Fall, jemand wollte das Wort «Zucker» für sein Zuckererzeugnis registrieren lassen, dann hätte das zur Folge, daß kein anderer Zuckerproduzent mehr das Recht hätte, dieses Wort auf die Packung seines Zuckererzeugnisses zu schreiben – ein sicherlich sehr unbefriedigender Zustand; denn um den Inhalt eines Produkts zu beschreiben, benötigen wir doch die beschreibenden Substantive, wie sie uns unsere Alltagssprache zur Verfügung stellt. Alltagssprache und alltagssprachliche Beschreibungen müssen Allgemeinbesitz bleiben, an dem jeder teilhaben darf, den man niemandem verwehren darf. Dazu bringt jede allzu direkte Beschreibung in einem Namen die Gefahr der Verwechslung mit anderen ähnlichen Produkten. Wenn zwei Produkte die gleiche Grundsubstanz enthalten (z. B. Traubenzucker) und dies durch die gleiche oder eine ähnliche Angabe des Inhalts im Produktnamen angezeigt wird, dann kann man als Verbraucher u. U. die beiden Produkte leicht verwechseln. Die Unterscheidungsfunktion des Namens wird so nicht mehr erfüllt.

Natürlich wird auf einer rein lautlichen Ebene das Verbot der Verwechselbarkeit oft zu unterlaufen versucht, indem man für das eigene Produkt einen dem Konkurrenzprodukt ähnlichen Namen festlegt. Dieser Trick führt dann oft zu langwierigen Rechtsstreitigkeiten, in denen der Zustand der Nichtverwechselbarkeit wiederhergestellt werden soll.

Schließlich scheint es auch unerwünscht zu sein, wenn der Name selbst für ein Produkt Werbung macht, obwohl auch dieses Verbot oft mehr oder weniger unterlaufen wird – man denke an namenähnliche Prägungen wie *Kleenex – dick und durstig, Zewa Wisch und Weg, Tapi fleck weg*. Produktwerbung und Namengebung sollen getrennt bleiben, bzw. ein Produktenamen soll werbeträchtig allein deshalb sein können, weil das Produkt selber Qualitäten hat und der Konsument allenfalls aufgrund konkreter Erfahrungen mit dem Produktenamen Qualitäten verbindet.

Daß es eine Regel gibt, wonach ein Warenname keine Beschreibung enthalten darf, heißt allerdings nicht, daß es keine Warennamen mit beschreibendem Charakter gibt. Im Gegenteil: Sehr viele Warennamen geben dem Eingeweihten Hinweise auf die Zusammensetzung, etwa bei Medikamenten. Ein Wort wie *Cal-C-Vita* deutet z. B. an, daß in diesem Präparat Calcium und Vitamine, vor allem Vitamin C, enthalten sind. Und auch ein Medikamentenname wie *Contra-Schmerz* ist nicht gerade ein Musterbeispiel für einen nicht-beschreibenden Namen, zu schweigen von Schokoladenamen wie *Milka* oder *Nussini*.

Es gilt dabei zu berücksichtigen, daß es natürlich nicht immer so eindeutig ist, für wen welcher Name beschreibend *ist. Cal-C-Vita* mag für den Apotheker eindeutige beschreibende Hinweise enthalten – für den Laien sagt das Wort vielleicht nicht besonders viel Verbindliches aus. Gewöhnlich erscheinen (wie gerade die eben erwähnten Beispiele deutlich zeigen) beschreibende Hinweise auch nicht in direkter Form, sondern in verfremdender Verwandlung, durch Zusammensetzung von Abkürzungen, durch Übersetzung von beschreibenden Bestandteilen in fremdsprachige Wortfetzen usw. Ob das dann noch beschreibende Wörter sind oder nicht, ist z. T. eine Ermessenssache. Daß in *Cal-C-Vita* der Bestandteil *Vita* auf Vitamine hinweist, ist nicht so eindeutig, denn *Vita* kann für sich auch schon «Leben» bedeuten oder aus «vital» abgeleitet sein und ist mit diesen Bedeutungen ebenfalls sehr geläufig als Bestandteil von Warennamen.

Und schließlich enthält kaum ein Warenname eine vollständige Beschreibung z. B. seines Inhalts, vielmehr werden nur bruchstückweise Andeutungen gemacht. So wird in *Cal-C-Vita* nicht vollständig aufgezählt, welche Vitamine in diesem Präparat enthalten sind – es sind über Vitamin C hinaus noch die Vitamine D und B6.

Bei der ganzen Problematik der juristischen Handhabung von Markenzeichen und Markenschutz muß allerdings auch berücksichtigt werden, daß nicht jeder Warenname juristisch durch Registrierung geschützt zu werden braucht und geschützt ist. An sich kann jeder sein Produkt mit einem beliebigen, noch nicht geschützten Wort bezeichnen, ohne das Wort zu registrieren, – auf die Gefahr hin natürlich, daß ein anderer das gleiche Wort ungestraft für ein ähnliches Produkt brauchen darf. Allenfalls kann man sich einen Besitzanspruch für einen Warennamen durch langjähriges Gewohnheitsrecht erwerben («ersitzen»).

Namen für Alltagsartikel wie Schokolade, Kleingebäck usw. sind in diesem Sinn oft nicht registrierte Namen. Es kommt dabei sehr auf den Produktebereich an, wie wichtig die Registrierung eines Markennamens ist. Es scheint, daß eine Registrierung vor allem für Produkte, deren Herstellung mit einem hohen Investitionsaufwand verbunden ist und die international vertrieben werden, von Bedeutung ist. Musterbeispiele für solche Produkte sind Medikamente und Kunststoffe. Offenbar werden auch aus verschiedenen Gründen die Behörden immer strenger in bezug auf die Zulassung von Namen und in bezug darauf, welche Wörter noch als beschreibende Namen akzeptiert werden und welche nicht. Dies scheint einer der Hauptgründe zu sein, warum Medikamente und Kunststoffe zunehmend nur noch reine Phantasiebildungen als Namen erhalten, hinter denen überhaupt kein tieferer Sinn mehr zu finden ist. Willkürliche Phantasiemarken sind für solche Firmen die «sichersten» Namen, denn sie laufen am wenigsten Gefahr, durch die Behörden aus inhaltlichen Gründen für eine Registrierung abgelehnt zu werden.

Der Warenname als Geschäftskapital

Einen Markennamen registrieren zu lassen kostet Zeit, Geld und
Arbeit; ein registrierter Name ist deshalb für eine Firma eine Investition. Wenn es sich um einen Namen handelt, der international
in möglichst vielen Ländern registriert worden ist, damit er einen
internationalen Schutz genießt, kann sich diese Investition auf ein
ansehnliches Betriebskapital belaufen. Bei großen Firmen spielt
die Aufgabe, ihre Markenzeichen möglichst umfassend, d. h. in
möglichst vielen Ländern, registrieren zu lassen und anschließend
für die Durchsetzung und die Aufrechterhaltung des Schutzes der
Markenzeichen besorgt zu sein, eine viel größere Rolle im Bereich
der Markenpflege als das Erfinden neuer Wörter für neue Produkte. Für das letztere muß man hin und wieder Leute verschiedener Abteilungen zusammenrufen, die einen Namenvorschlag auf
seine praktischen Vor- und Nachteile hin beurteilen; für die juristi-
sche Markenpflege jedoch benötigt man Geld, Juristen und internationale Beziehungen. Wie in anderen Bereichen führt die Tatsache, daß ein Wort in Geldwert umgerechnet werden kann, zur
Verdinglichung dieses Wortes: Ein Wort erscheint in dieser Per-
spektive nicht mehr als ein Signal, das man jemandem übermitteln
kann, um ihm etwas mitzuteilen, also als etwas Dynamisches, sondern als ein Ding, also etwas Statisches, das man auf Vorrat produzieren und mit dem man Handel treiben kann. Die Tatsache, daß
Markennamen umso besser sind, je weniger Beschreibungskraft
sie haben, je weniger sie mit den Eigenschaften des Gegenstands,
zu dem sie gehören, zu tun haben, kommt dieser verdinglichenden
Behandlung von Wörtern direkt entgegen. Manche seltsamen Entwicklungen in der Welt der Markennamen und manche auf den
ersten Blick seltsamen Namengebungen hängen mit diesen Möglichkeiten abstrakter Namenschöpfung zusammen.
Man findet z. B. manche Namen, die ursprünglich für ganz andere
Produkte registriert worden sind als für diejenigen, denen sie
heute zugehören; aus irgendwelchen Gründen wurden sie vom
alten Produkt auf ein neues übertragen. Beispiele solcher Namen
sind etwa – *Aronal* oder – *Madribon.* Zuweilen, so z. B. im Fall von
Madribon, erwies sich das frühere Produkt als nicht geeignet für
eine Massenproduktion, bzw. die Produktion dieses Präparats
wurde nie im vorgesehenen Sinn realisiert. Im Fall von *Aronal* war
eine Firma, die im Besitz der Rechte dieses Namens war, in einer
anderen Firma aufgegangen, die dann diesen in der Zwischenzeit
vergessenen Namen für ein neues Produkt wiederbelebte. In beiden Fällen bedeutete das Wiederaufgreifen eines alten Produktenamens für ein neues Produkt eine Ersparnis an Zeit und Geld;
denn mit dem Auslaufen der Produktion eines Erzeugnisses wird
ein Name nicht aus dem Markenzeichenregister gelöscht: Er bleibt
registriert als Besitztum der entsprechenden Firma, die im Prinzip
diesen Namen weiterhin verwenden kann, wie sie will.

Ein weiteres eigenartiges Phänomen besteht darin, daß vielfach Namen sozusagen «auf Vorrat» produziert und registriert werden, ohne daß man bereits ein Produkt hätte, dem man diesen Namen geben möchte. Es gibt verschiedene Gründe, solche Namen ohne Namensträger zu schaffen. Einer besteht darin, daß man ein Produkt so schnell wie möglich mit einem geschützten Namen versehen und vertreiben will. Das Registrieren von Markenzeichen kann aber oft sehr lange (z. T. jahrelang) dauern, was faktisch dazu führen könnte, daß ein Produkt entweder eine Zeitlang unter einem ungeschützten Namen vertrieben werden muß oder daß mit der Produktion zugewartet werden muß, bis die Registration wenigstens in den wichtigsten Ländern erfolgt ist. Es ist natürlich viel einfacher, in solchen Fällen einem Produkt einen bereits geschützten Namen zu geben. Das ganze Vorgehen kann aber nur funktionieren, wenn dieser Name tatsächlich nicht dem Produktecharakter widerspricht. Auch dieser Umstand macht es erklärlich, daß besonders in der Chemie und Pharmazie «nichtssagende Phantasienamen» als Markenzeichen immer wichtiger werden. Einen weiteren Grund für die Registration noch ungebrauchter Warennamen finden wir bei den sogenannten «Defensivzeichen»: Es können auch Wörter nur deshalb registriert und reserviert werden, weil man sie der Verwendung durch Konkurrenzfirmen entziehen will. Ein beliebter Trick, am Erfolg eines erfolgreichen Produkts einer Konkurrenzfirma mit einem ähnlichen Produkt teilzuhaben, besteht ja bekanntlich darin, sein eigenes Produkt unter einem möglichst ähnlichen Namen zu verkaufen. Man kann annehmen, daß es eine Menge von Konsumenten gibt, die die beiden Namen verwechseln und statt des beabsichtigten, bekannten Qualitätsprodukts das Konkurrenzprodukt mit dem ähnlichen Namen kaufen. Gegen allzu ähnliche Namen von Konkurrenzprodukten kann man im Notfall juristisch einschreiten; noch besser ist es aber, wenn man mögliche ähnlich klingende Namen vorsichtshalber «zu Verteidigungszwecken» (deshalb «Defensivzeichen») gleich zum vorneherein eintragen und so für die Konkurrenz unbrauchbar machen läßt. R. Römer nennt z. B. als Defensivzeichen für *Persil* die Wörter *Perrill, Perwil, Bersil;* für *Maggi* die Wörter *Miggi, Moggi, Muggi;* für die Seife *Lux* die Wörter *Cux, Dux, Lu, Hellux, Xul.* Im allgemeinen hört man von diesen Defensivzeichen nie etwas, weil sie ja still in den Registern ruhen genau zu dem Zweck, nie gebraucht werden zu können. In seltenen Fällen allerdings kann es vorkommen, daß eine Firma ein Defensivzeichen selbst als Markennamen aktiviert und für ein eigenes Produkt braucht. Das scheint z. B. bei – *Pril* der Fall gewesen zu sein, das ursprünglich ein Defensivzeichen zu – *Persil* gewesen war. Die Ähnlichkeit zweier Zeichen ist hier kein Nachteil, denn wenn es um zwei Produkte der gleichen Firma geht, ist es ja gerade erwünscht, wenn der Erfolg des einen Produkts über die Namensähnlichkeit den Erfolg eines andern Produkts fördert.

333

In einer juristischen Betrachtungsweise, so wurde oben gesagt, ist ein (idealer) Warenname eine rein willkürliche Benennung eines Produkts – also ein Name im strengen Sinne –, und er hat als hauptsächlichen Zweck, ein Produkt von einem anderen zu unterscheiden, so wie wir etwa verschiedene Schlüssel mit verschiedenfarbigen Anhängern versehen, um sie voneinander unterscheiden zu können. Sprachlich betrachtet – also im Hinblick auf den Gebrauch der Warennamen durch Menschen und in deren Funktionsweise in der sprachlichen Verständigung – ist diese Reduktion auf Name und Unterscheidungsfunktion allerdings eine starke Vereinfachung. Sprachwissenschaftler streiten sich z. B. seit einiger Zeit darüber, ob Warennamen echte Namen seien wie z. B. Oskar, Schmidt oder Hannover, also willkürliche Benennungen einzeln identifizierbarer Personen oder Dinge. Wenn Siegfrieds Schwert «Balmung» genannt wurde, dann war das sicherlich noch ein richtiger Name, auch wenn es sich nicht um eine Person, sondern um ein Ding handelte, denn es gab nur ein einziges Schwert, ein genau identifizierbares, unverwechselbares Objekt, in seiner Art ein Individuum, das mit dem Namen «Balmung» benannt wurde. Im Zeitalter der Massenproduktion von Gegenständen ist das etwas komplizierter geworden. Es gehört zum Wesen der Massenproduktion, daß man ein und denselben Gegenstand in genau der gleichen Form beliebig oft herstellen kann. Ein Warenname bezeichnet also nicht einen einzelnen unverwechselbaren Gegenstand, sondern eigentlich einen Typ von Gegenständen, oft auch (z. B. bei Medikamenten oder Kunststoffen) einen Stoff. In dieser Hinsicht gleicht ein Warenname eigentlich eher einem normalen Substantiv, mit dem ja auch nicht einzelne Gegenstände, sondern Typen von Gegenständen oder Stoffen bezeichnet werden. Und dennoch ist ein Warenname doch wieder nicht ein gewöhnliches Substantiv. Mit einem Warennamen bezeichnet man ja auch nicht einfach Stoffe oder Produkte als solche, sondern sogenannte «Markenartikel». Ein Markenartikel ist, wie in einer Umfrage eines Meinungsforschungsinstitutes vor einiger Zeit umschrieben wurde, ein Produkt einer bestimmten Firma, das immer unter demselben Namen in immer gleichbleibender Aufmachung und in immer gleichbleibender Verpackung angeboten wird. (Seinerzeit spielte auch der immer gleichbleibende Preis eine Rolle, was seit der Aufhebung der Preisbindung an Bedeutung verloren hat.) An dieser Beschreibung eines Markenartikels kann man erkennen, daß bei aller Massenhaftigkeit der Produktion eine gewisse Individualität und Unverwechselbarkeit des Produkts doch wesentlich erscheint. Zu einem wichtigen Teil betrifft dies allerdings Äußerlichkeiten wie Aufmachung und Verpackung. Denkbar und in manchen Bereichen sogar tatsächlich der Fall ist, daß der Inhalt insofern eine untergeordnete Rolle spielt, als die gleiche Substanz unter

334

zwei verschiedenen Namen und somit als zwei verschiedene Markenartikel verkauft wird. Vor allem bei chemischen Produkten wie z. B. Medikamenten oder Kunstfasern ist das nicht selten der Fall. Die gleiche fiebersenkende und schmerzlindernde Substanz Paracetamol beispielsweise wird von verschiedenen Firmen jeweils unter dem Namen *Tylenol, Panadol* und *Dolprone* produziert; das Antibiotikum Erythromycin(stereat) wird als *Eritrolag, Erythrocin* oder *Erytran* verkauft; (chemische Firmen weisen allerdings darauf hin, daß man eine Substanz so oder so verarbeiten kann und ihre Wirksamkeit dann je nachdem verschieden ausfällt). Oder das Geliermittel Pektin wird je nach Produzent unter den Namen *Opekta* oder *PEC-Gelfix* vertrieben.

Markenartikel sind also einerseits durchaus etwas anderes als einfach Substanzen oder Objekttypen; sie haben ein individuelles Erscheinungsbild und gewisse ganz spezielle individuelle Eigenschaften, u. a. einen bestimmten Produzenten, und dies macht sie zu etwas anderem als zu allgemeinen Warenbegriffen wie «Brot», «Zucker» oder «Paracetamol». Auf der anderen Seite sind es aber doch auch nicht Einzelobjekte wie ein einzeln geschmiedetes Schwert mit seinen speziellen Eigenschaften, denn sie existieren ja massenhaft, in beliebig häufiger Reproduktion. Der Begriff des Markenartikels und der Markenname befinden sich in einer seltsamen Zwischenwelt zwischen konkreter, individueller und allgemeiner, abstrakter Existenz. Der Markenname gehört seiner Natur nach wesentlich zum Zeitalter der technischen Reproduzierbarkeit von individuellen Dingen und Substanzen und ist nur in einem solchen Zeitalter möglich.

Nun mag es als müßige Gedankenspielerei erscheinen, wenn man sich überlegt, ob ein Warenname ein Name für etwas Konkretes, Individuelles oder eine substantivische Bezeichnung mit einer abstrakten Bedeutung für etwas Allgemeines, z. B. für einen Objekttyp, ist. Das Problem hat aber durchaus auch praktische sprachliche Konsequenzen. Es ist gar nicht selten, daß Warennamen, auch geschützte Markenzeichen, allmählich im Volksmund so geläufig werden, daß sie nicht mehr nur als Namen für ein bestimmtes Markenprodukt, sondern als Benennung für eine bestimmte Sorte Gegenstand gebraucht werden. Bekannt ist das Beispiel des Wortes *Hoover* in Amerika, das von einer Staubsaugermarke zur allgemeinen Bezeichnung für «Staubsauger» an sich geworden ist; ebenso war das französische Wort «frigidaire» «Kühlschrank» ursprünglich ein Markenname. Auch im Deutschen sind manche derartige Fälle anzutreffen. Bezeichnend ist dabei jeweils, daß der gewöhnliche Durchschnittssprecher sich dessen gar nicht bewußt ist, daß ein Substantiv ursprünglich ein Warenzeichen war (oder immer noch ist). So ist das Wort *Fön* «Haartrockner mit Warmluftgebläse» ursprünglich ein Warenzeichen und wird noch heute als solches im Duden-Rechtschreibewörterbuch geführt. Auch *Grammophon, Cellophan, Eternit, Bakelit* und *Knirps* werden heute wohl als Substantive empfunden; auch sie sind aber Warenzeichen, obwohl das kaum noch jemand realisiert, trotz der Künstlichkeit der Bildungen. In manchen Fällen dürfte wohl der Warennamencharakter eines Wortes den meisten Benutzern bei genauerem Überlegen noch bewußt sein, aber der Alltagsgebrauch bewegt sich doch allmählich in Richtung Substantiv. Namen dieser Art sind z. B. *Kaffee Hag*, was oft für «koffeinfreier Kaffee» schlechthin (auch anderer Marken) gebraucht wird, oder *Tempo*-Taschentuch statt «Papiertaschentuch», *Nylon* für «Kunstfaser», *Nescafé* für «Pulverkaffee», *Jeep* für «geländegängiges offenes Personenauto», *Thermos*-Kanne für «Vakuumwarmhaltekanne», *Hansaplast* für «Wundschnellverband», *Aspirin* für «Schmerzmittel». Auch Wörter wie *Leitz*-Ordner, *Weck*-Gläser enthalten ursprünglich Markennamen.

Für eine Firma, die ein Produkt entwickelt und unter einem speziellen Namen schützen läßt, ist das Abgleiten des Namens zu einem Substantiv eine eher unerfreuliche Entwicklung, denn damit ist die Gefahr gegeben, daß die Unverwechselbarkeit des Produkts dem Konsumenten nicht mehr bewußt ist und er auch jedes beliebige andere Produkt akzeptiert. Die Firma geht so ihrer besonderen Stellung im Markt verlustig. Im Extremfall kann es sogar zur gerichtlichen Feststellung kommen, daß ein Warenname im allgemeinen Sprachgebrauch zum gewöhnlichen Substantiv geworden ist und also nicht mehr als schützbares Eigentum gelten kann. Dies ist z. B. in Amerika im Jahr 1963 mit dem Wort *Thermos* passiert. Gewöhnlich wachen die Produzenten eines erfolgreichen Erzeugnisses mit Argusaugen darüber, daß der Gebrauch eines Warennamens nicht aus ihrer Kontrolle gerät. Denn ironischerweise ist es gerade der Erfolg, der den Warenzeichencharakter eines Warennamens gefährdet. Gerade wenn jemand mit einer ganz speziellen, noch nie dagewesenen Erfindung mit Hilfe des Patent- und Warenschutzes sich für dieses Produkt eine Monopolstellung verschaffen kann, erkennt der Käufer ja bei dem entsprechenden geläufigen Wort je länger desto weniger, ob es sich dabei um einen Warennamen oder ein gewöhnliches Substantiv handelt; er kennt ja kein anderes Wort für diesen Gegenstand, und er trifft diesen Gegenstand immer unter diesem Namen. Woher sollte man z. B. seinerzeit wissen, daß *Knirps* für «zusammenlegbarer Schirm» nicht einfach ein (metaphorisches) Substantiv für diese Art Schirm, sondern der künstliche Produktname einer Firma für ihr Produkt war, wenn man solche zusammenschiebbare Schirme nie anders als unter dem Namen *Knirps* antraf (weil keine andere Firma etwas Gleiches produzierte)?

Sowohl theoretisch wie auch im Alltag führt der Warenname also ein Zwitterleben zwischen Eigenname und Substantiv. Vielfach bringt das durchaus nützliche Bereicherungen des Alltagswortschatzes zur Benennung neuer Erfindungen. Man könnte von einer Art ständigen Gebens und Nehmens zwischen Warennamen-

bildungen und Alltagssprache sprechen. Auch in dieser Beziehung
wäre es falsch, Warennamen als eine Welt zu betrachten, die ganz
abgesondert von unserem alltäglichen Sprachgebrauch eine iso-
lierte Sonderexistenz führt.

Wort und Bild

Gewöhnlich begnügt sich die Werbeindustrie nicht damit, den
Namen als einfaches Wort sprechen zu lassen. Eingedenk der Tatsache, daß der Mensch ein sinnlich begabtes Wesen ist, dem etwas
um so mehr Eindruck macht, je mehr Sinne in ihm gleichzeitig
angesprochen werden, werden Namen gewöhnlich in ihrer Individualität noch mit manchen zusätzlichen Qualitäten verbunden.
Namen werden zu Signeten stilisiert und so als graphische
Erscheinungen unverwechselbar gemacht. Der Schriftzug der Ski-
wachsmarke *Toko,* die graphische Gestaltung des VW-Signets, die
Einbettung des Schriftzuges von *Kodak* in eine stilisierte K-Dar-
stellung, die immer beibehaltene Verknüpfung des Wortes *Adidas*
mit einer stilisierten Blüte sind nur einige zufällig gewählte Beispiele aus Hunderten. Unterstützt werden kann das Erscheinungsbild von Namen auch durch Signete wie z. B. durch den Blitz bei
Opel oder den berühmten Stern bei Mercedes oder den netzzie-
henden Fischer beim Fischer-Verlag. Noch umfassender ist die
Einbettung eines Warennamens in eine ganze Bilderwelt z. B. bei
Zigaretten oder Süßgetränken, die mit dem Namen des Produkts
gleich auch noch hinreißende Photographien von romantischen
Abenden am Lagerfeuer, von Abenteuern im Dschungel, von über-
mütigen Eskapaden unter jugendlichen Freunden verbinden und
gleichsetzen. Der Name wird hier praktisch zum untergeordneten
Bestandteil einer Traumwelt, die von der Werbung um das Pro-
dukt herum erbaut wird. In speziellen Fällen haben bildliche und
sprachliche Markenzeichenkreationen einen ganz direkten
Zusammenhang, dann nämlich, wenn der Name ein figürliches
Symbol für ein Produkt benennt. Das ist ein nicht seltenes Verfahren zur Bildung einprägsamer Markenzeichen. In offensichtlicher
Art geschieht dies etwa bei der Schuhmarke *Salamander,* bei den
Zigaretten *Camel, Frégate* oder *Krone,* bei Kaugummimarken wie
Donald (Duck) und *Fix & Foxi,* bei der Computermarke *Apple,* bei
der Dosenmilch *Glücksklee,* bei der Speiseeismarke *Pierrot.* Auch
das Markensignet von Opel, der Blitz im Kreis, wird sprachlich
wieder aufgenommen in der Modellbezeichung *Opel Blitz.*
In anderen Fällen ist das Wort-Bild-Zusammenspiel etwas versteckter, weil z. B. ein Wort gebraucht wird, dessen Bedeutung
nicht jedem auf den ersten Blick verständlich ist. Eher gelehrsam
ist die Verwendung lateinischer oder griechischer Wörter in Marken wie – *Aurora* (Mehl) oder – *Heliomalt* (Milchzusatzpulver), die
auf lat. «aurora» «Morgenröte» und gr. «helios» «Sonne» anspielen

und die auch eine Sonne auf der Packung zeigen. Bei der Zigarettenmarke ist *Blue Ribbon* zwar als blaues Band auf der Packung abgebildet, der tiefere Sinn des Namens erschließt sich aber nur dem, der das Blaue Band als Siegestrophäe erkennt. Bei der WC-Papier-Marke *Paloma* muß man wissen, daß span. «paloma» «Taube» heißt.

Die Wahl eines solchen Markensignets ist oft ziemlich willkürlich: Salamander hat an sich nichts mit Schuhen zu tun, Donald Duck nichts mit Kaugummi, ein Pierrot nichts mit Speiseeis. Bilder und Bildsymbole werden, wie Warennamen, gewöhnlich in der Werbung nicht als direkte Information über das Produkt eingesetzt, sondern als Elemente eines möglichst farbigen und einprägsamen «Produktimages», das dem Konsumenten im Gedächtnis bleiben soll. Vor allem bei Alltagsprodukten ist der Name eigentlich nur ein Bestandteil des Produktimages unter vielen. Name, Bild, Werbephotographie, Verpackung – das alles soll zusammen zu einem umfassenden Markenbild beitragen. Oft bezieht der Markenname einen Teil seiner Wirkung aus dieser Einbettung in ein umfassendes Markenkonzept.

Wie werden Warennamen gebildet?

Man sagt zwar den Warennamen nach, sie seien ganz willkürlich und regellos gebildet. Wenn man Warennamen näher ansieht und sie miteinander vergleicht, erkennt man jedoch, daß das in dieser Allgemeinheit nicht stimmt. Zweifellos herrscht im Bereich der Warennamen eine viel größere Freiheit zur Bildung neuer Wörter als in der normalen Alltagssprache; man kann theoretisch Bestandteile beliebiger Herkunft kombinieren, Wörter beliebig auseinanderschneiden und wieder zusammensetzen, mit beliebigen Endungen versehen, beliebige Assoziationen wecken. Wie schon früher gesagt, ergeben sich aber aus diesen Freiheiten früher oder später doch wieder Gewohnheiten und Traditionen, so daß Warennamen eigentlich sehr selten aus dem Leeren, ohne Bezug zu anderen Bildungsmustern geschaffen werden. Wir wollen im folgenden die wichtigsten dieser Bildungsprinzipien genauer betrachten.

Die Mosaikmethode
Ein Hauptgrund, warum viele Warennamen unverständlich sind, liegt darin, daß sie nach einer Methode gebildet werden, die man als «Mosaikmethode» bezeichnen könnte: Man nimmt dazu eines oder mehrere ganz gewöhnliche Wörter, zerschneidet sie in Bruchstücke und setzt diese wie ein Mosaik zu einem neuen Wort zusammen. Im voranstehenden Wörterbuch finden sich massenhaft Beispiele für diese Methode, z. B.:

Adidas	= *Adi* + *Dass*ler
Baypen	= *Bay*er + *Pen*icillin
Girloon	= *Gir*mes + Per*lon*
Haribo	= *Ha*ns *Ri*egel *Bo*nn
Hawesta	= *Ha*ns *West*phal
Hero	= *He*nckell & *Ro*th
Hostaflo	= *Hosta*to + Tetra*flu*or + Nyl*on*
Moltex	= *mol*le + *text*il
Nescafé	= *Nes*tlé + *Café*
Sinalco	= *Sin*e *alco*hol
Stewi	= *Ste*iner *Wi*nterthur

Vor allem im Bereich der Kunststoff-, Kunstfaser und Medikamentennamen ist diese Wortschöpfungsmethode sehr beliebt. Man kann die Behauptung wagen, daß, trotz aller Unverständlichkeit der meisten dieser Namen, letztlich vielleicht 60%–80 % aller Fälle als «Mosaikbildungen» (im Verein mit geeigneten Endsilben) auf sinnvolle Wörter zurückzuführen sind.

Man kritisiert oft Wörter, die nach der Mosaikmethode gebildet sind, als Ergebnisse «sinnloser Wortzerstückelungen» und wirft dann den Schöpfern Sprachverluderung vor. Dabei muß man sie insofern in Schutz nehmen, als die Erfinder der Mosaikmethode nicht die Warennamenschöpfer, sondern die Chemiker sind. Zahlreiche heute ganz geläufige Wörter, die selbst wieder als Bestandteile in Warennamen eingegangen sind, wurden als chemische Begriffe mit der .Mosaikmethode gebildet. So ist das Wort «Methyl»(alkohol) aus gr. «Méthy» + «hyle» («Wein» + «Holz») zusammengesetzt, «Propan»(gas) ist als Ableitung von «Propion-»(säure) + Endung -«an» (wie in «Methan» zu «Methyl») zu interpretieren. «Aldehyd» ist eine Abkürzung von «*dehyd*rogenisierter *Al*kohol», «Chloroform» ist eine Zusammensetzung aus «Tri*chlor*id» und «acidum *form*icum» (Ameisensäure). Es ist zu vermuten, daß die Gewohnheit, Warennamen mit der Mosaikmethode zu bilden, vor allem in chemischen Fabriken stark beeinflußt, wenn nicht sogar durch diesen bereits unter Chemikern des 19. Jahrhunderts verbreiteten Gebrauch begründet worden ist.

Natürlich sind die meisten mit der Mosaikmethode gebildeten Wörter an sich ebenso undurchsichtig und unverständlich wie reine Phantasiebildungen; als Worterscheinungen sind sie von diesen oft nicht zu unterscheiden: Ohne die Hintergründe zu kennen, können wir z. B. nicht wissen, daß – *Boxacin* ein Phantasiewort, – *Katovit* aber eine Mosaikbildung ist. Nur der Eingeweihte kann in Wörtern wie – *Makatussin* oder – *Hostaflon* die Bruchstücke bzw. Bausteine wiedererkennen. Da stellt sich doch die Frage, warum die Namenschöpfer sich oft so große Mühe machen, aus irgendwelchen, oft an den Haaren herbeigezogenen Wörtern neue Namen zusammenzusetzen, wenn sie geradesogut reine Phantasiekombinationen bilden könnten. Die Gründe sind wohl eher in der Tiefe der Psyche solcher Namenschöpfer als in irgendwelchen beabsichtigten Wirkungen der Namen zu suchen.

Einerseits scheint es – gerade wenn es um eher komplizierte Namen geht – leichter zu sein, aus vorhandenen Wörtern neue zu schaffen als aus dem Nichts. Man hat konkretere Hilfen für seine Phantasie, wenn man mit richtigen Wörtern als Ausgangsmaterial arbeitet, als wenn man freischwebend die eigene Klangphantasie walten lassen muß. Andererseits steckt doch wohl tief in jedem Menschen das Gefühl, daß man einem Ding durch seinen Namen etwas mitgeben kann, sogar wenn niemand außer dem Namenschöpfer selber weiß, was im Namen heimlich steckt. Ein Name mit verstecktem Sinn wird eher als sinntragend empfunden als ein Name ganz ohne Sinn.

Es gibt allerdings manchmal ganz konkrete Gründe, Namen aus vorgegebenen Wortbestandteilen herzustellen. In manchen, meist größeren Firmen begegnet man der Gewohnheit, Namen mit gleichen Bestandteilen zu bilden, so daß die entsprechenden Produkte anhand ihres Namens sofort als Produkte der gleichen Firma erkennbar sind. Die Firma Hoechst z. B. produziert die Kunststoffe *Hostadur, Hostaflex, Hostaflon, Hostaform, Hostalen, Hostalit, Hostaphan, Hostapor, Hostaset, Hostyren* und markiert so im Bestandteil *Host-* deren Herkunft. Ähnlich sind die Kunstfasern *Enkalan, Enkalon, Enkalastik, Enkalene, Casenka* Produkte der Firma *Enka* (der Firmenname selbst ist aus der Buchstabierform der Initialen N. K. = «Nederlandsche Kunstzijde» hergeleitet).

Endungen

Eine große Rolle für die Bildung von Warennamen neben und mit der Mosaikmethode spielen Ableitungen mit Hilfe irgendwelcher exotischer Endungen. Einerseits kann man nach Art barocker Mythologien aus dem noch alltäglichsten Ding durch Anfügung eines lat. *-a* oder *-ia* eine Art Göttin oder zumindest Nymphe machen: *Schlaraffia, Schauma, Wella, Milka; -ius* in *Salatius* ist das männliche Gegenstück dazu.

In die gleiche Richtung der Vermenschlichung gehen Endungen wie *-ita, -ina, -essa, -ella*, die sich an Frauennamen aus dem Spanischen oder Italienischen anschließen und an Prinzessinnen, Gräfinnen und Opern- und Romanheldinnen denken lassen: *Grandessa, Mildessa, Junita, Sanella, Nidina*. Noch häufiger und vielfältiger sind die Endungen mit einer chemisch-pharmazeutischen Herkunft. Da gibt es die Silbe *-ol*, die ihre Häufigkeit ursprünglich dem Umstand verdankt, daß sie sowohl als Charakterisierung bestimmter Alkoholverbindungen verwendet wurde wie als Verkürzung aus lat. «oleum» «Öl» gebräuchlich war; und in beiden Zusammenhängen wurden besonders viele Stoffe wichtig. Ebenfalls ursprünglich aus der chemischen Fachsprache stammen Endungen wie *-al, -an , -en , -on* oder *-yl*, die alle in verschiedenen Zusammenhängen zur Benennung chemischer Ableitungen verwendet wurden (vgl. z. B. «Aethanal», «Propan», «Aethylen», «Nitril» «Insulin», «Azeton» «Methyl»).

Alle diese Endungen wurden als Elemente von Warennamen gebräuchlich, hauptsächlich, um diesen Namen den Anstrich chemischer Fachtermini und damit dem Produkt den Charakter eines Produkts der wissenschaftlichen Forschung zu geben. Im häufigen Gebrauch bei Warenbenennungen haben diese Endungen aber ihre ursprüngliche Bedeutung aus der Fachsprache verloren; sie zehren nur noch «parasitär» vom ursprünglichen Prestige, das der Fachsprache als Signal wissenschaftlicher Forschung zukommt. Weder *Tylenol* noch *Darmol* oder *Odol* haben etwas mit Alkohol oder mit Öl zu tun, noch sind das Hautschutzmittel *Delial*, die Zahnpasten *Aronal* oder *Selgin*, das Waschmittel *Dixan*, das Hautreinigungsmittel *Clearasyl* oder der Süßstoff *Natreen* chemische Verbindungen von der Art, wie sie die Endsilbe anzuzeigen scheint.

Aus einer eigenartigen Eigendynamik scheinen die Bildungselemente -*ex*, -*ax*, -*ox* entstanden zu sein, denn es gibt eigentlich in der Wissenschaftssprache keine direkten Vorbilder, aus denen sie hätten abgeleitet werden können. Im Latein finden wir freilich zahlreiche Wörter auf -*ax*, -*ex* oder -*ox*, aber diese sind nur selten als Ableitungen zu verstehen und waren im 19. und 20. Jh. nicht so geläufig, daß sie als direktes Muster von starkem Einfluß hätten sein können. Im allgemeinen scheint die Beliebtheit der Endungen auf -*x* in der Fremdartigkeit des «x» als Buchstabe begründet zu sein: Da man «x» ursprünglich fast nur aus lateinischen und griechischen Wörtern kennt, gelten Wörter mit -x- automatisch als besonders gelehrsam und werbewirksam. Aus der naheliegendsten Endung -*ex* wurden durch Variationen der Vokale auch Endungen wie -*ax*, -*ix* und -*ox* entwickelt. Als Endungen hatten diese Lautkombinationen aber nie eine Eigenbedeutung wie z. B. die Diminutivendung -*ette* oder die in der Chemie mit spezifischen Bedeutungsfunktionen verbundenen Endungen wie -*ol*, -*an*, -*id*, -*in* usw.

Bemerkenswert ist, wie in der Mosaikmethode einzelne Wortfragmente oft eine derartige Beliebtheit bekommen, daß sie sich zu richtigen Wortbildungselementen mit einer Art eigenen Bedeutung entwickeln. Beispielsweise wird in vielen Warennamen die Silbe -*mat* oder -*matic* aus «Automat» bzw. engl. «automatic» eingebaut, um anzudeuten, daß es sich beim Produkt um ein irgendwie automatisch funktionierendes Gerät handelt: *Lavamat*, *Visomat*, *Eternamatic*, *Cherrymat* (Kirschenentsteiner, zu engl. «cherry» «Kirsche»). -*mat* hat ursprünglich für sich allein gar keine Bedeutung; (daß es letztlich mit dem griech. Wortstamm «-matos» «denkend» zu tun hat, ist hier ganz irrelevant). Durch die allgemeine Verwendung dieses Wortfragments ist daraus aber schließlich ein selbständiges Wortbildungselement entstanden, das für sich allein, ohne daß man dabei noch an das Ursprungswort «Automat» denken müßte, ein entsprechendes Produkt als «automatisch funktionierendes Gerät» kennzeichnet.

Ähnliches ist auch mit der Silbe -lon aus *Nylon* passiert: Wörter, die mit -lon gebildet sind, versteht man intuitiv sofort als Bezeichnungen von *Nylon*-ähnlichen Kunststoffen: *Perlon, Dralon, Baylon, Novilon, Orlon, Badilon.* Kunstfasernamen und Kunststoffnamen zeigen überhaupt eine starke Tendenz zu derartigen Reihenbildungen; weitere Muster sind z. B. solche auf -len(e) aus «Polyäthylen»: *Terylene, Crimplene, Hostalen, Diolen,* oder Bildungen auf -amid aus «Polyamid»: *Vestamid, Supramid, Synthamid.* Im Bereich der Kunstfasern sind auch Bildungen mit -lan, ursprünglich zu lat. «lana» «Wolle», sehr geläufig geworden, man denke nur etwa an *Acrilan, Helanca* oder *Lanacryl.* Andere in der Kunststoffindustrie geläufig gewordene Versatzstücke sind u. a. -yl aus «Acryl», -plast aus «Plastik» zu griech. «plasso» «formen», *Poly-* zu «Polyamid/äthylen/ester» usw., -por- zu «porös», -flex zu «flexibel» «biegsam», -phan urspr. wohl aus *Cellophan,* -pan zu engl. «panel» «(Span)platte».

Auch in der Namengebung für pharmazeutische Produkte haben sich solche Bausteine aus «Mosaikbruchstücken» entwickelt. Zum Beispiel sind für Schmerzmittel die Elemente -pyr- zu griech. «pyr» «Feuer, Fieber», -alg- zu griech. «algos» «Schmerz» *dol* zu lat. «dolor» «Schmerz» geläufig. Schnupfenmittel erhalten oft Namen mit -rhin- zu griech. «rhin» «Nase», Medikamente in der Gynäkologie Namen mit -gyn- zu griech. «gyné» «Frau», für Zahnheilmittel und Zahnpasten ist -dent- zu lat. «dens» «Zahn», -odont- zu griech. «odont» «Zahn» als Namensbestandteil sehr beliebt. Universal verwendbar für alles, was mit Leben, Lebensfunktion und Gesundheit zu tun hat, sind die Silben -san- aus lat. «sanus» «gesund», -vit- zu lat. «vita» «Leben» und *bio* zu griech. «bios» «Leben».

Bemerkenswert an all diesen Wortelementen ist in unserem Zusammenhang, daß im modernen Gebrauch die historische und wortgeschichtliche Herkunft sehr oft in Vergessenheit gerät, die Elemente eine Art Eigenleben zu entwickeln beginnen und unabhängig von der ursprünglichen Bedeutung ihre eigene Funktion und Bedeutung in der Warennamengebung bekommen. Man denkt heute bei Wörtern mit -dent- kaum mehr an lat. «dent-», sondern direkt an «Zahnpasta», bei -gyn- nicht an griech. «gyné», sondern an «gyn»äkologisches Medikament, bei -phan nicht an griech. «(dia)phaino» «durchscheinen», «phaneros» «durchscheinend» sondern an «durchsichtige Folie» usw. Manche Bestandteile haben überhaupt eine eigene Bedeutung bzw. Funktion erst durch diese Verwendung in Warennamen bekommen; sie waren vorher als eigenständige Bausteine zur Wortbildung überhaupt noch nicht existent. Das gilt z. B. für -lon-, -len- oder -yl, die ursprünglich nur willkürlich herausgeschnittene Bruchstücke von *Nylon,* «Polyäthylen» oder «(Poly)-Acryl» waren.

Alles in allem zeigt sich an diesen sich selbständig entwickelnden

Wortbildungstraditionen im Bereich der Warennamen, wie vital dieser Bereich der Sprache ist. Man kann zwar in Versuchung geraten, die «falsche» Verwendung von Wörtern und Wortbestandteilen zu kritisieren, die sich in diesen eigenständigen Entwicklungen zeigt, aber auf der andern Seite sollte man sich daran erinnern, daß jede Sprachveränderung irgendwo mit einem «falschen» Sprachgebrauch beginnt (der dann mit der Zeit eben der richtige wird) und daß Sprachveränderung meist gerade ein Zeichen von Sprachleben ist.

Fremde Sprachen
Eines der auffälligsten Merkmale der Bildung von Warennamen ist sicherlich, mit welcher Häufigkeit dabei Wörter und Endungen aus fremden Sprachen verwendet werden. Auch bei diesem Phänomen kann man allgemein vermuten, daß am Anfang z. T. rein «technische Gründe» oder Traditionen anderer Art den Grund für diese Sprachgewohnheiten abgaben, daß diese Gewohnheiten sich aber mit der Zeit verselbständigten und es schließlich sozusagen zum Prestige eines guten Warennamens gehört, einen fremdartigen «touch» zu haben. Schon immer basierten v. a. die Fachsprachen der Chemie, Medizin, Pharmazie usw. auf Entlehnungen aus dem Griechischen und Lateinischen. Fast alle wissenschaftlichen Neuentwicklungen, Erfindungen und Entdeckungen sind von jeher mit alten oder neuabgeleiteten lateinisch-griechischen Wörtern benannt worden. Hier existiert also eine alte Sprachtradition, die mühelos auch auf neue Bereiche in der Herstellung von Markenartikeln übertragen werden konnte. Es ist denn auch kein Zufall, daß vor allem in der chemischen Industrie diese Namensgebungsverfahren am geläufigsten sind. Ein zweiter Traditionsbereich mag letztlich aus der barocken Allegorie stammen, in der alle möglichen und denkbaren Ideen, aber auch Städte, Länder usw. zu antikischen Göttinnen, Nymphen allegorisiert und auch mit lateinisch klingenden Namen belegt wurden. Noch heute leben solche Wörter in Namen von Sportvereinen wie «Borussia», «Westfalia», «Alemannia» weiter. Von daher ist wiederum ein kleiner Schritt zu Wörtern wie *Schlaraffia, Robusta, Schauma, Wella, Salatius*.
Im 20. Jahrhundert sind freilich modernere Fremdeinflüsse wichtiger geworden. Gewöhnlich wandern mit den Produkten aus dem Ausland auch die entsprechenden Wörter und Warennamen in den deutschen Sprachbereich ein. Das ist mit den «Blue Jeans» und deren Marken wie *Levi's* oder *Wrangler*, mit *Coca-Cola, Nylon, Cadillac, Polaroid*-Kamera oder *Shell*-Benzin nicht anders geschehen als mit *Alcantara, Moulinex, Lego* oder mit den meisten Automarken. Im Vordergrund steht dabei, ganz im Einklang mit der allgemeinen reichen Versorgung mit amerikanischen Produkten, das Amerikanisch-Englische, neben dem sich andere Sprachen kaum behaupten können. Amerikanisch-englische Sprachmoden und

Sprachfetzen haben dabei ein Prestige gewonnen, das seinerseits dazu geführt hat, daß neben dem Lateinischen und Griechischen auch das Englische als frei verfügbares Sprachmaterial dienen kann, um auch Namen für ganz gewöhnliche einheimische Produkte zu bilden. Als Beispiele braucht man nur an Produkte wie *Starmix, Dishlav, Progress, Nesquik, Jetta, Happy* oder *Poliboy* zu denken. Nur schon die Tatsache, daß sie amerikanisch-englisch klingen, verleiht solchen Namen eine besondere Prestigewirkung. Freilich hilft dieser Amerikanisierung der Warennamengebung die Alltagssprache überhaupt nach, die ja ebenfalls voll von englisch-amerikanischen Wörtern ist; zum Beweis braucht man nur an Wörter wie «Filmstar» «Computer», «City» «Twen», «Spray» «Jazz», «Bungalo(w)» «Body Building», «Callgirl» «Bikini», «(Baby-)-Boom», «Babysitter», «Boss» «Job», «Pipeline» zu denken, alles ganz geläufige Wörter der Alltagssprache. Das Prestige des Amerikanischen in der Warennamenbildung ist nur eine Facette im Prestige des Amerikanischen in der ganzen Welt und in Westeuropa im speziellen.

Es gibt nur wenige Bereiche, wo sich neben dem Amerikanischen auch noch andere Sprachen außer Griechisch und Latein behaupten können. Bei Parfumnamen, zum Teil auch bei Nahrungsmitteln und Kleidern findet zuweilen Französisch Anwendung; seit der Barockzeit ist ja Frankreich für die Deutschen das Vorbild in der Mode und der Gastronomie. Französische Warennamen sind etwa *Ambre Solaire* für Hautschutzmittel, *J'ai osé* für Parfum, *Contour* für eine Schlankheitsdiät, *Nescafé* für einen Schnellkaffee, *Hom* (= franz. «homme») für Herrenunterwäsche. Auch italienische Anklänge findet man hin und wieder in diesen Bereichen, so wenn Turnschuhe *Legero* heißen, ein Lippenstift den Namen *Labello* trägt oder eine Zigarette *Cortina* genannt wird. Über irgendwelche Assoziationen der Sportlichkeit sind auch einige Autonamen italienisch gefärbt, so z. B. *Quattro* oder *Capri*. Das am häufigsten verwendete italienische Element ist allerdings das Wort «pronto» «schnell» «bereit», z. B. in *Rhinopront, Codipront* oder *Prontophot*; es verdankt seine Beliebtheit offenbar der klanglichen Einprägsamkeit.

Immer mehr vermischen sich dabei auch die verschiedenen Sprachen in den Wörtern miteinander; viele Wörter sind aus Elementen verschiedener Sprachen zusammengesetzt, so daß man kaum mehr genau definieren kann, aus welcher Sprache ein Wort stammt. An sich sind oft schon im Amerikanischen Importe verschiedener Sprachen gemischt, denn auch in Amerika liebt man es, einheimische Wörter zu latinisieren; zu denken wäre etwa an Warennamen wie *Kleenex, Coca-Cola, Mazola*. Auch kommen aus dem Amerikanischen ebenfalls typische lateinisch-griechische Bildungen wie *Xerox, Pepsodent* oder *Thermos*. Manches, was lateinisch tönt, ist eigentlich eine amerikanische Erfindung. Heute spielt es aber letztlich keine Rolle mehr, aus welchen Sprachen und Ländern die Elemente einer Wortbildung kommen; vielmehr hat sich ein internationales Sprachgemisch als Wortbildungspool ergeben, aus dem in irgendeinem Land in gleicher Weise international klingende Wörter geschaffen werden können. Das führt dann zu Sprachmischungen wie *Jetta* (engl. Wort «jet» und lat. Endung «-a»), *Nomotta* (engl. Wort «no» «kein» + dt. Wort «Motte» + lat. Endung «-a»), *Softlan* (engl. «soft» «weich» und lat. «lana» «Wolle»), *Rhinopront* (griech. «rhin» «Nase», ital. «pronto» «schnell»), *Sanomalt* (lat. «sanus» «gesund» + engl. «malt» «Malz»). Solche Sprachmischungen müssen jeden Philologen mit Entsetzen erfüllen, zeigen aber wiederum, wie weit sich die Warennamenbildung von ihren historischen Ursprüngen entfernt und verselbständigt hat. Der Bau von Warennamen aus fremden Bestandteilen ist zum unabhängig wirksamen Gesetz geworden; nur ein fremdartiges Wort hat noch Chancen, als Warenname akzeptiert zu werden. Andererseits ist ein Wort, das als solches internationales Kauderwelsch gebildet worden ist, automatisch ohne weiteres auch international akzeptabel. Das schwierige Problem der Übersetzung von Warennamen löst sich so von selbst.

Informationen, Anspielungen, Assoziationen
Bei vielen Warennamen, die einen deutbaren Inhalt haben, läßt sich ein recht klarer Bezug dieser Wortbedeutung zum Produkt erkennen. Es wird damit z. B. hingewiesen auf

– Produkthersteller: *Treupel* (Hersteller *Treup*ha), *Nescafé* (Hersteller *Nestlé*), *Homa Gold* (Hersteller *Homa*nn), *Rohypnol* (Hersteller *Roche*), *Eduscho* (Hersteller *Edua*rd *Scho*pf) .
– Produktionsort: *Pontesa* (produziert in Emmenbrücke, franz. «*pont*», «Brücke»), *Rhenanit* (produziert am Rhein, lat. «*Rhen*us»), *Hansaplast* (produziert in der *Hans*estadt Hamburg).
– Grundstoff oder Ausgangsmaterial des Produkts: *Vestamid* (aus Poly*amid*), *Milkana* (aus *Mil*ch), *Persil* (aus *Per*borat und *Sil*ikat), *Malteser* (mit Malz, engl. «*malt*»), *Nutella* (aus Haselnuß, zu engl. «*nut*» «Nuß»).
– Eigenschaften des Produkts: *Styropor* («*por*ös»), *Plexidur* (lat. «*dur*us» «hart»), *Victorinox* (*inox*ydabel = rostfrei), *Frigor* (lat. «*frigor*» «Kälte»)
– Verwendungszweck, Verwendungsbereich: *Fewa* (Feinwäsche), *Mali* (Fingerfarben zum *Mal*en), *Isolast* (Kunststoff zum *Isol*ieren), *Dolantin* (gegen Schmerzen, gr. «*anti*» «gegen», lat. «*dol*or» «Schmerz»), *Migril* (gegen *Migr*äne), *Herdolin* (*Herd*putzmittel)
– Wirkung: *Finalgon* (Ende der Schmerzen, lat. «*fin*is» «Ende», gr. «*algo*s» «Schmerz»), *Finito* (Mottentod, ital. «finito» «fertig»), *Beldent* (Zahnpasta, frz. «*bel-*» «schön», lat. «*dent*» «Zähne»)
– Benutzerkreis: *Tourist* (Schokolade für den *Tourist*en) *Beba* (Nahrung für das Baby), *Sir* (Parfum für den «Sir», also den gehobenen Herrn), *Amazone* (Parfum für die «Amazone», d. h. die selbständige, freiheitsliebende Frau).

In anderen Fällen werden dagegen eher Assoziationen geweckt als Informationen gegeben. Besonders beliebt sind solche Namen bei Parfums und Körperpflegemitteln. Was sagen z. B. Wörter wie *Prélude* und *Fidji* über ein Parfum aus? Direkt sicher nichts. Zweifellos werden damit aber sehr beziehungsreiche Vorstellungen hervorgerufen. Ein Prélude ist z. B. einerseits ein romantisches Klavierstück, andererseits aber bedeutet es wörtlich «Vorspiel». Der Konsument, der dieses vieldeutige Wort als Name für ein Produkt versteht, schafft sich mehr oder weniger bewußt ein ganzes Geflecht von Gedankenverbindungen, um zwischen Name und Produkt eine Beziehung herstellen zu können. Er verbindet mit dem Wort «Prélude» die Vorstellung von Romantik, Musik und die Ahnung, daß dies alles nur eine Vorbereitung zu noch mehr sei, und zu dieser ahnungsvollen Szenerie gehört, nach dem Namen zu schließen, auch dieses Parfum. Vielleicht bringt einem dieses Parfum sogar selbst solche vielversprechenden Erlebnisse! Auch *Fidji* ist solch ein vieldeutiges Wort, in dem ein ganzer Gedankenkomplex «Südseeinsel – Sonne – Meer – Palmen – Ferien – traumhaftes Glück» mitschwingt und dann mit diesem Produkt assoziiert wird. Wenn auch solche Wörter also zunächst überhaupt keine konkreten Informationen über das Produkt zu geben scheinen, so evozieren sie also doch ganze Szenerien, gewöhnlich voller idealer Wunschbilder, und die Verbindung des Namens mit dem Produkt scheint zu versprechen, daß das Produkt diese Wunschvorstellungen realisieren helfen kann. Man könnte sagen, daß solche Namen um so wirkungsvoller sind, je unbestimmter sie sind und je unklarer die Beziehung zwischen Produkt und Wort ist, denn der Konsument kann umso mehr eigene Gedanken spinnen, je weniger ihn logische Verknüpfungen und festgelegte Bahnen einschränken. Diese Wirkung des Ausspinnens geheimer, vielleicht auch unklarer Wünsche funktioniert auch um so besser, je weniger der Konsument merkt, welche Regungen ein Wort in ihm weckt, also je weiter der Name vom Produkt entfernt ist.

Letztlich basieren solche Assoziationen aber auch wieder auf allgemein verbreiteten, stereotypen Ansichten, man könnte sogar sagen, auf gesellschaftlich sanktionierten Ideologien. Der Einzelne vollzieht in der Deutung das nach, was an Vorurteilen mit einer Vorstellung allgemein verbunden wird. Daß z. B. die Südsee gleichzusetzen ist mit paradiesischem Leben auf traumhaft schönen Inseln unter einer ewig lächelnden Sonne, ist eine allgemein gängige Vorstellung in Europa, die man schon kennt, bevor man das Wort *Fidji* liest. Die Namengeber haben sich solche Stereotype nur zunutzegemacht, um ihren Produkten den entsprechenden Anstrich zu geben. Für den Betrachter ist das Interessante an solchen Namen, daß damit indirekt und ungewollt gewisse versteckte modische Traumvorstellungen unserer Gesellschaft ans Licht gebracht werden. *Tahiti* und *Fidji* zeigen, was sich ein Europäer der achtziger Jahre unter der Südsee vorgestellt hat oder welche

Wunschträume er heimlich hatte. Ähnlich verraten Parfumnamen wie *Magie noire, Extase, Tabu* einiges über Liebesideologien und die Rolle, die Parfums dabei zugemessen wird; oder *Fuego* oder *Monza* zeigen, wie der Traum vom rassigen Autofahren heimlich aussieht.

Prestigewörter
Eine spezielle Gruppe von Namen, die ihre Wirkung über Assoziationen erzielen, sind sogenannte Prestigewörter, d. h. Wörter, die etwas bezeichnen, was besonders hohes Ansehen genießt. Meist ist auch bei solchen Wörtern ein logischer Zusammenhang zwischen Name und Qualität nur schwer zu erkennen. Was sollen Namen wie *Olympia* (Schreibmaschinen), *Triumph* (Schreibmaschinen, Miederwaren, Auto), *Brillant* (Strümpfe), *Diamant* (Glühbirne), *Lord* (Zigaretten), *Krone* (Zigaretten), *Prestige* (Fön, Kaffeemaschine) über das Produkt aussagen? Man erwartet vom Käufer auch lediglich, daß er die Qualitäten, die mit dem Wort gewöhnlich verbunden werden, irgendwie auf das Produkt überträgt. Ins Extrem wird diese willkürliche Verwendung von Prestigewörtern beim Schuhnamen *Computer*, dem Parfumnamen *Quartz* oder dem Kleidernamen *Jet 777* getrieben: Wörtern, die für den technischen Fortschritt der achtziger Jahre stehen können, wird ein Prestige wie etwa *Olympia* zugeschrieben; damit werden sie allgemein verwendbar wie ganz unspezifische Prestigewörter. Nicht alle Prestigewörter sind freilich so willkürliche Übertragungen. Man kann mit Prestigewörtern auch die Qualitäten eines Produkts zu charakterisieren versuchen. Ein besonderer Typ von Prestigewörtern besteht in Bezeichnungen von hohen gesellschaftlichen Funktionen. Wenn Autos, Fernsehgeräte oder Füllfederhalter als *Diplomat, Konsul, Ambassador* oder *Kommodore/Commodore* bezeichnet werden, dann wird damit nahegelegt, daß diese Produkte auch Ansprüchen so hochgestellter Persönlichkeiten genügen würden. In anderen Fällen liegen den hochtrabenden Namen Charakterisierungen über Vergleiche zugrunde. Wenn ein Topflappen *Marathon* heißt, so wird damit angedeutet, daß er ausdauernd wie ein Marathonläufer sei. Wenn eine Schuhmarke *Tornado* heißt, dann macht der Schuh den Läufer so schnell wie einen Tornadosturm. Eines der häufigsten und dazu auch banalsten aller Prestigewörter, nämlich «Star», gehört zu dieser Gruppe: Was *Star* heißt, wird damit als «Star» = «herausragende, berühmte Größe» gekennzeichnet. Daß dies eine ziemlich banale und unverbindliche Botschaft ist, macht das Wort als Warennamenbestandteil nur umso beliebter. Namen wie *Starlene* (Fön), *Big Star* (Bekleidung), *Young Star* (Schuhe), *Lady Star* (Nähmaschine), *Starlighter* (Frisbee), *Roadstar* (Funkgerät) und *Alustar* (Alufolie) sind nur einige wenige aus Dutzenden von Beispielen.

3 4 7

Personennamen

Auf eine versteckte Weise werden oft auch Personennamen im Sinne von Prestigewörtern als Warennamen verwendet. Man kann dabei beobachten, daß im allgemeinen nur Personennamen zum Zuge kommen, die gegenwärtig als modisch oder anspruchsvoll gelten oder eine berühmte Person als Träger haben. Namengebungsmoden spielen dabei eine wichtige Rolle. Alte deutsche Vornamen haben z. B. heute ein geringes Prestige und werden nur noch selten gebraucht. Entsprechend käme wohl auch niemand auf die Idee, für ein Boutiquekleid den Namen *Erna* oder *Frieda zu* wählen. Beliebt sind heute viel eher französisch, italienisch, spanisch, englisch oder schwedisch klingende Namen. Wie für Menschen, so sind entsprechend auch für Kleider, Schuhe oder Körperpflegemittel Namen wie *Andrea, Marlene, Julietta* oder *Gloria* hoch im Kurs. Manchmal kann man Warennamen sogar direkt mit bestimmten Persönlichkeiten in Beziehung bringen. Wer würde bei *Diana* nicht an die Gattin des englischen Thronfolgers denken, oder bei *Sirikit* nicht an die Gattin des Königs von Thailand? Noch häufiger sind es allerdings Filmfiguren, also reine Kunstprodukte, die das Vorbild geben. *Lolita, Emanuelle, Bilytis* und *Krystle* haben ihr Prestige nicht im konkreten Leben, sondern nur in einer Zelluloidexistenz erworben. Umso mehr zeigt sich auch hier eine ideologische Basis der Verwendung solcher Prestigenamen: Namen repräsentieren gewisse abstrakte, allgemeine Idealbilder von Menschen, gewöhnlich von Frauen von idealer Schönheit, mit denen manche Frau sich gerne identifiziert, denen aber nichts Konkretes entspricht. Nur damit kann man sich die Attraktivität solcher Namen erklären, daß offenbar viele das Gefühl haben, an diesem Ideal irgendwie teilzuhaben, einen Teil ihrer Träume verwirklichen zu können, wenn sie ein Produkt mit einem entsprechenden Namen kaufen.

Neben dieser Verwendung von Namen als Prestigewörtern gibt es allerdings auch noch die Möglichkeit, Namen zur Charakterisierung einzusetzen. Vor allem bei Möbeln und Geschirr trifft man dieses Verfahren an. Auch in diesem Falle nützt man die Tatsache aus, daß es Namengebungsmoden gibt, allerdings nur in einem neutralen Sinn, ohne daß man besonders auf das modische Prestige eines Namens achtet. Wenn so für ein Tafelservice der eher altväterische, traditionelle Name *Heidi* gewählt wird, dann kann man daraus auf eine eher traditionelle Form schließen. Im Gegensatz dazu deutet ein Name wie *Olivia* eher auf ein modisches Design hin. Sehr oft werden Möbel, Geschirr und Gläser auch zu diesem Zweck mit Ortsnamen benannt. Diese stehen dann für einen bestimmten Stil, der mit der betreffenden Stadt oder Gegend identifiziert wird. Eine Wohnwand oder ein Trinkglas namens *Manhattan* ist sicherlich modernistisch konzipiert; Möbel mit Namen wie *Linz, Grinzing* oder *Rosenheim* sind fast sicher aus Eiche in barockem oder rustikalem Stil. Auch bei Möbeln, Gläsern und Services wird allerdings zuweilen von reinen Prestigenamen Gebrauch gemacht, so, wenn ein ganz gewöhnliches Saftglas den Namen *Beethoven* trägt.

Klang und Sinn

Gewöhnlich erwartet man wohl, daß auch ein unverständlicher Warenname einen versteckten Sinn hat. Den Sinn eines solchen Namens findet man heraus, indem man danach sucht, aus welchen Bestandteilen er hergestellt worden ist. So kann man im vorangehenden alphabetischen Wörterbuch z. B. die Information finden, daß hinter *Katovit* die Wörter *Karl T(h)omae-Vit*amine stecken und es sich also um ein Vitaminprodukt der Firma Karl Thomae handelt oder daß hinter *Pontesa* eine Anspielung auf lat. «pont-» «Brücke» steckt, womit der Herstellungsort Emmenbrücke gemeint ist. In dieser Sicht stellt die Schaffung von Warennamen eine Verschlüsselung von Information dar, die derjenige entziffern kann, welcher den richtigen Kode kennt. Das ganze Warennamenwesen wäre danach ein einziges gigantisches Rätselspiel, das die Produzenten mit den Konsumenten treiben. (Wenn die Konsumenten es nicht mitmachen und den geheimen Sinn nicht erkennen oder ignorieren, dann um so besser, denn dann belassen sie die Ware in ihrem exotischen Geheimnis und geben ihr einen nur umso höheren Wert.)

Es könnte als eine gründliche Ernüchterung und vielleicht Frustration empfunden werden, wenn man entdeckt, daß in sehr vielen Fällen hinter den exotischen Wörtern gar kein versteckter Sinn zu finden ist und es sich um reine Phantasieschöpfungen «aus dem Nichts» handelt. Man könnte zur Auffassung gelangen, in diesen Fällen stecke wirklich nichts hinter dem Namen, es seien tatsächlich leere Worthülsen.

Das Geheimnis der Warennamen ist aber auch in diesen Fällen nicht aus ihnen vertrieben (so wie das Geheimnis des Lächelns der Mona Lisa auch dann nicht verschwände, wenn sie selbst sich gar nichts Tieferes dabei dächte). Es liegt in diesem Fall nur eher *um* das Wort statt *im* Wort, genauer: in seinem Klang und in den Assoziationen, die sein Klang weckt. Denn auch nachweisbar «sinnlose» Schöpfungen wie *Elmex, Pritt, Omo, Benical, Ilgon* oder *Boxacin* rufen bestimmte Wirkungen beim Leser hervor, und auch oder gerade in diesen Fällen ist es nicht gleichgültig, wie ein Warenname gebildet ist, damit er die gewünschte Wirkung oder Information bringt.

Diese Wirkungen liegen auf sehr verschiedenen Ebenen. Oft «hört» man bei jedem Warennamen sozusagen alle ähnlichen Warennamen «mit», man reiht einen Warennamen in die Gruppe ähnlich klingender Namen ein. Es spielen also gewisse bekannte Regeln der Warennamenbildung als Anknüpfungspunkte eine Rolle. Aufgrund der Kenntnis des Klangs und des Aussehens spezieller Gruppen von Namen und Bildungsmöglichkeiten von

3 4 9

Namen kann man einen neuen Namen, auch wenn man ihn nicht versteht, zu diesem bekannten Namen gesellen. Beispielsweise kann man griechisch-lateinische Namen oft an ganz bestimmten Buchstaben und Buchstabenfolgen erkennen; häufig kommen in solchen Namen z. B. *x, y, c, v* oder Kombinationen mit *st, pt, ps* vor. Namen aus der Chemie und Pharmazie sind oft drei- und mehrsilbig, enden auf spezielle früher erwähnte Silben wie *-on, -al, -yl, -en, -ol* usw. und sind besonders vokalreich. Aufgrund solcher Erinnerungen stuft man Wörter wie *Benical* (dreisilbig, mit -c- in der Mitte) oder *Ilgon* (Endung -on, Buchstabenkombination -lg-, die wahrscheinlich nicht aus dem Englischen oder Deutschen stammt) automatisch als Namen für chemische Produkte ein – weitgehend zu Recht. Aus ähnlichen Gründen wird man *Corothene, Geadur, Havegit* oder *Acoflex* ohne Zögern als Kunststoffnamen identifizieren – durchaus mit Gründen: Kunststoffnamen zeichnen sich ebenfalls durch Mehrsilbigkeit, dann aber auch durch das Vorkommen gewisser stereotyper Silben wie *-dur, -ene, -it, -flex* aus. Die Traditionen gewisser Zusammensetzverfahren und das lateinisch-griechische Grundmaterial, das dabei verwendet wird, ergibt für die Gesamtheit dieser Wörter einen charakteristisch «wissenschaftlich-chemischen» Sprachklang, der vielleicht nicht unbedingt ästhetisch, aber auf jeden Fall wissenschaftlich-gelehrt tönt. Man kann sich dieses Sprachklangs dann auch bei der Bildung neuer Warennamen, die reine Phantasiebildungen sind, bedienen, etwa nach dem Rezept: «Man nehme ein dreisilbiges Wort, setze hier ein c, dort ein y ein, vermeide alle typisch englischen Buchstabenkombinationen (also z. B. *ch-, -sh-, -ow* usw.) und alle typisch deutschen Buchstabenkombinationen (also z. B. *-pf-, -tz-, -sch-, -ü-, -ö-, -ä-*), mische alles gründlich und schreibe es in eindrucksvollen Lettern auf die Verpackung». So erhält man Erfolgsnamen wie *Voltaren, Mogadon, Tylenol* oder *Diolen.*.

Die Identifikation des Namentyps mit einem «Klangtyp» wirkt wieder zurück auf das Verständnis und die Aufnahme von Namen, die vielleicht an sich bedeutungshaltig wären, also auf Namen wie etwa *Hostaflon, Lupolen, Venoruton, Fluimucil, Combizym* oder *Bisolvon*. Normalerweise erkennt der Verbraucher ja nicht, was hinter solchen Namen an bedeutungsvollen Wörtern steckt, er erkennt den chemisch-wissenschaftlichen Charakter nur an ihrem besonderen Klang. Im Alltag hängt es also letztlich oft gar nicht von der Bedeutungshaltigkeit einer Namenbildung ab, ob ein Wort die gewünschte Wirkung erzielt, es wirkt ohnehin nur über den Klang und das Aussehen. Das Suchen nach einem geheimen Sinn solcher komplizierter Namen verfehlt also in einem gewissen Sinn das Geheimnis der eigentlichen Wirkung solcher Wörter, die so sehr auf der Oberfläche liegt, daß man sie gar nicht bemerkt.

Daß bestimmte Buchstaben- und Lautkombinationen in der beschriebenen Weise wirken, hängt, wie schon erwähnt, mit ganz speziellen geschichtlichen Entwicklungen zusammen, bei Namen für chemische Produkte vor allem mit der Tatsache, daß die Gelehrtensprache bis weit ins 19. Jahrhundert hinein griechisch und lateinisch bestimmt war; Ästhetik, Klangschönheit spielt dabei zunächst nur am Rande eine Rolle. Trotzdem achten die Namenschöpfer auch in der Chemie und Pharmazie gewöhnlich darauf, daß die Vokale und Konsonanten zusammenpassen, daß nicht zu viele gleiche und zu viele verschiedene Laute kombiniert werden. Ein Geheimnis eines Wortes wie *Benical* liegt sicher auch im ausgewogenen Klang, z. B. darin, daß die Konsonantenartikulation schrittweise von den Lippen über die Zähne zum Gaumen wandert. Dieses schrittweise Wandern der Konsonanten wird noch unterstützt durch die dazwischen liegenden Vokale, die zwischen den Artikulationen der Konsonanten vermitteln. Z.B. muß man beim *-i-* den Zungenrücken heben, was den Übergang vom *-n-* zum *-c-* erleichtert. *Benical* stellt eine Folge von Lauten dar, von denen jeweils zwei in der Artikulation einander recht nahe liegen, also leicht zu artikulieren sind, die insgesamt aber doch so verschieden voneinander sind, daß sich eine angenehme Klangvariation ergibt.

Noch bedeutsamer ist diese Klangwirkung allerdings in Namen für Verbrauchsartikel des Alltags, also z. B. für Waschpulver, Seifen, Parfum, Süßgetränke, Bonbons, Klebstoffe usw. Sehr viele dieser Namen sind vollkommen willkürliche Prägungen. Um so wichtiger ist der sinnliche Eindruck, den ein Wort macht. *Omo* macht Eindruck, weil das o so «rund» tönt und gleichzeitig auch so rund geschrieben wird; die Verdoppelung verstärkt noch diesen Eindruck. *I* z. B. wirkt gegenüber *o* viel härter, schärfer. Dabei spielt oft nicht nur der Klang allein eine Rolle, sondern auch das Bewegungsgefühl beim Artikulieren solcher Laute. *M-, -n-, -d-, -b-, -g-* sind «weiche» Laute nicht nur, weil sie «weich» tönen, sondern weil man ihre Aussprache als weich empfindet. *P-, -t-, -k* sind demgegenüber «harte» Laute, weil sie hart ausgesprochen werden. Solche Qualitätsempfindungen werden auch bei der Zuordnung von Namen und Produkten ausgenützt. «Technische» Artikel, Produkte, die effizient sein müssen, bekommen eher Namen mit «harten» Lauten. Typische Beispiele sind etwa Klebstoffnamen wie *Pritt*, *Pattex* oder *Ponal*, Reinigungsmittel wie *Viss*, *Flup* oder *Fox*. Zugleich vergegenwärtigt die Kürze solcher Wörter lautsymbolisch auch die Schnelligkeit der Wirkung. Manche Produkte dagegen sollen eine eher sanfte und angenehme Wirkung haben, z. B. Seifen oder Feinwaschmittel. Die weiche «Mütterlichkeit» von *Omo*, der frühlingshaft leichte Klang von Waschmittelnamen wie *Lenor, Ariel, Maga* oder von Körperpflegeartikeln wie *Ladon* oder *Fenjal* lassen so sicherlich Eigenschaften spüren, die auch dem Produkt zugeschrieben werden sollen. Natürlich heißt das nicht, daß eine Sorte Produkt nur mit einem einzigen Image versehen sein kann. Ein Waschmittelname wie *Fakt* ist sicher auch ein brauchbarer Waschmittelname, obwohl er viel härter, sachlicher tönt als *Omo* oder *Doranda.* Aber man kann ja auch Waschmitteln als erstrebenswerte Eigenschaft Effizienz zuschreiben.

Zur ästhetischen Wirkung von Warennamen gehören schließlich oft auch visuelle Effekte. Vor allem Formsymmetrien (die zuweilen auch zu Klangsymmetrien führen) sind ein beliebtes Mittel, Namen einprägsam zu gestalten. *OMO* ist in dieser Hinsicht ein perfektes Beispiel von Zentralsymmetrie: Wenn wir die Symmetrieachse in die Mitte des *-M-* legen, ist der vordere Teil eine exakte Spiegelung des hinteren Teils. Symmetrieeffekte finden sich auch in Wörtern wie *Civic, Uhu, Imi, Ata, Maoam, Sugus,* etwas weniger perfekt in *Xerox, Compaq* (Computer).

Die Vernichtung des Wortsinns

Daß Wörter nur noch über weit hergeholte Assoziationen mit dem benannten Produkt etwas zu tun haben und daß vielfach nur noch der Klang und nicht mehr der Wortsinn eine Rolle spielt, muß fast automatisch dazu führen, daß ganz normale Substantive in völlig willkürlicher Weise zur Benennung beliebiger Waren verwendbar werden. Schon wenn ein banales Saftglas *Beethoven* heißt, kann man sich fragen, welcher Bedeutungsgehalt da dem Wort «Beethoven» noch bleibt; sogar das Prestige, das der Name an sich hat, scheint hier sinnlos, und so bleibt vom Wort nur noch die reine Worthülse. In der Tat stellen wir – vor allem bei den Automarken – eine gewisse Tendenz dazu fest, ganz gewöhnliche Substantive mit einer ganz normalen Bedeutung für völlig unpassende Objekte so zu verwenden, daß nur noch der Klang übrig bleibt und die Bedeutung völlig irrelevant wird. So ist *Corsa* an sich ein gutes italienisches Wort für «Lauf», «Fahrt», aber es ist nicht anzunehmen, daß irgend jemand an diese Bedeutung denkt, wenn er das Wort hört, geschweige denn, daß es ihm einen Aufschluß über das Auto geben würde. Ähnliche Autonamen sind *Horizon* («Horizont»), *Scorpio, Prélude, Bluebird* oder *Visa.* Auch Zigarettennamen wie *Frégate, Time* oder *West* sind durch solche Sinnvernichtung entstandene Namen.

Solche Warennamen sind aber wohl nur ein Grenzfall einer allgemeinen Tendenz in der Warennamenbildung: Beschreibung und sachliche Information haben prinzipiell nur zweitrangige Bedeutung bei Warennamen. In jedem Fall, sogar bei Wörtern, die noch etwas bedeuten, tritt der Klang in den Vordergrund, oft so sehr, daß der einzelne Konsument gar nicht merkt, daß ein Warenname eigentlich noch eine Bedeutung hätte. Wenn man also ohnehin nicht auf einen möglicherweise vorhandenen Gehalt achtet, kann man im Grunde irgend ein Wort, und sei es ein normales bedeutungshaltiges Substantiv, zur Benennung einer Ware nehmen. Sobald ein solches Wort als Warenname verwendet wird, verschwindet seine Bedeutung, ohne daß sie durch eine neue ersetzt würde. Das ist bei Namen wir *Corsa, Time, West* oder *Ziel* geschehen. Auch die Freiheit oder gar Willkür der Namenwahl führt zu einer Angleichung von bedeutungsvollen und bedeutungsleeren Wörtern.

Gags

Manche Namen erhalten ihre Wirkung dadurch, daß sie absichtlich das gewohnte Muster verlassen, völlig unerwartete Assoziationen wecken wollen, oft absichtlich «doof» wirken. Neben anspruchsvoll klinisch tönenden Zahnpastanamen wie *Mentadent, Sensodyne, Binaca* oder *Blendax* tönt *Ziel* ausgesprochen albern; um so eher bleibt dieses Wort als Zahnpastaname in Erinnerung. Auch beim Namen *Bilz* für ein Süßgetränk wird gegen einige Regeln der Bildung von Getränkenamen verstoßen: Als Ganzes tönt das Wort ausgesprochen deutsch – besonders das B am Wortanfang ist eher überraschend –, dazu wird man seltsam an «Pilz» erinnert, was aber gar nicht zu einem Getränk paßt. Gerade diese leichte Verwirrung, die der Name auslöst, macht ihn unverwechselbar.

Auch lautmalerische Namen von Haushaltspflegemitteln wie *Flup, Gliz, Hui* wirken überraschend, indem hier Interjektionen augenscheinlich zu Namen gemacht werden. Noch mehr in diese Richtung gehen Namen, die tatsächlich eigentliche Äußerungen sind wie *Yes, Ja!, Nimm 2*; hier wird gegen das Prinzip verstoßen, daß in der Sprache die Ebenen von Name/Wort und Satz sonst säuberlich getrennt werden; genau mit diesem Verstoß wird ein Überraschungseffekt erzielt, der einem den Namen im Gedächtnis einprägt.

Es gehört zum heutigen Werbewesen – und Namen sind Teil der Werbung für ein Produkt –, daß man stets neue Gags und Effekte erfinden muß, diese originellen Einfälle aber alsbald nachgeahmt werden und durch massenhafte Propaganda zu ganz gewöhnlichen Namenbildungstechniken werden. Manches, was heute als typisch für bestimmte Namengruppen gelten kann, begann als Gag. Seinerzeit war z. B. *Fa* als Seifenname eine ausgesprochen spezielle Erfindung; noch früher waren auch Namen wie *Omo* oder *Kaloderma* überraschende Neuschöpfungen. Heute empfinden wir solche Wörter schon beinahe als alltäglich; Einsilbigkeit z. B., ursprünglich ein Prinzip, um Gagwirkungen zu erzielen, ist heute in vielen Bereichen, vor allem bei Körperpflegemitteln und Haushaltsreinigungsmitteln, schon ganz geläufig: denken wir an Wörter wie *Vel, Fox, Pril, Sun, Per, Spic, Bac, Go, Mum, Snipp*, aber auch an den Kugelschreibernamen *Bic*.

Auffällig ist immerhin, daß sich solche Gewohnheiten nur in bestimmten Bereichen entwickeln: bei Produkten, die nicht viel kosten und schnell konsumiert sein sollen. Was teuer ist und ernst genommen werden will – also etwa Autos, Haushaltsmaschinen, Medikamente, Geschirr –, erhält keine solchen Namen. Humor und Selbstironie ist nur dort am Platz, wo es nicht um viel Geld und Aufwand geht. Ein Auto namens *Hoppla!* oder ein Herzmedikament namens *Snap* könnte man aufgrund seines Namens kaum ernst genug nehmen, um es zu kaufen.

Warengruppen und Namentypen
Immer wieder stoßen wir auf die Tatsache, daß aus den vielen verfügbaren Mitteln der Warennamenbildung für jede Warengruppe jeweils nur wenige, ganz spezielle verwendet werden. Umgekehrt kann man in vielen Fällen schon an einem isolierten Namen recht gut erkennen, für welche Sorte Produkt ein Name steht. Der Name *Elégance* kann kein Medikament und keine Kunstfaser bezeichnen; ziemlich sicher dürfte sich dahinter ein Parfum, ein Kleidungsstück oder ein Tafelservice (billigerer Art) verbergen. Umgekehrt ist etwa mit dem Namen *Polytherm* sicherlich weder ein Automobil noch eine Seife noch eine Zigarette, sondern mit größter Wahrscheinlichkeit ein Kunststoff gemeint. Daß man das so genau sagen kann, liegt daran, daß jeder Konsument schon unzählige Produkte mit ihren Namen kennengelernt hat und dabei, vielleicht ohne es zu merken, die Erfahrung gemacht hat, daß jede Produktsorte ganz bestimmte eigene Regeln der Namenbildung hat. Wir können z. B. folgende Bildungsgesetze beobachten:

- Für Produkte der chemischen Industrie, also vor allem für Kunststoffe, Medikamente, Zahnpasten usw., werden die Namen nach der Mosaikmethode mit Hilfe lateinisch griechischer Bestandteile und ganz bestimmter Endungen gebildet.
- Für Parfums werden vor allem französische und englische Wörter verwendet, die eher Assoziationen wecken als Informationen geben.
- Für Seifen und Waschmittel werden häufig englisch tönende Wörter oder Unsinnssilben gebraucht. Wichtig ist dabei, daß die Wörter nicht mehr als zwei Silben umfassen und möglichst klangvoll sind.
- Persönliche Ausstattungsgegenstände – z. B. Schreibzeug, Kleider, Schuhe, Skier, Fahrräder – bekommen mit Vorliebe Prestigewörter wie *Diplomat*, *Star* oder Orts- oder Eigennamen als Namen.
- Automobile bekommen gewöhnlich zweisilbige, wenn möglich klangvolle, oft leicht literarisch klingende Substantive als Bezeichnung; bevorzugte Sprachen sind Englisch, Spanisch oder Italienisch. Anders als etwa bei Parfums oder Kleidern spielt dabei die eigentliche Bedeutung der Wörter fast keine Rolle; hier ist also die Sinnvernichtung besonders typisch.
- Für manche Produkte aus der Technik, z. B. Autos und Werkzeuge, sind auch Buchstaben- und Zahlenkombinationen als Benennungen möglich. Autos können durch Nummern wie *340 GLE*, *928 S* oder *250 XT* benannt sein, und ähnlich gibt es Bohrmaschinen mit «Namen» wie *CSB 7002ERL* oder *SbE 680/2*. Sol-

che Buchstaben-Zahlenkombinationen leiten sich ursprünglich ab aus Abkürzungen und bedeutungsvollen Zahlenangaben z. B. zur Leistung eines Geräts. Der Name *Rover 2600* gibt z. B. an, daß der Motor dieses Automobils einen Hubraum von 2600 cm3 aufweist. Tatsächlich sind aber die wenigsten derartigen Buchstaben-Zahlen-Kombinationen sinnvolle Verschlüsselungen von Information: Es sind lediglich willkürliche Zeichen zur Identifizierung.

Diese sinnlosen Zahlen haben aber nichtsdestoweniger eine eigene Ausstrahlungskraft. Sie sind charakteristisch für technische Geräte, und die unverständliche Kompliziertheit der Zeichenkombination vermag gleichzeitig technische Komplexität zu suggerieren. In ihrer Weise besitzen also im technischen Bereich sogar solche Buchstaben-Zahlenkombinationen eine eigene Werbekraft.

Wenn man solche Gruppen von Worttypen bildet, heißt das natürlich nicht, daß ein Produkt einer bestimmten Warengruppe um jeden Preis nur einen Namen des entsprechenden Typs bekommen kann. Gewisse Spielräume gibt es immer; z. B. ist es bei Zahnpasten nicht unbedingt klar, ob es sich um medizinisch-klinische Produkte oder um Verbrauchsartikel wie Seife handelt. Je nachdem kann man entsprechende unterschiedliche Namen prägen. Manchmal laufen bei einer Produktegruppe traditionellerweise mehrere Möglichkeiten der Namenbildung nebeneinander her. Autos z. B. konnte man schon immer mit Nummern, mit Prestigewörtern, mit Personennamen oder mit geographischen Namen benennen. Immer auch besteht die Möglichkeit zur Bildung von Gag-Namen. Das Wissen um solche spezielle Namenbildungstraditionen spielt auf jeden Fall sowohl bei der Neubildung wie beim Aufnehmen von Warennamen als Hintergrundkenntnis eine wichtige Rolle und beeinflußt auch die Beurteilung von Ausnahmen und Gag-Bildungen.

Wort und Wirkung bei den Warennamen

«Name ist Schall und Rauch», spricht Faust in Goethes Schauspiel, und man könnte versucht sein, das auch von Warennamen zu sagen, wenn man die Willkürlichkeit im Umgang mit Wort und Sinn betrachtet, die bei der Schöpfung und Verwendung von Warennamen vorkommt. Was bleibt da noch an Wortinhalt, wenn man Wörter so verdreht, zerstückelt und in fremde Umgebungen versetzt, daß ihre ursprüngliche Bedeutung auf der Strecke bleibt?

Mit den Markenjuristen könnte man darauf erwidern, daß auch gar nichts an Inhalt in Markennamen vorhanden sein muß; denn Markennamen dienten ja eigentlich nur zur Unterscheidung von unterschiedlichen Produkten – dies sei auch der Grund, warum der Sinn stets auch bei sinnvollen Warennamen im Gebrauch zu schwinden tendiert.

Unsere Beschreibungen, das ganze vorstehende Lexikon und die alltägliche Erfahrung mit Warennamen zeigen aber im Gegensatz dazu, daß diese sehr vieles ausdrücken, und zwar merkwürdigerweise auch dann, wenn man im Wort gar keinen tieferen Sinn erkennen kann. Wer *Omo, Pyramidon* oder *Ascona* hört, gewinnt daraus weit mehr Informationen und Assoziationen, als daß er mit diesen Wörtern nur Produkte identifizieren könnte. Worin liegen diese geheimnisvollen Wirkungen?

Ein erster Grund liegt darin, daß kein Warenname isoliert vernommen und gedeutet wird; mit jedem Warennamen hören wir sozusagen Dutzende von ähnlichen und gegensätzlichen Namen aus den gleichen und angrenzenden Warengruppen mit; wir erfassen die Individualität eines Warennamens aus diesem Vergleich mit anderen. Dahinter steht das Phänomen, daß es für die Bildung von Warennamen recht genau beschreibbare Regeln, Verfahren und Strategien gibt, die auch der Konsument unbewußt nachvollzieht und womit er den Wörtern ganz bestimmte Gehalte zuordnen kann.

Ein zweiter Grund ist darin zu finden, daß all diese Bildungsregeln und -strategien dazu dienen, Wörter zu schaffen, in denen auf vertrackte Weise Klang, Bild, Bedeutung, Stilqualitäten, ja ganze Sprachsysteme miteinander in Beziehung gebracht werden. Warennamen müssen gewöhnlich mehrschichtig gelesen werden: nicht nur als Klanggebilde oder als Bedeutungsträger oder als Zitat aus fremden Sprachen, sondern als all dies gleichzeitig; und alle diese verschiedenen Ebenen wirken wiederum aufeinander ein, geben jedem Aspekt ein besonderes Gepräge. Die klangliche Wirkung z. B. bekommt so durch gleichzeitige bildliche Assoziationen, durch Anklänge an fremde Sprachen, durch Wortspiele ganz andere Nuancen, als wenn sie für sich allein stehen würde.

Ein weiterer Punkt ist schließlich bedeutsam für das Verständnis der Wirkung von Warennamen: In der ganzen Konsumwelt existiert ein Warenname ja nicht als ein statisches Objekt, sondern er ist eher ein Ereignis, ein Appell eines Produzenten an Konsumenten für ein Produkt. Der Gebrauch, den die Werbung von Warennamen macht, zeigt nur zu deutlich diesen Appellcharakter von Namen: Namen rufen von Plakatwänden, aus Schaufenstern, aus Zeitungen, aus Lautsprechern und wollen Beachtung finden. Jeder Name trägt in sich sozusagen sein eigenes Ausrufezeichen! Vieles an der anscheinend geheimnisvollen Wirkung von Warennamen besteht also auch darin, daß jeder, der einen Warennamen sieht, spontan weiß: Hier wird nicht einfach einem Produkt eine Etikette angeklebt – hier appelliert einer an mich. Ein Name ist in diesem Sinn also eine Botschaft, die gehört werden will.

Insofern sind Warennamen natürlich Teil der Werbung und in vielen Eigenschaften verwandt mit der Werbung. Werbung will auffallen, und deshalb müssen auch Warennamen auffallen. Die Exotik, der Gebrauch von übertreibenden Prestigewörtern, Klangspiele, Wortspiele, das Ineinanderweben von Wirkungen auf verschiedenen Ebenen der Sprache, die Willkürlichkeiten – all dies dient zunächst dazu, die Aufmerksamkeit der Konsumenten durch immer neue Einfälle auf sich zu lenken. In der Verwendung solcher Mittel, im eher emotional als rational ausgerichteten Gebrauch der Sprache liegt auch der poetische Charakter der Sprache der Warennamen. Sprachspiele, Klangfreude, die Überschichtung von Sprachebenen zur Verstärkung des Effekts, die Vorliebe für Übertreibungen und außergewöhnliche Wörter, der ganze Aufwand an Phantasie, um immer neue Effekte zu erzielen – all das zeichnet sonst viel mehr die dichterische Sprache als die auf Wissensvermittlung ausgerichtete sachliche Kommunikation aus.

Natürlich sind aber Warennamen wiederum auch keine Dichtung. All der Aufwand an Phantasie und Sprachspiel wird letztlich vor allem betrieben, um in der Werbung einen Platz behaupten zu können. Die poetischen Mittel werden so zum Zweck des Profits eingesetzt; das gibt dem Ganzen einen Charakter des Profanen, und von profanen, ja banalen Effekten ist die Welt der Warennamen ja auch nicht frei. Es wäre aber wiederum eine Übertreibung in der anderen Richtung, wenn man Warennamen als automatische Kaufreflexanstößer und ihre sprachliche Wirkung nur als hinterlistigen Verführungstrick einschätzen wollte. Dafür ist die Rolle des Warennamens in der ganzen Werbung und Imagebildung für ein Produkt dann doch zu wenig wichtig. Im Verhältnis zur eher sekundären Bedeutung von Warennamen im ökonomischen Gesamtzusammenhang erscheint der ganze Aufwand an spielerischen und überraschenden Wirkungen oft fast übertrieben, eher als zusätzlicher Unterhaltungswert, der dem Konsumenten sozusagen als Bonus für die Beachtung des Produkts gewährt wird – manchmal auch als eine Art Zusatzschnörkel, den die Hersteller eines Produkts zu ihrem eigenen Vergnügen an ihrem sonst nur auf Effizienz hin getrimmten Erzeugnis als Verzierung anbringen.

Informationen zur Erklärung der Warennamen kann man sich aus jeder denkbaren Quelle beschaffen. Beispielsweise war es meist sehr nützlich, die entsprechenden Waren selbst zur Hand zu nehmen und ihre Verpackung, die Angaben ihres Herstellers zu Zusammensetzung und Gebrauch, die Werbeprospekte zu studieren. Sehr wichtige Informationsquellen waren daneben Wörterbücher, Enzyklopädien usw.; diese namentlich aufzuzählen erübrigt sich hier.

Folgende Spezialwerke haben darüber hinaus Verwendung gefunden:

Bongard, Willi: Fetische des Konsums. Hamburg 1964.
Busse – Warenzeichengesetze, 5. Aufl. v. R. Busse, E. Woester, H. Raab, G. Wüller. Berlin/New York 1976.
Flood, W. E.: The dictionary of chemical names. Paterson N. J. 1963.
Mencken, H. L.: The American Language. Supplement 1. New York 1963.
Mundt, Wolf-Rüdiger: Wortbildungstendenzen im modernen Französischen, untersucht an den 'Noms de marques déposés'. Diss. Berlin 1981.
Neumüller, Otto-Albrecht: Römpps Chemie-Lexikon. 8. Aufl. Stuttgart 1979 ff.
Praninskas, Jean: Trade Name Creation. The Hague/Paris 1968.
Reimer, E.: Wettbewerbs- und Warenzeichenrecht. 4. Aufl., bearb. von B. Richter, W. Trüstedt, L. Heydt. Köln usw. 1966.
Römer, Ruth: Die Sprache der Anzeigenwerbung. Düsseldorf 1968.
Sialm-Bossart, Victor: Sprachliche Untersuchungen zu den Chemiefaser-Namen. Bern/Frankfurt 1975.
Voigt, Gerhard: Bezeichnungen für Kunststoffe im heutigen Deutsch. Hamburg 1982.

Dank

Folgenden Personen und Firmen habe ich für Hinweise und Informationen zu danken:

Dr. med. Thomas Geigy, Riehen
Bernd Carlos Jäcker, Hilden
Prof. Dr. phil. Etsuro Kikuchi, Kanazawa (Japan)
Dr. phil. Theodor Knecht, Winterthur
Heinz Marti, Schönbühl
Rudolf Natsch, Gümligen
Prof. Dr. phil. Robert Schläpfer, Itingen
Dr. R. Storkebaum, Basel
M. Streuli, Goldach

Acopharm AG, St. Gallen
Adlus-Max Langenstein GmbH & Co., Illertissen
Aral AG, Bochum
Arcon-Vertriebs-GmbH, Singen
Beiersdorf AG Hamburg
Carfa AG, Richterswil
Drugofa GmbH, Köln
Erdal-Rex GmbH, Mainz
Eswa AG, Stansstad
Fink, Naturarznei GmbH, Herrenberg
Frisco-Findus AG, Rorschach
Gaba AG, Basel
Henkel KGaA, Düsseldorf
Heinrich Wagner GmbH & Co., Freudenstadt
F. Hoffmann – La Roche & Co., Basel
Hug AG, Malters
Industriewerke Lemm & Co. KG, Trier
Jacobs-Suchard AG, Neuchâtel
Kinessa GmbH, Dürnau
K2r-Produkte AG, St. Gallen
Lahco AG, Schönenwerd
Lego Spielwaren AG, Zürich
Lichtwer Pharma GmbH, Berlin
Lindt & Sprüngli AG, Olten
Maizena Gesellschaft mbH, Heilbronn
Medichemie AG, Ettingen

Melitta-Werke, Minden
Mido G. Schaeren & Co., S.A. Biel
Milupa AG, Friedrichsdorf/Ts
Dr. Mobein & Co. GmbH, Meckenheim
Morga AG, Ebnat-Kappel
Neda-Werk, Sauerlach
Oscorna-Dünger GmbH & Co., Ulm
Planta-Subtil GmbH, Oldenburg
Dr. Poehlmann & Co. GmbH, Herdecke
Reda AG, Lengnau
Ricosta, Donaueschingen
Dr. Riese, Rhöndorf
Rimuss-Kellerei Rahm & Co., Hallau
Rivella AG, Rothrist
Rowenta-Werke GmbH, Offenbach
Sabo AG, Gummersbach
Hans Schwarzkopf GmbH, Hamburg
Silit-Werke GmbH & Co. KG, Riedlingen
Spirella s. a., Embrach
A. Sutter AG, Münchwilen
Tchibo Frisch-Röst-Kaffee AG, Hamburg
Tela AG, Balsthal
Dr. Karl Thomae GmbH, Biberach
Togal-Werk AG, München
Trybol AG, Neuhausen am Rheinfall
Uhu GmbH, Bühl (Baden)
Ultrament GmbH & Ko KG, Essen
Unilever AG, Zürich
Union Deutsche Lebensmittelwerke GmbH, Hamburg
Uvex Winter Optik GmbH, Fürth
Velux GmbH, Hamburg
Weleda AG, Arlesheim
Wisa-Gloria Werke AG, Lenzburg
Dr. Kurt Wolff GmbH & Co. KG, Bielefeld
Zyliss AG, Lyss